JN418742

섬, 바다의 꽃잎

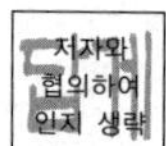

섬, 바다의 꽃잎

지은이 | 김 순 남
펴낸이 | 一庚 장 소 님
펴낸곳 | 도서출판 답게

초판 인쇄 | 2014년 3월 25일
1판 1쇄 | 2014년 3월 30일

등 록 | 1990년 12월 28일, 제 21-140호
주 소 | 137-834 서울시 광진구 면목로 29(2층)
전 화 | (편집) 02)469-0464, 462-0464
(영업) 02)463-0464, 498-0464
팩 스 | 02)498-0463
홈페이지 | www.dapgae.co.kr
e-mail | dapgae@gmail.com, dapgae@korea.com

ISBN 978-89-7574-268-2

나답게 · 우리답게 · 책답게

* 책값은 뒤 표지에 있습니다.
* 잘못 만들어진 책은 구입하신 서점에서 교환해 드립니다.

김순남 산문집

섬, 바다의 꽃잎

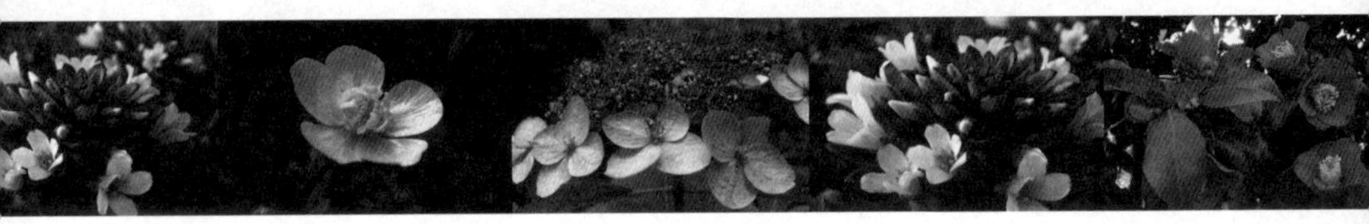

도서출판 답게

작가의 말

제주 섬에서 마주한 사람, 꽃, 바다와 한라산에게
바치는 노래.

2014년 초봄 탑동 근처에서
김 순 남

목차

2

3

4

부록

꽃지기의 봄

봄이라고는 하지만 여전히 춥기만 하니 때를 찾아 피어난 꽃들이 걱정이다. “태양광선을 에너지원으로 활용하는 기적의 광합성을 만들어내는 식물의 엽록소야말로 모든 생명체의 근원”이라고 설파한 프랑스 작가 자크 브로스의 말을 생각한다. 시와 소설을 쓰는 작가이면서 식물의 역사와 신화, 생태연구에 이르기까지 식물에 대하여 무한한 애정을 쏟았던 열정이 부럽다.

우리가 매일 먹는 음식이 모두 풀잎이고 매 순간 들이켜는 공기도 풀잎이 뿜어내는 산소 덕임은 누구나 알고 있다. 그러나 진정 고맙고 감사한 마음으로 식물을 대하는 사람이 몇이나 될까. 지구촌에서 식물의 위대한 탄생과 더불어 놀라운 업적을 이룩한 이들 식물은 사람보다 먼저 진화하고 아름다운 꽃을 탄생시켰다.

태초의 인간들은 꽃 속에 신성이 깃들어 있는 걸로 믿었으며 신을 기쁘게 하기 위하여 제단에 꽃을 장식하였다. 그뿐인가. 언어가 발달하지 않은 때부터 감정을 전달하는 매개물로 꽃을 이용한 것이 오늘날까지 다양한 방법으로 이어져 오고 있다.

저는 두 겹의 내의에 두꺼운 외투를 벗지 못하면서 꽃들에게 어서 나오라 재촉하며 숲을 들락거렸다. 더러 밟히는 흙덩이 얼음 살은 혹한에 치여 찢겨져 나온 대지의 근육살인 것 같아 마음이 아찔할 때 성급한 내 발길이 무안하고 부끄럽기도 하였다.

우주 만물을 다스리는 신들조차도 마음대로 할 수 없었던 사랑의 이야기는 꽃속에 녹아들고 꽃의 아름다움이 사랑의 감정을 꽃에 의탁하게 하였으니 탄생설화 또한 사랑의 이야기로 채워진 것이 대부분이다.

해가 바뀌고 그 해에 맨 먼저 꽃을 피운다 해서 원일초(元日草), 눈 속에 연꽃 모양으로 핀다 해서 설련화(雪蓮花), 부와 영광·행복을 상징하는 황금색에서 복수초(福壽草), 언 땅을 비집고 나온 데서 얼음새꽃이 있는데, 생태환경에도 어긋나지 않으면서 순우리말 이름인 얼음새꽃으로 부르기를 고집한다.

꽃의 미감을 맛들이고 부터 절기에 맞춰 꽃길을 나섰던 것이 일상이 되어버린 지 오래건만 여전히 꽃을 만나는 일은 설렘으로 가슴이 흥건하다. 아름답고 빛나는 황금색 얼음새꽃과 눈 맞추기 위해 무시로 가다 보면 찬기운이 을씨년스럽게 주저앉은 산비알에 예의 그 샛노란 꽃잎을 방실거리며 반가이 맞아준다. 흐리고 비 오는 날엔 그 애도 쉬고 싶은지 잎을 닫아버리곤 한다. 아침에 잎을 열었다가 저녁에 닫는다는 사실을 알면서도 넌지시 가보면 토라진 색시처럼 입술을 다물고 있는 모양새도 예쁘기만 하다.

얼음새꽃의 탄생이야기는 옛날 결혼을 반대한 남자를 따라 도망간 딸을 붙잡아와 꽃으로 만들어 버렸다는 전설이 전해지고 있다. 순정한 처녀의 사랑과 행복의 의미를 담았는지 꽃말도 '영원한 행복'이다.

서양의 얼음새 전설은 두 여신에 구속된 소년 아도니스가 산짐승에 물려 죽어가며 흘린 피에서 피어난 꽃이라서 색깔도 붉고 꽃말도 "사랑의 괴로움" "앙갚음"이다. 우리 꽃의 설화는 대부분 희생과 인내와 가난한 사랑 등 애틋하고 가슴 아린 사연을 담고 있는 데 반해 서양 꽃에는 시기와 질투, 복수 같은 무서운 이야기가 대부분을 차지한다.

얼음새가 여기저기 꽃망울을 터트리기 시작하면 동박새가 재잘거리는 소리에 변산바람이 따라서 핀다. 이 자연의 신성함, 식물의 영묘함을 만나고 교감하는 일이야말로 진정 살아있음의 기쁨이다. 사람이 살아간다는 것은 기쁨을 얻기 위해서라 하잖은가. 우리 삶 속에서 마음껏 기뻐하고 마음껏 기쁨을 누릴 수 있는 것은 꽃을 만났을 때이다. 노력에 의한 성취와 이득에서 오는 기쁨은 삶의 이기일 뿐 온전하고 순수한 기쁨이 아니다. 모든 욕심과 이기를 벗어난 자연 안에서 얻는 충만한 기쁨이 삶의 진정한 오르가즘이다.

봄이 왔다고는 하지만 숲이나 오름엔 여전히 찬 기운이 스산하다.

늘 가던 곳을 두고 가지 않던 오름으로 가기로 했다. 어쩌다 한두 녀석 보이면 다행이다 싶은 마음이었으나 분화구에 도착하니 고적한 분화구에 햇살 가득 쏟아지고 휘파람새의 지저귐에 덩달아 신바람 나서 휘파람 불며 맞장구를 쳤다. 마른 풀잎에 쌓이는 햇살을 털어내며 분화구를 가로질러 건너편 변달에 도착하자마자 "와우! 이게 뭔 난리냐" 싶도록 변산바람꽃이 흐드러지게 피어 있었다. 산은 내게 언제나 그저 맞는 일이 없다. 그런 산이 고맙고 미더워서 두고 온 꽃송이가 아롱거리며 눈에 밟혀 바람꽃에 바람나서 일주일 내내 그 애들을 좇아 다녔다. 덕분에 여태껏 알지 못했던 겹잎이며 청색, 붉은색, 흰색 꽃 밥을 한 아이들을 만나는 영광을 누렸다. 흥분을 감추지 못하고 연구소 선생님께 문의했더니 변종으로 분류되려면 몇 해를 두고 관찰해 봐야 한단다.

그 예쁘고 앙큼한 것들, 산에서 듣는 생명의 이야기는 진한 감동으로 내 안에 여울목을 만든다. 줄기가 가늘고 연하여 휘어지는 모습에서 바람꽃이라 하였으며 변산반도에서 처음 발견된 지명에 따라 변산바람꽃으로 명명되었다. 너도바람 나도바람 꿩의바람 중에 개체 수가 적어 멸종위기 보호식물로 분류되어 있다.

작지만 강인한 생명력의 바람꽃, 정겹고 순박하고 여성스러운 꽃, 서릿발 언 땅에서 살아낸 변산바람을 만나는 일은 살아있음의 충일함이다. 하지만 너무나 빨리 바람처럼 왔다 가버리는 꽃이기에 아쉬움이 더한지도 모른다. 꽃말마저 '덧없는 사랑' '기다림'이라니 말이다.

바람꽃의 속명은 '아네모네' 즉 그리스어로 '바람의 딸'이라는 뜻이다. 꽃의 신 플로라에게 미모의 시녀가 있었는데 그 이름이 아네모네였다. 플로라의 남편 바람의 신 제피로스가 아내의 시녀를 사랑하게 되었다. 화가 난 플로라는 아네모네를 멀리 쫓아냈지만 남편은 바람을 타고 쫓아가 뜨거운 사랑을 나눴다. 질투에 불탄 플로라는 그녀를 꽃으로 만들어 버리자 슬픔에 젖은 제피로스는 언제까지나 아네모네를 잊지 못하고 꽃이 필 무렵이면 늘 따뜻한 바람을 보냈다. 이것이 봄바람인가보다.

변산바람에 반하여 뻔질나게 그 오름의 분화구를 다니면서 산중에 사는 무릇이라 하여 이름 붙은 중의무릇의 노란 별꽃송이도 더러 눈으로 따먹는 맛도 일품이었다. 마른 풀잎을 들어 올리고 뾰시시 나와 희고 발그레 뽐내는 새끼노루귀와의 파르르 떨리는 첫 입맞춤은 행운이었다.

내가 꽃을 지키는 게 아니라 꽃이 나를 지켜주는 호강을 누린다.

연약하지만 부지런한 봄꽃의 생명력

철철이 피는 꽃을 따라 시시때때로 달려가지만 그래도 놓치고 못 만나는 아쉬운 꽃들이 더 많다. 꽃들을 향해 수십 년을 마음 열고 부지런히 걸음 놓지만, 여전히 모르고 못 만나는 꽃들도 부지기수다. 이 땅에 나와 함께 목숨 붙였다 가는 꽃들에 눈 맞추고 일일이 이름 불러 다정을 다지고픈 욕심을 아직도 내려놓지 못하고, 속살까지 새카맣도록 산과 들과 바다를 쏘다닌다. 많이 만나고 많이 아는 것도 좋지만, 기왕에 알고 만나는 꽃들이라도 때를 기다려 먼저 달려가는 즐거움은 얼마나 달콤하던지 일상을 버무리고 삶의 행간을 단단하게 메워주는 비타민이 되기도 한다.

얼음새 꽃이며 바람꽃들이 숲의 아랫도리를 흔들고 간 자리에 배시시 졸리는 듯 노란 꽃물을 방울방울 떨어뜨리는 털괭이눈은 코끝을 찡하니 울리며 심장으로 들어와 박힌다. '골짜기의 황금'이라는 꽃말을 지닌 이 꽃은 우리가 흔히 봐오던 꽃 모양과는 많이 다르다. 꽃잎이 넉 장으로 십자화이지만 활짝 벌어지지 않고 네모난 함지박 모양으로 꽃봉오리에서 막 피기 시작할 때의 모습이 마치 고양이의 졸리는 눈을 닮았다는 데서 이름 붙었다. 몇 해를 두고 옆에 쪼그리고 앉았더니 어느 날 한 토막 들려준 4·3 이야기를 시로 받아 적었다.

“한 달이면 사나흘은 침을 맞아야 하고 이틀은 내리 넋들이고 다녀야 하는 신들의 아침을 살고 있는 제주사람들, 김녕인지 세화인지 어느 공중보건의의 눈에 비친 그 여자의 자궁 속에서 4·3은 다복히 살아 있더라고 했다. 오십 년이 넘도록 생살에 박혀있는 죽창부리에 놀랐던 그날 이후 술만 줄창 마셔대더니 말도 없이 서울로 가버렸다. 탐라계곡 눈 녹은 물이끼에 차마 견디고 있는 황록의 잎자루를 나는 그저 보고만 있을 뿐이다."

인간의 역사를 품은 산이 들려주는 꽃의 언어는 산을 들락거리다 덤으로 얻는 보석이다.

꽃을 감상하는 사람에 따라 다르고 활짝 피어서 충만해 보이는 것도 좋지만, 갓 피어서 싱그러운 태도가 매력을 더 한다.

옛 어른들은 마음공부의 대상을 꽃에서 찾았기에 자연을 인간의 지배물로 보지 않고 겸손하게 바라봤다. 해서 서양에서는 등산을 산에 오른다고 할 때 우리는 입산 즉, 산에 들어간다고 하였던 뜻이 산과 오래 벗 삼은 뒤에야 절실하게 와 닿는다.

이른 봄에 숲에서 피는 꽃들이 대부분 희거나 노란색이 많은 것은 겨울 동안 흙 속에서 햇빛을 보지 못하였기 때문이라고 한다. 또한 피어있는 기간이 짧아서 여간 부지런 떨지 않으면 보기 어려운 게 숲의 봄꽃이다. 잘게 부서지는 햇살마다 숲의 정령이 되어 모든 나뭇가지마다 흔들어 깨워 잎이 무성해지기 전에 꽃을 피우고 씨앗을 맺어야 하는 그 연약하고 작은 꽃의 생명들은 뱁새 솟다리 같은 총총걸음으로 얼마나 바삐 움직여야할 가를 생각하면 내 몸이 먼저 가쁘고 심장에 땀 냄새가 나는 것 같은 느낌을 받는다.

멀리서 보면 황량하고 을씨년스럽게 보이는 산도 가까이 들어가 보면 왁자한 소리로 난리라도 난 듯 현호색이 일제히 나서서 합창을 부르고 있다.

왜현호색, 좀현호색, 댓잎현호색 등 이름도 가지가지다. 북한에서는 이 꽃을 땅구슬, 땀방울, 연호색이라고 부른다. 이 꽃의 속명은 종달새, 희랍어에서 유래되었나 바람만 어슬렁거리는 숲 속에 모여 합창대회를 여는 종달새 울음소린들 이들의 아름다움 같을까. 복주머니 비밀이란 꽃말을 담고 있는 현호색은 한자어 뜻풀이로 싹이 꼬이면서 올라 오르며 하늘과 같은 푸른색이라는 뜻이다. 이 애를 처음 만나 꿀샘이 있는 엉덩이 부분을 살짝살짝 아래로 건들면 저절로 까르르 웃음이 터져 나와 온몸에 휘감기는 엔돌핀은 어디에서 이만한 기분을 만끽해 보랴 싶을 만큼 즐거운 기운을 준다.

현호색의 뒤를 이어 노루귀가 마른 나뭇잎을 들어 올리며 빼꼼히 고개를 내밀고 기웃거리다 눈 마주칠 때의 그 말끔한 추임새는 또 얼마나 귀엽던지. 그 많은 하얀색 가족들 틈에서 토라진 듯 빠알간 분홍노루귀는 어린아이의 보조개를 보는 것 같아 입가에 웃음이 절로 묻어난다. 아득한 옛날 배고픈 호랑이에게 뜯겨 죽을 위기에 처했을 때 기지를 발휘하여 호랑이와 오래 사는 내기를 하고 노루귀가 이기면 잡아먹지 않겠다는 약속을 한 뒤, 해마다 약속한 장소에서 만나기로 했다. 몇 해가 흐르자 호랑이는 늙어서 죽게 되었고 노루귀꽃은 살아남게 되었다. 그래서 꽃말도 인내, '당신을 믿어요.' 인가 보다. 숲 아래 노루귀 세상이 끝나갈 즈음 양지바른 오름엔 또 솜나물이 하얀 털복숭이를 온몸에 두른 채 발그레한 표정으로 마른 풀밭 너머 먼데서 서성이는 바람결을 부른다. 부끄러운 듯 주저앉은 모양새가 보는 이로 하여금 겸손하게 만든다 하여 꽃말도 순정 이란다. 저 어여쁜 꽃들의 순정에 마음을 씻는 사람은 행복하리라.

다시 걸음을 옮겨 숲의 요정인 들별꽃을 만나러 간다. 작고 흰 별꽃은 요샛말로 생얼인 얼굴에 볼 따귀 가득 주근깨를 묻히고 제 세상인 양 숲을 앙장거린다. 그 순진한 폼이 얼마나 다정하던지 가장 편하게 만나는 꽃인 셈이다.

설레는 마음으로 헤아려 보는 별 하나 나 하나 불러보는 별꽃, 식물도감에는 개별꽃으로 적혀있으며 다른 이름은 들별꽃이다. 접두사 개자는 '바깥' 또는 '들'이라는 뜻이기에 원래의 어원에도 어긋나지 않고 부르기도 좋은 들별꽃이라 부르고자 한다. 천진한 꽃모양과 귀여움 이라는 꽃말이 참 잘 어울리는 들별꽃이 떠나갈 무렵이면 햇살은 점점 뭉텅이로 불어나 하늘을 끊어다 길가에 조각해 놓은 듯이 개불알풀 꽃이 눈을 즐겁게 한다. 꽃이 지고 난 뒤 씨앗이 긴 줄기 끝에 달려 늘어진 모양새가 마치 개의 불알을 닮았다고 해서 붙여진 이름이다. 다른 이름으로 봄까치라고도 하지만 개불알이라는 어감의 민망함 때문에 어거지로 갖다 붙인 것 같기도 하고, 선조들의 눈썰미가 묻어나는 본래의 이름이 더 정감이 가서 좋다. 작지만 결코 시들지 않으며 때가 되면 홀연히 떨어지고 마는 그 단호한 절개로 인해 꽃말이 '날 이겨 가지세요.'다. 이 얼마나 가상한 생명의 자존이던가. 물질만이 최고의 가치인양 횡행하는 시대를 살고 있는 요즘 개불알풀 꽃 같은 사람을 만나고 싶다.

봄날이 익어 가면 이름도 예쁜 꽃마리가 이에 뒤질세라 마구마구 길거리로 몰려나온다. 논둑이나 밭둑 도심의 빈 공간 어디에도 약간의 흙만 있으면 뿌리를 내리는 저력이 대단한 꽃이다. 색깔은 또 얼마나 곱고 청아한지 하늘색 끄트머리에 바늘구멍 하나 살짝 바람길을 내는 듯한 그 앙큼한 지략을 누가 알았으랴. 코 닿을 듯 엎드리지 않고는 보이지 않는 좁쌀 알갱이 만한 꽃송이이니 말이다.

꽃마리는 원래 꽃말이에서 파생되었다. 또르르 말린 꽃대에서 웅크리고 있다가 하나씩 피기 시작하면서 꽃대가 펴지는 특이한 생태를 지니고 있는 데서 유래된 참 고운 우리말 이름이다. 꽃마리는 물망초와 2촌쯤 되지 않을까 싶다. 전설에 의하면 창조의 신이 동물과 식물의 이름을 지어주면서 작아서 보이지 않은 물망초를 나중에야 발견하고 미안해하며 다시는 네 이름을 잊지 않겠다는 뜻으로 '날 잊지 마세요.' 즉, 물망초라 이름 지었다고 한다. 꽃모양이나 색깔이 꽃마리와 거의 같지만 잎과 꽃송이가 조금 더 큰 것이 물망초다.

이 세상에 잘나고 못난 꽃이란 없다. 다만 사람의 시선으로 구분 짓는 것일 뿐. 계절이 오고 가는 동안 식물들의 정교하고 섬세한 꽃 모습에서 내 삶이 보다 풍부해지는 걸 느낀다, 또한 내 영성이 알차게 채워지는 마음공부라 생각하며 축복으로 여겨 한라산 신께 늘 경배하는 마음이다.

꽃에서 배우는 삶의 덕목

젊어 한때 세상 이치를 다 깨달은 양 기고만장한 때가 있었다.

책방에는 더 이상 읽을 책이 없고 삶의 지고한 가치마저 허상일 뿐이라며 장자의 유유자적을 흉내 내며 만용을 부렸다. 돌아보면 얼마나 가소로운 청춘이었던지, 아마도 겪어보지 않은 것에 대한 두려움이나 괴로움을 몰랐기 때문에 저지른 오만이었을 것이다.

생활에 치이고 삶의 고단함에 휘청거릴 때마다 기댈 곳이라고는 산이었다. 주체하지 못하는 감정 덩어리를 짊어지고 풀어헤치면 미처 여물지 못한 비릿한 냄새가 진동했으리라. 그럼에도 언제나 말없이 받아 안고 품어주며 꽃의 언어로 순화하고 겸허를 가르치고 나눔과 공존의 아름다움으로 나를 단단하게 키워주었다. 그렇게 산과 나의 우정은 꽃의 사랑으로 이어졌다.

사람 중심의 개발은 결국 자연뿐만 아니라 사람의 삶도 부숴버리고 만다는 것을 모두가 깊이 인식했으면 좋겠다. 이 지구촌에 식물이 없다면 모든 동물이나 곤충도 사라진다. 하물며 만물의 영장이라 거들먹거리는 인간이야 말로 두말할 여지가 없다.

한동안 만나지 못했던 나리난초를 만났다. 어찌나 반가움이 컸던지 몇 날을 두고 가슴이 설렜다. 볼수록 고아한 자태 속에 깃든 기이하고 섬세한 표정이 눈에 들어왔다.

난초의 형태를 유지하면서도 한란이나 춘란과는 또 다른 세계를 지니고 있었다. 혓바닥같이 생긴 꽃잎과 그 꽃잎을 받치고 있는 두 개의 지줏대 하며 꿀 방으로 가는 통로의 앙증맞은 열림 등 미세한 부분 하나하나의 세심한 설계도가 아름다웠다. 자신에게는 필요 없는 영양가 넘치는 꿀을 만들고 비린내를 풍겨 곤충이 날아와 안전하게 착지할 수 있는 활주로며 꿀 방으로 가는 안내길 까지 꽃잎에 새겨두는 것까지 잊지 않았다.

식물들의 저 완벽한 배려 없이 곤충들은 숲에서 살아남을 수 있었을까? 공생과 공존이 이토록 치밀하게 이루어지고 있다니 경탄이 저절로 터져 나온다. 식물의 세계가 보여주는 나눔과 배려 공존의 삶이 인간 세상의 과학보다 훨씬 앞서 있다는 것을 나리난초, 옥잠난초, 흑난초, 갈매기난초를 통해 깨닫는다. 꽃의 세계가 얼마나 기기묘묘한지 꽃을 좋아한다는 단순한 감성으로 꽃을 안다고 주절거린 나를 참으로 부끄럽게 만들었다.

5월의 신록이 우거진 숲 아래 어쩌다 바람이 흔들고 가는 틈으로 오아시스 같은 햇살 한 모금에 제 생의 여정을 빈틈없이 닦아가는 난초과 식물들인 옥잠난초, 갈매기난초, 흑난초를 만나러 가는 길은 학창시절 흠모하는 선생님과 눈 마주치는 감정의 파문 같은 것이었다.

나이가 들어가면서 기대고 위안받을 곳이 막막할 때 나리난초의 꽃말인 위안이나 갈매기난초의 고결한 마음, 혹은 옥잠난초의 변치 않는 귀여움, 이도 아니면 흑난초의 무한한 슬픔에 기대보자.

옛 어른들은 꽃을 통해 절개와 덕 인품을 다스렸으며 꽃에서 윤리와 자신이 지녀야 할 지조를 닦는 덕목을 찾았다고 한다. “기이하고 고아한 것을 취하여 스승을 삼았고 맑고 깨끗한 것은 벗으로 삼고 번화한 것은 손님으로 삼았던” 것은 오늘 우리에게도 여전히 유효하다.

조선시대부터 선비들은 난초에서 인간의 고매한 품격을 보고자 했다. 이는 근대에 와서도 여전히 성행하고 있다 하지만 가진 자의 교만쯤이나 지식인의 허위의식이 만들어 낸 정신의 사치로 폄훼한 적이 있었다. 식물을 제대로 이해하지 못한 무지가 빚은 치부 한 토막이 삐죽하니 솟아나와 새삼 낯 붉게 만든 일도 고백하지 않을 수 없다.

내 삶의 덕목을 실천하는 인격 수양의 벗을 꽃을 통해 발견하고 실천하는 일이 끝없이 이어지기를 바라며 꽃 자체의 아름다움뿐 아니라 그 꽃이 지니고 있는 상징적인 가치를 존중하는데 눈을 뜨는 일도 중요하다는 걸 잊지 말아야겠다.

작아서, 흔해서 사람의 관심 밖으로 밀려나 있는 것들과 즐거움을 나누고 우정을 쌓는 일이 얼마나 복된 행운인지 알기에 나는 그들에게 무한한 애정을 보낸다.

등산객들은 목적지만 생각하는지 마냥 걷기에만 바쁜데 물기에 젖은 듯 하얀 꽃송이를 점점이 얹어 놓은 세바람꽃이 밟힐 듯 나앉았다. 흔한 듯 보이지만 높은 지대에서만 사는 제주만의 특산종이다. 꽃송이도 작고 습한 숲 아래 흔히 보여서인지 사람들의 관심을 받지 못하는 것 같아 차라리 다행이다 싶다. 이 애의 꽃말은 진실함, 그대를 사랑함이다. 5월의 볕살이 따갑게 주저앉은 바위 언덕배기에 작고 작아서 아무도 눈여겨 봐주지 않는 두메대극이 이파리에 붉은 띠를 두르고 활짝 햇살을 품고 있다. 꽃송이가 참 기막히게 생겼다. 접사로 들여다보니 수술같이 생긴 게 진짜 꽃이다. 언뜻 보기에 무슨 단추 같기도 하고 암꽃과 수꽃의 잎 색깔이 주황색과 노리롱한 색깔로 구분되어 있는 건지 확실히 모르겠다. 다만 이애도 제주두메대극이라 불리며 한라산 고지대에 터 잡고 '조화'라는 꽃말을 지니고 산다. 늘 보는 꽃들도 해마다 새로운 모습을 보여주니 다가갈수록 오묘하고 절묘한 식물의 세계를 여행하는 일은 미지의 세계를 탐험하는 것과 같다.

일찍이 고산화원이라 불릴 만큼 구름체며 섬잔대 등 수백 종의 꽃들이 계절 따라 붐비던 선작지왓 들판에 숨도 못 쉴 만큼 빽빽이 들어찬 조릿대가 미처 발 뻗지 못한 공간에 어느 숲 요정의 보조개를 떼어다 놓은 것처럼 설앵초 화사한 꽃무리가 그나마 고맙고 고맙다. 구름미나리아재비와 벗 삼아 들판이 비좁다 뛰노는 모습이라니 천상의 화원이 따로 없다.

옛날 병에 걸린 어머니를 위로하려고 꽃을 꺾으러 갔다가 설앵초 꽃송이로 성문을 열고 들어가 한 아름 보물을 얻고, 어머니 병도 낫게 되었다는 전설 따라 행운, 행복의 열쇠 또는 돌보지 않는 아름다움 이라는 꽃말을 지니고 있다. 그 높고 바람 센 곳에서 하필이면 작고 여린 것이 제 몸집보다 큰 꽃송이를 달고 섰으면서도 밝고 명랑한 태도에 반하지 않을 이가 있을까.

이 애들을 만나려면 내년을 기다려야 한다. 그러기 전에 다시 가서 내 젖은 눈으로 안아줘야지. 사람의 우정을 듬뿍 머금을 수 있게 해야겠다.

꽃향기가 사라지고 있네요

법학자면서 꽃을 사랑한 이상화 선생은 희로애락을 인간과 함께하는 꽃을 매개로 축하와 감사를 전하고, 격려와 위로, 때로는 애통함을 담아 전달하는 감정의 전령사라고 했다. 이 전령사들이 위기에 몰리고 있다. 지구환경의 급속한 변화 때문이다.

꽃향기가 사라지고 있다.

1㎞를 넘나드는 꽃향기가 200~300m에 머물러 꽃 꿀을 못 찾아 벌들이 폐사하고 있다며 버지니아대 환경과학 호세 푸엔테스 교수는 경고한다. 방송에서는 '지구의 눈물'을 통해 세계 곳곳에서 동식물이 사라지는 현장을 생생하게 보여주었다. 도대체 어디까지 가야 인간의 욕심은 멈춰질까? 개발론자들은 자연현상의 탓으로 돌리고 있다. 그럴 때마다 내 마음은 애가 끓는다. 그만큼 꽃을 찾아 나서는 걸음도 까맣게 타들어 간다.

사람을 만남에 있어서 일할 때냐, 쉴 때냐, 아니면 놀 때냐에 따라 그 사람의 각인되는 이미지가 달라지듯이 꽃을 만나는 것도 들이냐, 숲이냐, 바닷가냐에 따라 그 모습이 장소와 분위기에 따라 다른 느낌을 준다.

나도수정초가 피었다는 소식을 듣고 연 사나흘을 그 가파른 골짜기를 오르락내리락 들락거렸다. 더러 우유를 쏟아놓은 듯 녹아버린 흔적을 보기도 하고, 더러는 피어보지도 못하고 거무튀튀하게 고꾸라져 있는 몇 송이를 보았을 뿐이다. 각별히 쫓아다닌 성의도 아랑곳없이 연이어 내리치는 비 날씨가 야속하기만 하였다. 산에 들어갈 때마다 심상찮은 기후 변화에 종잡지 못하고 애를 먹는 식물들이 진정 안쓰럽기만 하다.

우리나라에서는 오직 한라산에만 사는 그것도 몇 안 되는 채진목도 올해는 절반의 반도 안 되게 꽃피운 걸 보고 가슴이 덜컥했는데 털진달래마저 감감무소식이다. 허허로운 선작지왓을 내려서며 섬매발톱나무의 노란 꽃송이로 위안받는다. 이 녀석도 다른 데서는 볼 수 없는 한라산만이 품고 있는 특별한 식물이다.

반면에 으름덩굴은 그 어느 해보다도 흐드러졌고, 아주 진한 보라색의 꽃 색깔도 많이 만났다. 물오름의 산딸나무나 때죽나무는 "너 거기 있었더냐" 싶을 만큼 꽃을 피우지 못했다. 그럴 때마다 거기는 제대로 피었을까, 저기는 어쩌고 있을까 더 열심히 꽃 산행을 재촉하게 되고 기후변화의 심각성을 체감하면서 무서움을 느낀다.

예전에는 여름이 들어설 무렵 참나리가 핀 다음 하늘말나리가 피고 뒤를 이어 땅나리가 피는 순서였는데 올해는 그런 것도 없이 한꺼번에 화들짝 피었다. 어느 아이를 먼저 만날까 궁리할 사이 없이 빗속을 가르며 참나리가 있는 곳으로 달렸다. 때가 좀 이르다 싶었으나 행여나 하고 찾아간 바닷가에 꽃송이가 이미 지고 있었다. 바다를 지키는 할아버지께 물었다. "올해 이 꽃들이 왜 벌써 이러냐?"고. 가뭄 때문이란다. 봄 내내 목마름에 꽃봉오리도 못 내밀 줄 알았다가 연일 이어지는 빗물에 화들짝 피었다가 해도 달도 못 보고 잎 썩음 병에 걸려 희끄무레 늘어져 있었다. 그 행장에 벌 나방이라도 한 마리쯤 만나졌을라나 싶었다.

비옷의 뚫어진 구멍으로 빗물이 들었는지 웃옷이 축축해지는 데도 줌렌즈로 주근깨 다닥다닥한 꽃잎의 표정을 담으려고 바람의 맥박을 세는데 하나같이 표정이 어두워서 집단으로 담을 수밖에 없었다.

나리란 벼슬아치를 부를 때 쓰는 나으리에서 파생되었으며 나리 중에 으뜸이란 뜻에서 참나리라 한다. 곧은 줄기와 큰 키에 화려하지 않을 만큼만 붉으며 흉하지 않을 만큼만 까만 반점을 붙이고 태양 아래 먼저 나섰다. 더욱이 눈이 베일 듯한 수평선에 구름 한 점 두둥실 떠가는 제주 바닷가에 섰는 참나리의 모습은 서러운 이의 마음을 달래기에 충분하다.

전설에 옛날 어느 고을에 원님 아들의 겁탈을 피해 낭떠러지로 몸을 던진 아가씨의 무덤에서 피어났다는 참나리는 꽃으로 피어나서도 누가 함부로 건드리면 고약한 냄새를 뿜어 쫓았을 만큼 정절의 미덕을 상징하고 있어 꽃말도 순결, 변하지 않는 아름다움이라 한다.

햇살 한 모금 받으려면 바람의 도움이 있어야 하는 말나리는 또 어떤 상황에 몰리고 있을까 걱정을 앞세워 습하고 미끄러운 경사지의 숲을 찾아갔다. 이 애들도 가뭄을 탔는지 꽃을 못 피운 개체가 태반이었다. 줄기 가운데를 돌려나는 잎 모양이 일품인 말나리는 꽃이 귀해진 숲에 즐거움을 가득 물어다 주는 식물이다. 낮에도 기온이 올라가지 않고 있는 이상기온 때문인지 꽃이 피어 있는 기간이 많이 짧아진 것 같다. 오름 자락에서 젖은 신발 속에서 퉁퉁 불은 발가락들이 개구리 소리를 냈지만 몇 주 전에 봐둔 땅나리도 피었겠다 싶어 해안도로로 향했다. 고맙게 비는 그치고 콧잔등에 송골송골 맺히는 땀방울 같은 꽃몽오리를 잔뜩 머금은 순비기들 사이로 일가를 이루며 저녁 바다를 바라볼 생각은 잊은 채 땅의 기운을 들이키느라 꽃잎이 선홍빛을 띄우기에 여념이 없다. 그 색깔이 어찌나 황홀하던지 붉은색이 밉지 않은 유일한 꽃이다. 꽃말도 아름다움이다. 서양에서는 붉고 화려한 색깔의 꽃을 요염함에 비유했다. 그러나 미적인 것에 윤리적인 것을 보탰을 때에 비로소 사랑받는 꽃이 될 수 있다는 한국인의 꽃에 대한 독특한 미의식이라고 했던 이상화 선생의 말씀이 아니더라도, 사람의 시각적인 미에서 삶의 지표인 가치관을 투영하는 선조들의 자연을 연계하고자 하는 그 정신적 태도가 더욱 꽃을 꽃이게 한다.

가뭄과 장마가 이어지는 요즘 태양만이 지구의 생명체를 가능하게 만든 유일한 원동력이며 광합성의 기적은 오직 식물만이 태양광선 그 자체를 에너지원으로 활용하는 놀라운 업적을 이룩할 수 있다. 그러므로 엽록소는 모든 생명체의 근원이라고 한 자크브로스의 식물에 대한 이해가 더욱 절실한 때이다.

어머니 산에 기대어 핀 작은 생명들

오랫동안 가보지 못했던 길, 예전엔 몰라서 알아보지 못했던 꽃 동무를 만나러 가는 설렘은 흥분과 감동이라는 말로도 부족하다.

크고 작은 돌덩이를 초록 융단으로 덮고 있는 시로미 더미 사이사이 숨바꼭질하듯 연분홍 꽃송이를 내밀고 있는 한라돌창포, 한라산 푸른 기상을 대변하고 선 구상나무 둥치에 기대어 옹알이하는 자주꿩의다리는 마치 산의 속내를 살그머니 비춰주는 것 같았다.

햇볕에 살 데일까봐 더러 구름 살도 펴는가 싶더니 소나기도 시원하게 쏟아냈다. 산에 드는 일도 귀한 사람을 만날 때처럼 예의와 겸손을 갖춰야 한다는 말로 새겨들었다. 눈길 가는 곳마다, 발길 멈추는 곳마다 싱그럽고 신선한 말씀들이 순수의 이름으로 풀잎을 굴러 바짓가랑이를 적시는 것마저 감사한 마음인데, 눈보다 마음이 먼저 깜짝 놀랄 행운이 기다리고 있었다. 매발톱꽃이다. 바윗돌을 등받이로 앉아 감미로운 색깔로 내 눈길을 잡으려 애쓰고 있는 게 아닌가. 꽃집에서 봐온 청색 하늘매발톱이나 탁한 적갈색의 원예종과는 비교도 안 되게 화사한 색채라니, 얼른 다가가 깊은 호흡으로 눈 맞추고 그 곁에 앉아 같은 곳을 바라보았다. 소나기가 지나간 자리엔 햇살이 뭉게구름을 하얗게 닦고 있었다. 느낌이 아닌 눈으로 확인하는 고적함의 은은한 맛을 음미하는 것도 황송한데 바위채송화 무리가 노랗게 반짝이며 저도 보란다. “아으!” 터지는 탄성을 불끈 누르고 어느 별에서 내려온 별사탕인가? 생각만으로도 달콤하다. 산 아래서는 만나지 못하는 꽃 동무들을 하나씩 눈 맞출 때마다 나는 철없는 아이가 되어 팔딱거리기만 한다.

가파른 산정에서 구르다 서로 업고 끼어들어 이루어진 바윗더미 틈새를 삶터로 자리 잡고 억만 세월을 지켜낸 저 강인한 힘은 과연 어디에서 온 것일까. 자지러질 듯 기뻐하다가도 순간 숙연해지는 이 감정은 산의 언어가 주는 파장인가 싶었다. 또한 구름떡쑥은 언제나 나보다 한발 앞서 하얀 걸음으로 풀잎과 돌덩이를 건너는 광경은 구름이 주저앉은 듯 새하얀 눈이 내린 듯하였다. 구름떡쑥 꽃 숲을 걷는 축복이 오래오래 내 삶의 행간을 채우고 남겠다. 빨갛게 풀잎을 달구던 제주달구지풀도 잊을 수 없는 인연으로 두련다.

정상에 다다를수록 기기묘묘한 형상의 거대한 바위들에 압도되는 기분이었지만 거스를 수 없는 한라산의 형형한 눈빛이려니 하고 조심히 조신하게 발을 디뎠다.

어느 바람결에 어느 이슬방울에 딸려왔던 것일까. 바위떡풀을 이 험준한 벼랑에서 만나다니 절실한 사랑이란 꽃말대로 얼마나 간절하고 절실하게 원했으면 바람도 꺾이고 구름도 주저앉는 이 높은 산정 바위에서 꽃피웠나 싶었다. 험준한 계곡 높은 산 바위에 붙어사는 이 꽃 동무는 넓적한 잎이 바위에 붙은 것처럼 보인 이름이겠지만 그 이름마저 차마 미쁘다.

백록담에 몸을 씻던 구름들이 비켜서고 제주민의 젖줄인 백록담이 푸른 물결에 혼백을 적시며 드디어 한라솜다리 앞에 섰다. “널 만나기 위해 한 달의 안식휴가를 다 써도 좋다.” 너스레 떨며 찾아온 길인데 이미 꽃은 시들고 있었다. 그래도 괜찮다, 널 보는 것만으로도 감개가 무량한걸.

꽃말이 중요한 추억 또는 고귀한 사랑으로 흔히 산악인의 꽃이라 부를 만큼 극지를 오르는 산사람의 마음을 녹이던 이 꽃은 에델바이스라 해야 얼른 알아듣는다. 알프스하면 먼저 떠올리는 꽃 에델바이스란 '고귀한 흰빛'이란 뜻이고, 우리나라엔 설악산에 솜다리와 한라산에 한라솜다리가 있다.

하늘나라 생활이 싫증 난 천사가 지상에 내려와 속세와 부딪칠 일 없는 설산의 대명사인 알프스에 자리 잡았다. 어느 날 등산하던 남자에게 발견된 뒤 수많은 남자들의 구혼에 시달리게 되자 다시 하늘로 가버렸는데 지상에 머물렀던 시간을 중요한 추억의 기념으로 에델바이스를 남겨두었다는 전설이 전해지고 있다. 꽃을 제외한 잎과 줄기에 솜처럼 부드럽고 흰털을 감고 있어 마치 눈 속에 흰 꽃처럼 소박한 모습이 고결함마저 감돈다.

높고 험한 바위에서 근근이 살지만 아무데나 적응하며 살려고 하지 않는 까칠한 성격 때문에 번식이 어렵다. 추위가 얼마나 혹독하였으면, 바람이 얼마나 모질었으면 이 더운 여름에 솜옷을 입고 나섰을까. 어려움을 이겨내는 강인함으로 이 땅에서 오래 볼 수 있기를 간절히 바란다. 한때는 산행의 기념물로 압화 상품으로 팔려나갔던 아픈 역사를 간직한 우리 산에 몇 안 되는 멸종의 위기에 처한 꽃 동무와의 귀한 만남을 오래 새겨두련다.

오래 옆에 앉아 이슬도 맞고 바람도 맞아보고 싶었지만 그리할 수 없는 상황이 안타까울 뿐이다.

아쉬운 발길을 옮기는데 "어이구나 이게 뉘신가. 이름만 듣던 한라장구채 아니신가!" 연미복 차림으로 바위에 기대앉아 산 아래를 굽어보고 계신다. 가만히 옆에 앉으니 멀리 시가지가 아른거린다. 귀하고 귀한 꽃 동무를 품고 바다 끝에 나앉은 수많은 생명을 거느려 살피시는구나. 그래서 한라산은 모든 생명의 어머니요, 어머니의 산이로구나.

구름패랭이, 곰취, 구름미나리아재비, 가는범꼬리, 돌양지, 섬잔대, 바위떡풀 등 산에는 봄 여름 가을 없이 한데 어우러져 저희만의 꽃 세상을 돌아보고 난 뒤부터는 산을 바라보는 또 하나의 눈을 달고 아침저녁으로 산을 쳐다본다.

꽃동네 연가

이름 없는 들꽃으로 살고 싶다는 인간의 푸념은 들꽃을 너무 모르는 소치, 인간보다 더 쉬운 삶이란 없을 터이다.

"가을이라 가을바람 솔솔 불어오니~"

청아한 하늘빛이 내려앉은 오름에서는 꽃이 노래가 되고 노래가 꽃이 된다.

슬픈 미망인이란 꽃말을 지닌 구름체며 소슬한 바람 앞세워 가을의 종을 울리는 섬잔대는 꽃말이 감사와 은혜로 오름을 자주색으로 물들인다. 입속 천장에 밥풀을 숨기고 있어 욕심이라는 꽃말을 얻게 된 나도송이풀 등 각양각색의 꽃들을 만나 기쁨을 나누고 위로를 받는다. 비록 작은 꽃송이일망정 성장을 멈추지 않고 나름의 마케팅 전략을 짜내어 항상 차선책을 준비해 놓는 그 지혜를 배우기도 한다. 밟으면 밟힐 수밖에 없는 혹독한 환경에서 스스로를 지켜나가는 힘, 그 풀꽃들 앞에서 감탄보다는 경외심이 일어난다.

가을 오름은 역경을 이겨낸 자연의 결정체들이 들려주는 거대한 오케스트라다. 풀밭에 가만히 앉아 꽃 동무들이 들려주는 깊고 은은한 노래에 취하다 보면 어느새 나도 한 포기 풀이되어 붉은 노을에 안겨있다.

서늘한 바람이 언덕을 때리고 지나갈 때도 한들한들 춤을 추는 물매화, 물을 좋아하고 매화를 닮아서 붙은 이름이다. 고결, 지순한 사랑이란 꽃말을 지녔으며 자세히 들여다보면 다섯 개의 수술이 하얀 잎에 누워 있다. 실낱같이 자잘한 수술은 끝에 물방울을 달고 있는데 이는 곤충을 유인하기 위한 가짜 수술이며 전체적인 모습은 마치 왕관 같다는 생각이 든다. 기략이 참으로 절묘하다. 먼 옛날 산골 마을에 두 소녀의 우정이 맹세한 자리에서 피어난 전설을 알고 보면 소녀들의 한결같은 우정이 고귀하게 느껴지기도 한다.

우리나라 어느 곳에나 가을의 문턱을 하얗게 올라서는 물매화가 피는데 어쩌면 이 소녀들이 천수를 다해 영혼으로나마 그리운 우정을 찾아 나선 게 아닌가 하는 상상을 해보기도 한다.

가을의 마른 바람에 볼 따귀를 맞고 있는 자주쓴풀은 2년밖에 살지 못한다. 그래서 꽃말조차 덧없는 사랑이라 했던가. 자주쓴풀은 다섯 장의 꽃잎이 별 모양을 하고 원줄기에 곁가지가 자라서 가지 끝에 한 송이씩 보라색이 약간 섞인 듯도 하지만 자주색이 더 많이 감돈다.

어쩌다 동네 청년을 흠모하게 된 처녀가 사모의 정이 괴로워 죽어서 자주쓴풀 꽃이 된 것이다. 얼마나 사모의 정에 짓눌렸으면 저리도 피멍 든 별꽃을 피웠을까. 조용히 엎드려 앵글에 맞춰 지상의 별을 담는다. 더러더러 풀밭을 헤치고 나앉은 자주쓴풀 꽃은 애달픈 전설만큼이나 지조가 돋보이는 꽃 동무다.

쉴 새 없이 볼 따귀를 때리고 달려드는 바람살을 견디고 저만의 꽃들을 풀어놓는 가을 언덕에 나도송이풀과 구름체가 갈색으로 지쳐갈 무렵 꽃향유는 진분홍 꽃을 피운다.

분홍인 듯 자주인 듯한 꽃송이들이 한쪽으로 모여 무더기로 피는 꽃향유는 꿀풀과에 속하며 향기로운 기름을 머금은 풀이라고 해서 붙여진 이름이다.

굳이 오름에까지 가지 않는다 하더라도 낮은 야산에 지천으로 피어 있는 꽃향유의 꽃말은 과거를 묻지 마세요 또는, 회한이라고도 한다. 이는 꽃향유가 간직하고 있는 전설 때문에 얻어진 것이다.

젊음을 탕진하고 회오의 눈물을 뿌리고 다니다 추운 겨울밤 낯선 담벼락에 기대어 죽은 노인이 꽃으로 다시 태어나 한눈팔지 않고 앞만 보고 살게 되었다는 전설을 지니고 있다.

그것이 가을의 맨 끄트머리에 피는 꽃향유라는 것을 아는 사람이 그다지 많지 않다. 오름 가득 붉게 물들이다가 회갈색으로 쓰러져 눕는 풀들을 다 지켜본 후에 꽃향유가 지고 마침내 오름은 깊은 수면으로 들어간다.

더군다나 사람보다 먼저 이 지구상에 태어났을 풀꽃들은 얼마나 혹독한 환경에서 살아남았을까.

인간이나 동물보다 더 가혹한 환경에서 꽃을 피워 내기까지 숨 막히는 생존드라마가 펼쳐졌을 것이다. 한 발짝도 뒤로 물러설 수 없는 목숨을 건 절대 절명의 운명 앞에서 그들은 환경을 바꿀 수 없으니 스스로 변화하는 수밖에 다른 도리가 없지 않은가. 인간은 때때로 생의 고달픔을 푸념하며 이름 없는 들꽃으로 살고 싶다고 한다. 들꽃을 몰라도 너무 모르고 말하는 소리다. 언제면 인간보다 쉬운 삶이 없다는 걸 깨닫게 될까.

겨울나무들 희망의 눈

이 지구상이 품은 뭇 생명들의 희망 중에 겨울 나뭇가지 눈만큼 치열하게 준비하는 희망의 눈이 또 있을까.

흔히 잎 떨어진 앙상한 나무숲을 허허롭다고들 한다. 하지만 사람 눈에만 그리 보일 뿐 나무들에게 겨울은 잠자는 기간만은 아니다. 사람이 문풍지를 달듯 나무는 이파리가 붙었던 자리에 바람이 들거나 세균이 침투하지 못하도록 엷은 액을 바르고 새순이 자라날 수 있도록 눈을 들어 올리느라 분주히 움직인다. 나무의 겨울눈은 가지 끝에도 줄기 사이에도 여차하면 튀어나올 껍질 속에도 준비해 두는 걸 잊지 않는다. 봄이 오면 줄기가 되고 꽃이 되고 잎이 되어야 하기 때문이다. 철저히 계획하고 준비하는 나무들의 지혜와 슬기로움이 준비된 희망의 눈에 의해 숲은 무성한 잎과 향기로운 꽃으로 대지를 풍요롭게 한다는 사실을, 겨울 숲에 들어가 뾰족이 나와 있는 눈을 들여다보면 탄복하지 않을 수 없다.

고대로부터 꽃의 문화를 보면 서양 사람들은 단순히 꽃꽂이나 정원을 치장하는 장식으로 사용했던데 반해 우리나라에서는 감상적 의미를 뛰어넘어 인격배양이나 정신수양의 매개물로 삼고 마음의 여유를 찾는데 꽃의 가치를 두었다. 이는 선조들의 생활문화 속에서 혹은 미술작품이나 건축물의 문양, 생활도구 등에서 찾아볼 수 있다.

다산 정약용 선생은 동백을 무척이나 사랑했다고 한다. 유배 생활에서도 정원 가꾸기를 즐겼는데 동백나무는 꼭 구해다 심었으며 정확하지는 않으나 다산이라는 호도 동백의 다른 이름인 산다화에서 연유한 것이라는 이와 차나무를 심고 차를 애용했기 때문이라는 설이 비등하다.

핏기없는 바람소리만 나뭇가지를 붙잡고 울뿐 적막하기 이를 데 없는 겨울 풍경에 유독 짙푸르고 윤기 잘잘한 이파리에 눈시울이 시큼하리만큼 붉은 꽃송이를 내놓는 동백은 한자어를 우리말로 풀어쓰면 '겨울 꽃'이다.

한국·일본 등 동양이 원산지인 차나뭇과 상록활엽교목에서 피는 동백꽃이 세계적으로 알려진 것은 알렉산더 뒤마의 소설 덕분이다. 오페라 ‘춘희’의 주인공 라 트라비아타 이름이 우리말로 ‘동백아가씨’, 일본말로 ‘춘희’다. 우리나라에서는 충남 마량리 동백정(천연기념물 제169호), 팔색조가 산다는 거제도 동백 숲과 더불어 자생종으로는 희귀하게도 흰색, 분홍색이 함께 자란다는 거문도 동백 숲이 알려져 있다, 하지만 서귀포시 남원읍 위미리에 있는 버둑할망 동박 숲은 제주 여성문화사 유적지임에도 아는 이가 많지 않다.

현맹춘 할머니가 17세에 시집와서 버둑이라는 바닷가 황무지를 개간하여 해풍과 흙바람을 막기 위해 한라산에서 동백 씨를 주워 둘레에 심은 것이 오늘날 아름드리 동백나무 숲이 되었다. 정월에서 이듬해 4월까지 이 동백 숲에 꽃이 피면 불을 켜지 않아도 골목이 환했다고 한다. 지금도 눈물처럼 뚝뚝 떨어진 동백꽃으로 불콰해진 둘레 길을 자박자박 걷노라면 원형극장 동박 숲에 돔박새가 와서 우짖는 소리는 마치 천상의 오케스트라를 듣는 것 같은 착각에 빠지기도 한다.

동백나무의 특징은 벌 나비(충매화)가 아닌 새가 수분을 나르는 것으로 우리나라에서 유일한 조매화 나무로 알려져 있다. 겨울이라 곤충도 열매도 없지만, 동백꽃에는 꿀이 많아서 동박새가 즐겨 날아든다는 것이다.

전설에 의하면 왕 위를 물려주기 싫은 형이 동생을 불러 두 아들을 죽이라는 명령에 차마 자식을 죽일 수 없어 스스로 칼을 찔러 죽게 되자 돌연히 아들들은 동박새로 변해 날아 가버리고 아버지가 죽은 자리에 동백나무가 자라고 아들들은 동박새가 되어 아버지에게로 날아들었다 한다.

옛날 한 어촌에 금슬 좋은 부부가 살았는데 부모님 걱정에 고향에 다니러 가게 되었다. 부인이 남쪽 섬에 동백나무가 많다는 걸 알고 그 씨앗을 가져올 것을 부탁했다. 그러나 부인은 남편이 없는 사이 도둑이 들어 겁탈을 피해 도망치다 절벽에 떨어져 죽고 말았다.

이 사실을 안 남편은 슬피 울다가 부인의 무덤가에 가져온 동백 씨를 뿌린 것이 오동도에 동백 숲을 이루게 되었다고 한다. 일본에도 이와 유사한 전설이 있는데 짧은 식견으로 유추해 보건대 이 남쪽 섬이 제주도가 아닐까? 이는 제주 섬 곳곳에 동백군락지가 천연림을 이루고 있어 동백나무의 고향이 정작 제주가 아닌가 싶다. 푸른 잎사귀와 핏빛 꽃송이에 눈발 하얗게 앉는 광경은 제주에서나 볼 수 있는 겨울꽃의 진미다. 이뿐이랴. 한란도 있고 수선화도 있다.

한란과 수선화는 추사 김정희 선생에 의해 널리 알려지게 되었다. 교우가 끊긴 유배생활에서 선생은 식물들과 친해졌을 것으로 짐작된다. 한란의 은은한 향기와 고아한 품격을 알아보고 곁에 두고 심신을 달래고 수양하며 글쓰기에 몰두했으리라. 고매한 성품의 학자가 반하여 울타리에 두고 감상하였을 만큼 수선화 또한 자태가 단아한 꽃이다. 한때는 경작지 밭에도 수선화가 마구 돋아서 검질로 취급, 매어버리기까지 하였다고 한다. 이를 추사 선생은 방안에 들여 놓고는 시를 썼다.

"푸른 바다 푸른 하늘 해탈한 듯 맑은 얼굴/ 신선의 대 도저하여 끝내 감출 수 없나니/ 호밋머리 내던져진 심상한 이 물건을/ 밝은 창 정갈한 책상 그 사이에 공양하네."

버려진 꽃을 주워 책상머리에 놓고 공양이라 하였으니 선생의 해탈한 꽃마음이나 "두 조각의 빵을 갖은 자는 그 한 조각을 수선화와 맞바꿔라. 빵은 몸에 필요하나 수선화는 마음에 필요하다"는 이슬람 세상 모하메드의 가르침을 오늘 내가 따라가고 싶다. 사람의 삶이나 꽃의 삶이나 폭풍우를 맞고 모진 눈보라를 이겨낸 뒤의 삶은 영롱하고 아름답다

시인 정호승은 '수선화에게'를 통해 "외로우니까 사람이고 살아간다는 것은 외로움을 견디는 일"이라 했다. 김동진 곡 '수선화' 가사에서는 "그리다가 죽고, 죽었다가 살아 또 죽는 가여운 넋"이 수선화라 했다. 사람이기 위해 외롭고 그리다 죽는 넋 수선화, 하늘 아래 그 어떤 꽃보다 먼저 그윽한 향기를 만나는 일이 어찌 즐겁지 않겠는가. 평화로 눈길을 달려 외돌개 신선바위로 간다. 그곳에는 어느 무명화가가 심어놓은 수선화가 흐드러지고 있기 때문이다.

수선화만큼 600여 종의 많은 원예육종과 자만, 자아도취, 고결, 고귀함, 자애, 이루어질 수 없는 사랑 등 다양한 의미의 꽃말, 교훈을 간직한 꽃도 드물지 싶다. 그리스 신화에서 수선화는 수려한 용모의 목동이 숲의 요정 에코의 사랑을 거절하고 물속에 비친 자신의 얼굴에 반하여 물가를 떠나지 못하고 죽은 청년의 이름 나르키소스가 수선화다. 정신분석에 자기애를 뜻

하는 나르시시스트, 나르시시즘도 나르키소스의 이름에서 유래한 것이며 메아리라는 어원도 나르키소스를 사랑한 에코의 이름에서 시작되었다고 한다.

동양에서 천선(天仙), 지선(地仙), 수선(水仙),이라 하여 하늘과 땅과 물속에 신선이 산다고 생각했기에 습한 곳에서 잘 자라는 수선화를 물의 신이라 믿었던 데서 붙여진 이름이다.

겨울 꽃길에는 자금우, 백량금의 빠알간 열매인 숲의 요정들을 만나는 기쁨도 덤으로 얻어진다. 눈 쌓인 숲이나 비탈진 계곡에 가면 겨울이라도 을씨년스럽지 않은 것은 '붉은 빛깔의 황금 소'라는 자금우 빨간 열매들이 무리 지어 반들거리며 '내일의 행복', '정열'이란 꽃말을 전해주기 때문이다.

꽃은 미감과 정감으로

「사반의 십자가」 「밀다원 시대」 등 한국 현대문학의 빛나는 업적을 남기고 떠나신 소설가 김동리 선생께서는 살아생전 "도대체 나는 왜 꽃이라고 하면 언제나 몸이 후끈 달아오를까?" 그 놀라운 충격을 "꽃과 소녀와 달"을 통해 밝히신 적이 있다. 그러면서 "꽃을 보고 충격받는 것은 거기서 곧 신의 얼굴을 보기 때문"이라며 "꽃과 소녀와 달을 보는 순간 가슴이 찔끔 하거나 설레거나 형언할 수 없는 미신경을 자극받는다"며 꽃에 대한 정감을 토로하신 적이 있다.

또한, 암울한 일제 강점기 시대에 동인지 「백조」 창간 멤버로서 '꿈길' 이라는 필명으로 활동하신 시인 노자영 선생은 "수많은 명현들에게서 명훈과 금언을 듣느니보다 나는 이 꽃 한 송이를 바라보는 것이 더 마음이 정화되고 아름다워지는 듯하다."고 하셨나. 꽃에 대한 징김은 예니 지금이나 동서고금을 막론하고 누구나가 다 좋아하는 품성을 가지고 있다.

원고 마감에 쫓겨 집안에 박혀 있기엔 유리창에 좌르르 흐르는 햇살이 너무 아깝다. 때마침 지인으로부터 전화가 걸려왔다. 갈바람에 햇살이 또르르 구르는 들판을 두고 무엇에 엎디어져 있느냐며 먼저 호들갑 떨며 물봉선이나 보러 가자고 졸랐다. 까짓 물봉선이야 길가에 흐드러졌는데 굳이 그 애만을 보러 가자냐 했더니 "그런 소리 마세요. 흔해빠진 꽃이라도 언제 제대로 봐 준 적 있느냐"며 되레 핀잔주듯 했다. 기어이 동행하겠노라는 확약을 받고서 부리나케 밖으로 내달았다. 며칠 전 서귀포 가는 길에 봐 뒀던 장소에 이르러서는 실망스러웠다. 차창 너머에서 "스톱! 멈췄다 가세요!" 시골 아이들이 지나가는 버스에 손 흔드는 모양새로 발그레 입술 떨며 화르르 나섰던 물봉선이 어느새 지고 더러 몇 송이만 햇살에 한들거리고 있었다.

올해는 꽃들이 피어있는 기간이 유난히 짧은 것 같다며 걸음을 옮기는데 취나물이 바람 타는 놀이를 하듯 한들거린다. 하마터면 밟힐 뻔한 무릇이 수풀을 헤집고 "저 여기 있어요." 한다. 이질풀, 짚신나물, 방울꽃들과 일일이 눈 맞추며 꽃눈을 가슴에 담는 동안 쾌활한 기분으로 전환되어 있었다.

두리번거리며 걸음을 재촉하는데 따스해진 햇살을 등받이로 앉아 뭔가를 열심히 묶고 있는 할머니를 만났다. 여든은 훨씬 넘기신 연세로 보였다. 약초꾼인가보다 생각하며 다가가 "무슨 뿌리에요?" 물었다. "뿔리가 아니고 몰똥이우다." 답하시며 소녀처럼 말갛게 웃으며 하시는 말씀이 "걸름 하젠 양. 요즘사 이런 거 하는 사름 없지 예" 하신다. 흙을 사랑하는 어른의 마음이 회초리처럼 우리 두 사람을 후려치는 것 같았다. 부끄러움에 멋쩍어하다가 "할머니 건강하셔서 다행이에요. 좋은 모습 보여주셔서 감사합니다."라며 어쭙잖은 인사를 뒤로하고 걷는 내내 반성의 말을 주고받으며 오름을 끼고 나 있는 조그만 풀밭 길에 들어섰다.

덤불이며 나뭇가지며 온통 하얀 꽃 뭉치가 만발하다. 사위질빵인가? 으아리인가? 가까이 가서 보니 으아리다.

말벌 같은 여름 볕살을 건너온 들녘을 식히기라도 하듯 눈송이보다 시리고 하얀 꽃송이를 마구마구 뿜어낸 으아리 꽃, 코끝에 향기가 참 따습고 달콤하다. 말똥을 주워 묶던 할머니의 마알간 미소 같았다. 눈을 감고 그 꽃 향기를 온몸 구석구석 닿으라고 한참을 숨만 들이켰다. 그 향기는 또 일찍이 내 삶의 성지였던 어머니의 향기로 폴폴 날아들었다. 아! 내 고향 뒷산에서 소꿉놀이하던 동무들, 사금파리 접시에 골등골꽃으로 올라온 반찬이며 노란 마타리 좁쌀 밥, 가난한 소꿉놀이에도 며느리밥풀은 아주 근사한 쌀밥이었지. 막걸리 흉내로는 시큼 새콤한 며느리밑씻개. 아! 꿈이라면 깨지 말고 현실이라면 그대로 어둠을 사르고 싶다.

예전 춘궁기에 무릇도 구황식물이었지. 모기에 물려 가려울 때 닭의장풀을 뜯어 문지르고 다녔다. 흔한 것일수록 약재료요, 허기를 채우는 밥이었던 때가 차라리 얼마나 행복했던지 먼먼 길 돌아와 이제사 그리움으로 남아있다니…. 꽃을 통하여 돌아갈 수 없는 그곳을 들여다보고 향취를 맡을 수 있다니 이 들판의 자연물들이 하나하나가 다 소중하고 귀하다.

꽃을 볼 때는 시각적 외형보다 내면의 정신적 의미로 들여다봐야 자연이 들려주는 이야기를 들을 수 있다는 걸 새삼 깨닫는다.

색깔이나 형태 질감보다는 의미와 가치와 정취로 식물과 교감하는 자세와 마음가짐이 있어야 제대로 된 들꽃 감상이라 할 수 있으며 생활의 벗으로 삼았을 때 노자영 시인과 김동리 같은 문호들처럼 메마른 자기 영혼을 꽃의 서경 속에서 정화할 수 있으리라.

세상의 포장 걷어낸 정직한 꽃잎처럼

올봄엔 기어코 아카시아꽃차를 담그리라 별렀지만 놓치고 말았다.

지난 계절 내내 찌뿌둥한 날씨에 추위마저 길었던 기온 탓에 후다닥 피었다 지는 시기를 놓쳐버렸던 것이다.

전에 없이 해가 바뀔 때마다 점점 꽃피는 시기가 늦어지고, 피어있는 기간도 아주 짧아지고 있어 식물도감이 무색할 지경이다.

춥다고 어정거리다 놓쳐버린 낭패를 다시 겪지 않으려고 그 어느 때보다도 바쁘게 쫓아다녔다 그러다 보니 얼굴이며 손이며 등허리까지 새카맣게 익어서 "곧사 검질메당 왔어요."하는 몰골이다. 그러거나 말거나 헤죽거리며 칠월 땡볕에 꽃길을 나선다.

집에 들앉았어도 덥고 땀나는 건 매한가지 일터, 티브이나 보고 잠이나 더 자랴. 그러고 나면 남는 건 후회뿐이란 걸 너무 잘 알고 있기 때문이다.

건물 앞 공원에 빨갛게 흔들리는 백일홍 나뭇가지가 온몸으로 햇살을 태우고, 거리엔 더러 유도화가 붉은 입술을 바람에 날름거리고 있었다. 칸나 부용도 여름꽃으로 빼놓을 수 없고 숲에는 노루오줌 맹문아재비 한라꿩의다리 꽃창포도 한여름의 절창이다.

이 절창과 햇볕에 콩이 자라고 웬 갓 식물들이 성장하고 열매를 맺는다. 참 고마운 햇볕이다. 며칠 전에는 바닷가 식생들을 둘러보러 갔다가 놀랍고 감동적인 선물을 받았다.

무릎에 감기는 풀 섶을 헤치고 솔나물이 좁쌀 밥 같은 꽃을 피웠고 술패랭이도 저이끼리 마주보며 한들한들 제 세상을 풀어내고 있었다. 올래 18코스 따라 가파른 길을 내려서는 데 절벽을 타고 바위 틈틈이 원추리가 일제히 바다를 향해 노란 꽃물을 뿌리고 있었다. 여기에 이렇게 많은 원추리가 있었다니? 반가움을 한가득 담는 시선 끝에 빠알갛게 잡히며 참나리가 "저도 여기 있어요." 하고 방실거리고 나서는 게 아닌가.

점점 더 시야를 메우고 드는 참나리군집들이 마치 홍학들의 군무처럼 화려하고 우아한 자태를 뽐내고 있었다. 콩밭 매러 가는 어머니 치맛자락을 붙잡고 가는 길에 태양을 죄다 가두겠다는 듯 큰 키에 붉게 나섰던 참나리, 내 어머니의 구성진 노동요 같은 노란 원추리는 내 유년의 산기슭에 새겨져 있던 그 꽃들이다.

하필이면 좋은 땅 두고 저리도 위태로운 벼랑 위에 저토록 단단한 바위 틈에 터 잡았을까. 저 팍팍한 터에서 저리도 당당하게 일어설 수 있었을까. 한 갓 식물이라 할지라도 저 치열한 생명 앞에서 내 삶의 무게란 고작 한 줌도 안 되는 것 같다.

참나리의 고아한 자태와 빛깔, 무욕 무념의 노란 원추리, 내가 저런 색채로 채색되려면 얼마를 더 졸이고 바수고 버려야 진정 내가 될 수 있을까. 세상의 지식과 명예와 금권이라는 패션에 두 눈 도사리지 않고 온전히 살아낼 수 있다면 얼마나 좋을까.

오만가지 패션의 포장들을 여지없이 던지고 하늘을 번쩍 들어 올리는 참나리의 저 정직한 꽃잎처럼 나도 저들을 따라잡고 싶다 오름에서 하이든의 경쾌함을 듣고 이 여름 작열하는 태양 아래 제 온전한 세상을 물들이는 꽃에서 천지풍파를 건너는 차이콥스키의 비창을 들으며 유년의 애상을 들추어 나를 다잡는 계기라니 어쩜 축복일런지도 모른다.

죽어서도 자신의 마음을 지킨 참나리의 전설이 말해주는 '깨끗한 마음'이란 꽃말처럼, 자식을 위해 온전히 자기를 썩히고도 근심을 걷어주는 원추리의 꽃말인 '기도하는 마음'으로 꽃들에게서 배우는 삶이 새록새록 즐겁다.

꽃바람에 질투라니

가을이라고 하지만 땀방울이 스멀스멀 겨드랑이를 적시고 땀 냄새를 맡은 모기떼가 이게 웬 떡이냐며 떼거리로 덤비는 어읍리 어느 들판에서였다.

속새풀 가득한 사이사이로 오이풀이며 잔대가 바람의 손을 잡고 살랑거리며 춤추고, 유일한 관객이 된 리나 엄마와 나는 시간 가는 줄 모르고 감동의 물결에 취해 있었다.

배꼽시계에서 시장기를 알려온 그때야 정신을 차리고 사방을 둘러보니 리나 엄마 얼굴에 주근깨를 덮으며 노을빛이 발그레 피어나 있었다. 서쪽 수평선에 걸려있는 햇덩이가 온통 구름이며 들판을 붉게 물들이고 있는 광경이 뭐라 말할 수 없는 황홀경에 빠져들었다.

한참을 그렇게 넋 놓고 있던 리나 엄마가 출렁거리는 가슴의 물결을 어찌하지 못하고 젖은 감성의 물기를 잔뜩 머금은 채 말을 꺼내 들었다.

시인과 함께 있으니 이 풀밭의 향연이 더욱 좋다고 했다. 그 말에 시는 읽는 것이 아니라 지금 이 가을의 풀밭처럼 아름다워서 슬픔이 일어나는 것처럼 그렇게 흠뻑 젖어들게 하는 것이라고 속으로 생각했다.

그녀도 나도 그 들판에서 목도한 자연 다큐멘터리의 거대한 명장면들을 오랫동안 마음의 벽걸이에 걸어 둘 것이다.

엉덩이에 붙은 검불을 털며 돌아오는 길가에 저도 보고 가라며 며느리밥풀 꽃들이 무리 지어 나와 있었다. 다랑쉬오름 바람코지에 슬픔보다 새빨간 꽃잎으로 서서 하얀 밥알 두 개를 물고 있던 며느리밥풀꽃.

언제 보아도 안타까움으로 마음 밑 둥 까지 물컹거리게 하는 이 꽃을 보려고 해마다 이맘때가 되면 가파른 다랑쉬오름을 숨 헐떡이며 마음이 먼저 달려가곤 했는데, 여기 이 목장 길에서 만나다니, 떨리는 가슴으로 살그머니 안고 뽀뽀를 해주었다. 그리고는 옆에서 흐뭇하게 웃고 있는 그녀에게 이 꽃에 담겨 있는 사연을 들려주었다.

잡초라는 풀 이름은 지구상 어디에도 없다, 사람들 못지않게 치열한 생존 드라마를 연출하며 모두가 생태계에서 그 나름의 역할을 다하고 있음에도 사람들은 건방 떨며 함부로 만들어 놓은 단어일 뿐이다. 하잘 것 없어 보이는 작은 식물 어느 것도 생명이 아닌 것이 없다. 인간사에 지치고 힘이 부칠 때 산이나 들에서 만나는 꽃들을 보면 얼마나 편안한 위로를 주는지 모른다.

한라산 선작지왓 그 넓은 고산 정원에서 노루들의 선한 눈망울을 노을빛에 붉게 적시다가 백록담 맑은 물빛을 머금고 알콩달콩 가없는 세상을 누리고 가는 꽃며느리밥풀들이 살고 있다. 그런 비탈마을을 돌아다니다 보면 돌연변이같이 흰꽃며느리밥풀도 아주 드물게 만날 수 있다. 흰꽃며느리밥풀은 어쩌면 죽어서도 시어머니의 상복을 입은 것 같아서 더욱 마음이 아릿해진다.

처음 막 피기 시작할 때는 혓바닥에 볼록 돋은 밥풀이 붉었다가 차츰 볼록한 밥풀 부분만 흰색으로 변하여 마치 하얀 쌀알 2개가 붙어있는 것처럼 보인다. 꽃며느리밥풀, 알며느리밥풀, 수염며느리밥풀, 애기며느리밥풀 등이 있으나 구분하기 쉽지 않으며 통칭 며느리밥풀꽃이라 부른다.

가을바람이 나비처럼 목장이며 오름이며 높은 산머리로 나풀거리고 다닐 때 훌쩍 길을 나선다. 그 길 위에서 며느리밥풀꽃을 만나 세상이 나를 아무리 괴롭혀도 성실하게 자기가 해야 할 도리를 다해야 한다는 교훈을 들꽃인 양 한 아름 껴안는다.

며느리밥풀로 많이 알려져 있지만, 또 다른 이름의 '꽃새애기풀'도 있다. 예전에는 들이나 혹은 밭 가에 흔하게 자랐지만, 잡초로 취급되어 마구잡이로 살포되는 제초 농약 때문에 경작지 주변에서는 이제 찾아볼 수 없는 꽃이 되고 말았다.

우리나라 어디에나 잘 자라지만 한해밖에 살지 못한다. 시어머니의 독기 품은 눈꼬리 마냥 마주난 잎 사이로 빠알간 색의 꽃송이가 차례로 모여 핀다. 꽃부리는 긴 통 모양이고 아랫입술에 밥알 두 개를 얹어 놓은 듯 하얀 점이 얄밉도록 귀엽게 붙어있다. 이 모습은 8월에서 10월이 다 가도록 오래도록 산바람 들바람을 맞으며 볼 수 있다.

이렇게 곱고 귀여운 꽃이 왜 하필이면 며느리밥풀이라는 이름을 얻게 되었을까? 설화에 의하면 옛날 어느 마을에 어머니와 아들이 살고 있었다.

어느덧 아들은 성장하여 장가를 들게 되었고 아리따운 처녀가 이 집의 며느리로 들어왔다.

며느리는 얼굴이 예쁘고 마음씨도 비단 같았으며 시어머니에 대한 효성도 지극했다. 그러나 시어머니는 아들을 빼앗겼다는 생각에 질투심을 품고 미워하기에 바빴다.

신방을 꾸민 지 얼마 되지 않아 남편은 어머니를 잘 모셔달라는 당부를 하고 산 너머 마을로 머슴살이를 떠났다. 아들이 떠난 후 시어머니는 갖은 심술로 며느리를 학대하기 시작했다.

빨래하러 갔다 오면 누구를 만났느냐 다그치고 깨끗한 빨래가 더럽다며 마당에 내동댕이치고 발로 짓밟기까지 하면서 구박을 했다. 그뿐 아니라 밥이 조금이라도 늦으면 늦었다고 타박하고 빠르면 왜 그렇게 밥을 빨리 주느냐며 날마다 구박과 학대가 이어졌다. 그러나 착한 며느리는 이 같은 구박에도 군소리 한마디 하지 않고 참고 견딜 뿐이었다.

그러던 어느 날 며느리는 평소와 다름없이 저녁밥을 짓기 위해 솥에다 쌀을 넣고 불을 지폈다. 밥이 다 되어 갈 무렵, 뜸이 잘 들었는지를 확인하기 위해 솥뚜껑을 열고 밥알을 몇 개 꺼내 입에 넣고 막 씹어 보려는 순간 부엌문 쪽에서 벽력같은 소리가 났다.

"이년아, 넌 위아래도 모르느냐."

방에 있던 시어머니가 솥뚜껑 여는 소리를 듣고 기회는 이때다 생각하고 맨발로 달려 나왔던 것이다. 며느리는 영문을 몰라 어리둥절한 표정을 지었다. 그러자 시어머니는 더 큰 소리를 지르며 "아니, 어른이 먹기 전에 네가 먼저 밥에 손을 대다니, 그런 못된 버릇을 어디서 배웠어?"

며느리는 잘못도 없이 용서를 빌었지만 시어머니는 머리채를 잡고 흔들더니 급기야는 몽둥이로 마구 때렸다. 결국 며느리는 밥알을 입에 문 채 쓰러져 죽고 말았다.

이 소식을 전해 들은 아들은 급히 달려와 통곡을 하며 아내의 시신을 마을 앞 길가에 고이 묻어 주었다.

그로부터 여름이 되자 이 며느리의 무덤가에는 하얀 밥알을 입에 물고 있는 듯한 꽃이 피어나기 시작했다. 그것을 본 마을 사람들은 착한 며느리가 밥알을 씹어보다가 억울하게 맞아 죽었기 때문에 그 넋이 환생한 꽃이라 생각하며 며느리밥풀이라고 부르게 되었다고 한다.

이런 슬픈 유래를 간직하고 있기 때문인지 꽃말 또한 '질투'이다. 예나 지금이나 고부간의 갈등은 여전히 상처를 덧내며 다툼의 역사를 기어이 끊어버리지 못하고 있다. 시기나 질투란 다 부질없는 욕심일 뿐인데 수 만년 인간의 역사를 살아온 우리는 왜 아직도 그 욕심 덩어리를 던져버리지 못하는지? 힘이란 또 다른 힘 앞에서 힘다운 것이지 약자에게 휘두르는 힘은 비열함일 뿐 진정한 힘이 아니다. 만용도 늙어서 갖는 노욕도 다 결국엔 자신을 더럽히는 구정물로 되돌아온다는 사실을 알면서도 쉽게 버려지질 않는가 보다. 어른답지 못하고 어리석은 망상에 사로잡힌 시어미의 횡포가 단란한 가정을 꿈꾸던 아들의 인생을 송두리째 부숴버린 이 설화를 얘기하고 있노라니 요즘 시시 껄렁 말장난으로 나라를 어지럽히고, 사리사욕에 현혹되어 정의로운 법질서를 좀 먹는 정객들이 며느리밥풀의 시어미를 너무도 많이 닮았다는 생각이 든다.

고맙다 나무야!

그토록 치열하게 울고 있던 매미들도 떠나고, 태풍 '루사'에 갈갈이 뜯겨진 나뭇잎도 빗물에 젖어 땅바닥에 누워 있다. 그나마 애타게 매달려 있던 몇 안 되는 잎사귀들마저 오그라들며 죽어갔다.

앳된 묘목에서 처음으로 "나도 이제 배나무"요, 하면서 탱탱한 배를 다섯 개나 매달고 나와서 하나는 이모 꺼, 하나는 형진이 꺼 또 하나는 지환이 꺼 나머지 두 개는 엄마, 아빠 갖다 드리자고 조카들과 입 맞추었을 때 우리 집 마당은 참 따뜻했었다. 이번엔 서울 언니한테도 보내고 고향의 추석 차례상에도 올라가게 해야겠다고 마음먹게 했던 덩치 큰 대추나무는 빈 가지뿐이다. 자두나무, 매실나무, 산딸나무 모두 모두 맨살인데 한라산을 내려서는 속절없는 마른 바람을 어이 할까나.

아침에 눈을 뜨면 먼저 마당에 나와 이들을 둘러보며 오늘 하루도 잘 이겨내라는 말을 잎사귀처럼 달아주고, 밤에 들어가서는 앙상한 나뭇가지를 무심히 에워싸고 있는 달빛을 걷어내며 "죽으면 안 된다. 제발 죽지 말거라." 하고 조심조심 나무들을 쓰다듬어 주었다.

나라 안 백성들이 온통 막막한 상처를 보듬어 안고 저마다의 방법과 손길로 애틋한 손길을 주고받은 지 이제 보름이 훌쩍 지났다.

우리 집 대추나무에 봄이 온 듯 새싹이 돋기 시작했다. 그 다음 날에는 자두나무, 또 그 다음 날엔 도저히 살 것 같지 않던 어린 산딸나무도 마치 뾰루지 같은 걸 내밀고 있었다. 너무도 기쁜 마음에 깡충깡충 마당을 뛰며 층꽃나무에게로 갔다. 다 쓰러져 누웠던 것이 베시시 일어서며 꽃봉오리를 품고 있었다. 그 옆 키다리 물레나물도 연두색 입술을 바르고 섰고 구름체며, 섬잔대도 조심조심 꽃잎을 터뜨리고 있는 게 아닌가.

얼른 뒤란으로 갔다. 돌담에 기대 누운 채로 한라돌쩌귀가 진보라색 모자를 눌러쓰고 우르르 모여 서로의 안부를 묻고 있는 것이었다. 고맙다, 고맙다 나무야 꽃들아 하고 콩콩 뛰는 내 맥박을 들으라고 살그머니 안아주었다. 그러면서 생각했다. 그래 삶은 바로 이런 거야. 너희들 생명의 거룩한 힘을 보기 위하여 가을바람에 가슴 물어뜯기는 아픔에 빠지는 것을 사람들은 즐거워하는 거야.

하늘로 가는 계단 타래난초

그저 산이 좋아 산을 기대고 살았다. 그러다 보니 꽃을 통하여 산이 말을 걸어오고 꽃에게 마음 주는 게 일상이 되어 틈만 나면 산으로 간다. 식물의 생태학적 관점이나 분류학에 따른 정확한 구분은 여전히 잘 모른다. 다만 꽃이라는 삶의 빛깔이 우리 삶을 얼마나 환희로 물들이는지, 그 꽃길에 머무르는 시간이 좋을 뿐이다.

성급한 꽃길을 찾아서 신발에 들러붙는 잔설을 털어가며 숲 자락을 헤매고 오름을 오르다 만나는 꽃향기에 취하다 보니 정작 집엣 것들은 돌아보지 못했다. 오랜만에 들어선 마당에는 온갖 풀들이 우르르 몰려나와 제 세상인 양 잔디를 덮고 풀밭을 이루고 있었다.

꼭꼭 닫혀있는 문들을 활짝 열어젖히고 라디오를 틀었다. 모처럼 집안에 바람도 들락거리게 하고 노래와 사람 소리도 왁자하게 앉혀두고 싶어서다. 이웃집 밭 담을 넘어서려는 대추나무 가지도 잘라내고 옆집 개집 지붕에 뻗어있는 담팔수 가쟁이도 자르고, 울타리를 돌아가며 한 그루씩 다듬고 나니 떠꺼머리총각 이발한 것처럼 말끔해졌다. 화단에 괭이밥 뿌리도 뽑고 왁자한 쇠별도 걷어냈다. 어느새 사람 냄새를 귀신같이 맡은 모기들이 땀에 젖은 목덜미 하며 얼굴, 엉덩이에까지 마구 쏘아대며 떼거리로 덤벼들었다. 팔뚝이며 목덜미 등허리에 넓적다리가 가렵다 못해 두드러기처럼 부풀어 올랐다. 두꺼운 바지를 뚫고 덤비는 독기를 어디서 배웠을까. 예전 모기들은 이다지 극성떨지는 않았다. 물질문명의 발달이 되레 온갖 병원균들의 항체를 키우고 인간을 공격하는데도 첨단기술을 자랑하며 21세기를 맞았건만, 환경오염에 따른 환경호르몬의 변화를 따라잡지 못하고 있다.

새로운 질병은 무서운 재앙으로 우리의 삶을 위협하고 있는 때에 다시 한 번 우리 삶의 현장을 돌아보고 자연과 함께 사는 법을 익히는 데 관심을 기울였으면 좋겠다.

나만이라도 내 집 마당에는 농약을 치지 말자는 생각에 그냥 두었더니 온갖 곤충과 벌레와 뱀들의 천국이 되어버렸다. 마당을 정리하려고 낫으로 잔디를 베기 시작했다. 수풀이 되어버린 토끼풀 무더기까지 다다랐을 무렵 뱀이 내 앞으로 튀어나왔다. 놀라서 뒤로 벌러덩 눕는데 저는 나보다 더 놀랐는지 기우뚱거리며 담벼락으로 도망쳐가는 폼이 넋이 나간 것 같았다. 그 와중에도 웃음이 났다.

벌레를 무서워하면서도 그들의 천국을 간섭하지 않기 위해서 나도 한 마리 벌레로 사는 수밖에 없겠지만 그래도 나뭇가지며 잎사귀며 다닥다닥 붙어있는 벌레들은 너무나 무섭다. 이웃에 사는 리나에게 도움을 청했다. “조금만 기다리면 예쁜 나비가 될 건데 뭐가 무서워요.”하면서 벌레를 다 잡아서는 집으로 가져간다. 파브르 같은 곤충 박사가 되고 싶은 리나는 벌레가 나비로 날 때까지 집에서 직접 꿀을 먹이며 키워서 풀밭에 놓아주는 마음씨 착하고 얼굴도 예쁜 초등학교 4학년의 어린이다.

모기는 사정없이 물고, 몹쓸 가려움에 짜증은 끈적거리는 땀방울 따라 덤으로 돋아나고 있는데 물뫼 마을 김성주 시인이 찾아왔다. 마당에 들어서자

마자 상한 속내를 풀어헤치며 혀를 찼다. 이유를 들어보니 고내봉 솔밭에서 하얗게 고운 웃음으로 반겨주던 백합꽃을 만나러 갔더니 없더란다. 그래서 실망한 마음을 감추지 못해 투덜거리는 김 선생, 못내 아쉬워하는 그의 눈 속을 가득 메우며 청순한 백합의 하얀 꽃송이가 방실거리며 지나간다. 지난해 정찬일 시인과 함께 보았던 게 마지막이 되어 버렸다니, "누구의 짓이냐! 씨앗도 남기지 않은 못된 사람이, 정말 너무들 한다." 큰 소리를 내지르며 덩달아 허공에 대고 성토를 가했다.

몇 해 전인가 그때도 이랬다. 여러 해를 두고 몰래몰래 찾아가 만나던 아흔아홉 골에 살고 있는 '석곡'이 흔적 없이 사라졌을 때였다. 어찌나 실망스럽고 애석하고 슬프던지 몇 날이 지나도 가라앉지 않아서 애를 먹었다. 어쩌면 그것이 한라산에 자생하는 석곡 중에 마지막이었을지도 모른다. 그렇게 석곡을 도둑맞고 난 뒤에는 한 번도 그곳엘 가보지 않았다. 또 있다.

일흔의 어머니와 함께 들여다보았던 탐라대 근처 타래난초가 보이지 않았을 때, 그때도 마음이 몹시 아팠다. 어머니와의 추억 한 토막을 잃어버린 것 같아서였다. 태양이 아스팔트를 녹이고 드는 더운 날 들길이나 오름에 나서면 각양각색의 꽃들이 에어컨 바람보다 시원하게 마음을 흔들어 주고 향기를 뿜어준다. 거기에 또 흰 타래난초라도 만나면 얼마나 시원한지 세상 그 무엇도 부럽지 않다. 풀 섶이나 양지바른 산야에 묻혀 지내면서도 볼 따귀를 발그레 적시며 실타래를 타고 하늘로 올라가는 작은 꽃구름이 타래난초다. 붉은색, 하얀색, 연분홍색 타래난초가 있는 풀밭에서 나는 귀여운 꽃병아리가 되어 꽃구름 타고 놀고 있노라면 해지는 줄도 몰랐다.

살다 보면 더러는 생활이라는 바퀴에 치여 숨이 턱밑에서 헉헉거릴 때가 많다. 그럴 때 훌쩍 산길을 간다. 야트막한 산야를 비집고 다니다 보면 으레 그 깨물어 주고 싶을 만큼의 앙증맞은 꽃송이가 배시시 혀를 빼 문다.

얼핏 보면 온몸이 마치 나사 모양으로 꽁꽁 묶여 비틀어진 것 갖지만 실제로는 얼마나 꼿꼿한지 모른다. 제 몫의 명줄을 깜찍하게 뽐내는 천연덕스러움에 그만 부끄러워진다. 하도 부끄러워서 미안해, 미안해하고 주저앉으면 묶이면 묶인 데로 한 곳만 보지 않고 돌아서 돌아가며 제 세상을 살피며 사는 타래난초의 진정한 삶의 자세에 경건함마저 묻어난다. 진리란 결코 번듯하고 근사한 데서 얻어지는 게 아니란 걸 깨닫는다. 꽃이 보여주는 삶의 색채란 각각의 아름다운 무늬가 있다는 말을 몰래 훔쳐올 때가 가장 가슴 두근거린다.

강의 중에 명강의를 듣는 설렘이란 얼마나 짜릿한 즐거움이던지. 일상에서 쉽게 느낄 수 없는 안락함이 들꽃에는 있다. 우리가 쉽사리 무지렁이라고 말하는 민초, 촌로들이야말로 얼마나 순수하고 슬기롭게 살고 있지 않던가. 그들에서 또한 삶의 지혜를 배우기도 한다. 조금 더 배웠다고, 조금 더 가졌다고 거드름 피우는 사람들에 비하면 꽃들은 얼마나 진솔하고 정직하고 친절한지, 얼마나 큰 위안이고 즐거움인지 들에 엎드리고 풀에 엎드려 보면 알 것이다. 엎드리지 않으면 보이지 않는 작은 꽃송이에 무릎 구부렸을 때 오는 아름다움, 행복함 같은 게 온몸에 파문 져 흐르는 느낌을 맛볼 것이다.

이 땅 어디에나 민초들 곁에서 양지를 이루며 초여름이 다가오면 마치 나사 모양을 세워놓은 것 같은 푸른색의 줄기 따라 꽃이 핀다. 있는 듯 없는 듯 피고 지는 타래난초는 양지성 난초로서 일엽일기화, 일선향, 대엽청 등 이외에도 많은 이름을 갖고 있다. 연분홍색 붉은색이 주종을 이루지만 가끔은 흰색도 눈에 띈다.

작아서 더 곱게 느껴지는 타래난초의 꽃말은 '추억' 또는 '소녀'라 하고 단맛과 쓴맛을 갖고 있지만 독성은 없다고 한다. 그래서일까. 몸이 허약해졌을 때나 혹은 피를 토하는 심한 기침에 효과를 주는 약초로 알려지고 있다.

이 땅의 토양이 유순한 때문인지 대부분의 풀들이 다 식용과 약용으로서 버릴 것이 없다. 알고 찾으면 만날 수 있지만 꽃송이가 작아서 그냥 지나치기가 쉽다. 작은 것의 미덕과 아름다움을 동시에 지니고 있는 타래난초, 그 아름다운 것에 상처를 주는 것이 사람이고 보면 꽃들이 건네주는 연민을 사람인 내가 차마 고개를 바로 들지 못하겠다.

몸에 좋다고 하면 무엇이든 마구잡이로 씨를 말리고 마는 사람의 욕망과 이기심이 얼마나 무서운지 다랑쉬에 가보면 안다. 다랑쉬오름이 자람 터인 절굿대가 해마다 개체 수가 줄어들고 있다. 한라산, 아니 바닷가에 가 봐도 훤히 보인다. 고내봉 백합꽃이 사라진 것처럼 석곡이 멸문지화 한 것처럼 부디 타래난초는 그런 일이 없기를 바라는 마음 간절하다. 함께 돌아보고 서로의 색깔에 감동하며 이 세상을 물들이고 싶은 게 우리가 진정 바라고 꿈꾸는 세상이니 말이다.

말보다 미더운 작은 꽃송이들

바다로 가자니 오름이 당기고, 오름으로 가자니 햇살이 아직 뜨겁다.

늘 반쪽짜리 시간 때문에 급한 걸음이다가 오늘은 모처럼 온전한 하루를 다 쓸 수 있는 시간인지라 어디로 갈까 마음이 부푼다. 이곳저곳을 머리에 담아 굴리는데 바람 끝 살이 선선하게 배어있는 1100고지 습지가 눈앞에 아른거리며 손짓을 한다.

한라부추가 피기엔 아직 이르지 않을까 싶었지만, 그 애가 아니라도 누군가가 와 있겠지 싶어 마음이 당기는 데로 가기로 했다. 산길은 언제나 설레고 신난다. 더러더러 마가목 열매가 새빨갛게 익어서 유리에 반사되는 햇살처럼 반짝이는데 마치 "얼른 오세요."하고 부르는 말소리 같다. 지난봄에 미백색 꽃송이로 하르르 눈 맞추던 것이 그사이 저리 잘 익었구나 싶었다.

더우면 더운 대로 추우면 추운 대로 저들은 제 할 몫의 구실은 기어이 해내고 마는 걸 보면 도대체 무엇이 저들을 저리 간단없이 이끌어 내는 걸까. 내 삶의 무게에서 삐져나온 언어들도 저렇게 곱게 익을 수 있다면 그날그날 부딪치는 일상의 언어들이 누군가에게 곱고 따스한 힘이 될 수 있다면 좋겠다. 산 아래서부터 따라온 날카로운 감정들을 닦고 깎으며 습지에 당도했다.

한라부추는 이미 꽃망울을 터트려 온통 보라색 화원을 이루고 있었다. 세상천지가 환해지는 꽃 세례에 묻혀서 걸음을 뗄 수가 없다. 저만치서 곰취가 모가지를 젖혀가며 노랗게 웃고 있다. 개구리자리인지 이름을 확실히 알지 못하는 아이도 작고 작은 별모양 꽃잎이 가느다란 줄기 끝에서 하늘빛을 깨물듯 하느작거린다. 그러고 한참을 찬찬히 들여다보고 있는데 좁쌀 알갱이만 한 자주땅귀개가 보일 듯 말듯 꽃잎을 베어 물고 서 있다. 하도 작아서 어떤 모양인지 돋보기를 들이대지 않으면 육안으로는 분간하기 어렵다. 그래서 눈에 띄는 아이들만 좇는 걸음에 밟혀버리고 만다.

온 줄 모르고 간 줄 모르는 자주땅귀개의 일생이 어쩌면 구름에 가려진 별 떨기인 냥 싶어 밤하늘을 쳐다보며 별을 헤듯 너 하나 나 하나, 너 둘 나 둘 이름이라도 촉촉이 젖도록 불러 줘야지, 비록 사람들 눈에 보이지 않지만 습지 세계뿐만 아니라 이 우주에 하나 귀한 생명이잖은가. 자주땅귀개는 자람 터가 사라져가는 멸종 위기에 놓인 종으로 환경부가 지정한 보호식물이다.

이리저리 덤벙거리다 놓친 꽃들이 이곳에 다 모여 전시장을 이룬다. 개쓴풀, 미역취, 덩굴용담, 산비장이가 여름의 끝자락을 붙들고 나를 기다렸다는 듯 다소곳이 낮은 키를 일으킨다. 반갑고 고맙고 미안해서 노랑, 빨강 꽃가루가 묻는 줄도 모르고 콧등을 비볐다.

눈에도 담고, 코에도 담고, 가슴에 담아도 다 담아내지 못할 것 같아 카메라에 담으려고 앵글을 맞춘다. 그러면 저도 마음이 급했는지 실바람 불러 하르르 몸을 떤다. 그럴 때마다 바람이 시샘하여 어깃장 놓는 줄로만 알고 바람을 탓했다. 그게 아니란 걸 수십 년 꽃길을 들락거린 이제야 깨닫다니 인간이 참 둔하다.

수만 평 꽃 둘레에 쌓여 온몸이 검붉은 보랏빛으로 물드는 착각에서 깨어나면 한라부추와 산부추, 참부추가 무엇이 다를까 생각해 본다. 꽃 색은 비슷하고 조금은 엉성하게 보인다는데 너무나 닮아서 나는 아직 이들을 제대로 구분하지 못한다. 아무튼, 굳이 이들을 구분하며 보려고 하지 않는 나의 꽃 감상의 태도 때문이기도 하다.

한라부추 꽃은 긴 줄기 끝에 탁구공처럼 동그란 꽃차례로 피어나 멀리서 보면 한 송이 같지만 가까이에서 보면 작고 앙증맞은 꽃송이 하나하나가 노란 수술을 꽃 밖으로 내밀어 첫 이도 돋지 않은 아기의 웃음같이 해맑고 귀엽다. 너무도 예쁘고 고와서 마음을 뺏기고 있다 보면 노루가 와서 얼른 가라고 부스럭거린다. 목이 마른 모양이다.

여름에서 가을로 접어드는 무렵이면 산과 들에도 어여쁜 꽃을 만나기 쉽지 않다. 여름꽃은 이미 시들시들 제 빛을 잃어가고, 가을꽃은 때를 기다리고 있기 때문에 이럴 즈음에 한라부추가 피어나 늦가을까지 볼 수 있으니 얼마나 고마운 꽃인가. 여름꽃인가 싶은 산비장이, 구름떡쑥, 제주달구지풀, 제주황기도 이번 가을의 길목에서 만난 아이들이다.

높고 깊은 한라산에 나무들밖에 자라지 못할 것 같은 척박한 바람코지, 언제나 자작한 물기에 배어있는 습지에 피어나는 꽃들이 있어서 청량한 하늘을 이고 바람에 찰랑이며 계절을 이어주는 모습은 초가을 습지의 가장 아름다운 풍광이다.

꽃향기에 취하고 꽃 색에 취하여 꿈길처럼 이끌리노라면 어린 시절 동무들과 둘러앉아 꽃 점을 보거나 풀 이름 맞추기 시합을 하던 정경을 만난다. 편을 갈라서 일정한 시간 내에 여러 종류의 풀을 뜯어 모아 뒤에 감추고 하나씩 꺼내어 같은 풀을 내어놓으며 풀 이름을 대라고 윽박지른다. 그러지 못했을 때 한 점씩 점수를 잃고 또 상대편이 알지 못하는 풀이나 최종적으로 많이 남은 편이 이기게 된다. 이때 진 편은 다시 산으로 가서 이긴 편이 요구한 것을 해주어야 한다. 으름이나 다래 같은 열매를 요구할 때도 있고, 때로는 꼴 한 뭉치를 요구할 때도 있다. 어떤 아이는 잽싸게 달려가 쉽게 해오기도 하지만 순옥이나 춘봉이 같은 아이들은 훌쩍거리며 먼저 울어버리기도 한다. 예나 지금이나 우는 사람에겐 마음이 약해지는 법. 울음을 터뜨린 아이에게는 어영부영 없던 일이 되고 말기도 한다.

어릴 때부터 풀싸움, 꽃놀이 등을 통하여 식물의 줄기나 잎 색깔 등을 자연스럽게 익히게 되고 나물로 먹을 수 있는 것과 못 먹는 것을 구별하고, 놀다가 다쳤을 때 찧어 바르는 약용도 알게 되었다.

비 오느냐 우산나물 강남이냐 제비풀/ 군불이냐 장작나물 마셨느냐 취나물/취했느냐 곤드레 담 넘어야 넘나무/ 바느질 골무꽃 시집갔다 소박나물/ 간지럽네 오금풀 정 주듯이 오금풀(김소운 한국구전 민요집)

어린 시절 동무들과 산과 들을 누비며 열매 따 먹던 일이란 어쩌면 주린 배를 채우기 위해서였지만 그마저 놀이로 즐겼던 것이 이제 와 돌아보면 꽃같이 어여쁘고 행복했던 시간들이었다. 또한 달래 뿌리와 무릇 뿌리를 캐서 무릇 잎은 곱게 땋아서 가느다란 꼬챙이에 꽂아 세우고 결혼식 올리는 놀이를 하며 부르던 노래도 얼마나 우스운지 그때는 사뭇 진지한 소꿉놀이이기도 했다

"신랑님이 오신다/ 색시 방에 불 켜라/ 신랑 방에 불 켜라" 생각하면 지금도 슬며시 웃음이 나온다. 인형을 구경할 수 없던 그 옛날 우리들의 인형이 되어주고 소꿉놀이의 도구가 되어주던 풀과 꽃과 나무들, 하지만 '들꽃

뜯어 각시하고 모래 담아 밥 지어서/ 반죽 개이 살던 것이 어제같이 역역커날/ 엇지된 무정세월은 옛일이라 하느뇨(작자미상)'

이름도 남기지 않은 이의 시처럼 훌쩍 가버린 세월의 뒤안길을 서성이며 이제는 그 시절이 눈물겹도록 그립다.

꽃바람에 무등을 타고

을씨년스럽기만 하던 마당에도 기어이 봄바람은 찾아와 머물고 있나 보다. 뒤란에 '털괭이눈'이 노랗게 네모난 꽃을 피웠다.

지난가을 때아닌 꽃송이로 걱정을 끼치던 할미꽃도 뽀얀 새순을 내밀고 나와 하늘 구경을 하고 있다. 늦잠꾸러기 물레나물, 꿩의다리, 용담들을 생각한다. 꾸물거리며 세수를 끝내고 오래 벗어두었던 옷을 찾느라 기웃거리는 발소리가 땅속에서 들려온다. 저 혼자 마당 여기저기를 살피며 아직도 두 겹의 내의를 벗지 못하고 있는 내 얼굴에 슬며시 웃음이 흐른다.

모두들 차가운 한겨울을 잘 이겨내고 내 울타리를 채워주는 꽃들이 있기에 해마다 꽃바람에 무등을 타고 한라산 숲을 찾아간다.

올해도 벌써 서너 차례 그곳을 다녀왔다. 내 작은 키만큼의 골짜기를 사이에 두고 얼음새꽃이 노랗게 숲을 덮고 또 맞은편에는 잔설을 털어내듯 변산바람꽃이 하얗게 떼를 지어 숲 속을 뛰어다닌다. 그중에 한 놈을 불러 세워 가만히 들여다보면 그 작고 흰 꽃잎 속에서 보라색, 연두색, 노란색 꽃술이 이 세상 어느 보석보다도 곱고 예쁘다. 이 세상 물빛으로는 그릴 수 없는 맑은 색깔, 그래서 그런가, 그 숲에는 시기가 없다. 헐뜯는 게 없다. 저만의 갸륵한 숨결을 서로서로 붙들며 달래고 산다.

꽃을 싫어할 사람 어디 있으랴. 꽃을 마다할 사람 어디 있으랴. 꽃은 사람에게 기쁨이다. 나도 이 꽃들처럼 사람에게 기쁨일 수 없을까! 가만히 있어도 내게로 다가와 예쁜 마음이 되어 버리는 그런 꽃 같은 사람이 될 수는 없을까!

흔들리는 길 위에서 멀미가 날 때 오름이나 숲 근처 계곡에나 어디엘 가도 꽃은 가만히 나를 맞아준다. 사람 손에 길들여 지지 않은 야생화의 그 순진무구한 생명을 진정으로 내 삶 속에 담고 싶다.

삶을 돌아보는 꽃향유

10월이 넘어가는 데도 산에는 나뭇잎들이 색칠을 못 하고 있다. 한 해의 절반 이상을 빗물만 털어 내다가 여름의 끝자락에 들이닥친 태풍 '매미'의 무지막지한 횡포에 넋을 잃었나 보다.

이번 가을은 유난히 짧다는데 단풍보다 먼저 상고대(얼음꽃)가 피었다는 뉴스다. 그럼에도 들녘에는 쥐깨풀, 산박하 등이 때를 잃지 않으려는 듯 병아리 주둥이 같은 보라색 꽃송이를 촘촘히 쏟아내고 있다.

쉴 새 없이 볼 따귀를 때리고 달려드는 바람살을 견디고 저만의 꽃들을 장식하는 가을 언덕에 솔새 풀과 억새 잎들이 갈색으로 지쳐갈 무렵 꽃향유는 진분홍 꽃을 피운다. 분홍인 듯 자주인 듯한 꽃송이들이 한쪽으로 모여 무더기로 피는 꽃향유는 꿀풀과 이다. 일 년밖에 살지 않지만 사람에게 좋은 약용을 선물하기도 한다.

굳이 오름에까지 가지 않는다하더라도 길가에나 낮은 야산에 지천으로 피어 있는 꽃향유의 꽃말은 '과거를 묻지 마세요.' 또는 '회한'이라고도 한다. 이는 꽃향유가 간직하고 있는 전설 때문에 붙여진 것이다.

오랜 옛날 충청도 어느 농가 마을에 살던 한 어린 남자가 청운의 꿈을 품고 집을 나섰다. 그러나 막상 찾아든 것은 갖은 시련뿐이었다. 그러는 사이 그의 마음속에 굳게 심어놓았던 희망과 꿈은 시들어 가고 시련과 고통이 달려들어 자신을 여지없이 농락하는 것 같이 보였다. 자기의 신세가 한심스럽기 짝이 없게 느껴졌다. 그때부터 그는 돈 벌기가 바쁘게 도박판으로 술집으로 전전하며 희희낙락 유희에 빠져들어 헤어 나오지를 못했다.

세월은 가고 어느덧 중년을 훌쩍 넘어 오갈 데 없는 신세가 되고 말았다. 젊음을 탕진하고 망가져 버린 자신의 삶을 추슬러 보고자 무척 애를 썼으나 아무도 그를 받아주지 않았다. 끝내는 거지 신세가 되어 전국을 떠돌며 회오의 눈물을 뿌리고 다니다 추운 겨울밤 낯선 담벼락에 기대어 죽고 말았다.

황혼의 뒷짐을 져보지 못한 그의 넋이 결실로 충만한 가을 언덕에 서서 옥황상제에게 빌었다.

"단 한 번이라도 좋으니 나를 저들 옆에 곱게 있게 해주십시오."

옥황상제는 그의 간절한 부탁을 들어주었다. 그러나 역시 뒤쪽은 비워둔 채로 앞모습만 화려하게 장식하며 무더기로 꽃을 피우게 되었다. 그것이 가을의 맨 끄트머리에 피는 꽃향유라는 것을 아는 사람이 그다지 많지 않다. 오름 가득 붉게 물들이다가 회갈색으로 쓰러져 눕는 풀들을 다 지켜본 후에 꽃향유가 지고 마침내 오름은 깊은 수면으로 들어간다. 해마다 이맘때면 꽃향유를 생각한다.

올 한해도 삶의 무게가 무겁다고 엄살을 떨며 넋두리를 늘어놓고 도피하려 한 적은 없는가? 노는 재미에 빠져 할 일을 제쳐 두지는 않았는가? 나의 노후는 어떤 모습으로 내 앞에 나타날까? 생각을 곱씹으며 분에 넘치는 생활을 감사한 마음으로 챙겨 안아야겠다.

자주쓴풀, 너도 빛나는 별이었지

가을의 긴 옷그름에 매달려 마른 바람에 볼 따귀를 맞고 있는 자주쓴풀은 2년밖에 살지 못한다. 그래서 꽃말조차 '덧없는 사랑'이라 하지 않았던가.

자주쓴풀은 다섯 개의 꽃잎이 별 모양을 하고 원줄기 옆으로 곁가지가 자라서 그 가지 끝에 한 송이씩 보라색처럼 보이지만 자주색이 더 많이 감돈다.

오랜 옛적 경상도 어느 산골 마을에 키도 작고 볼품없는 얼굴에다 궁색한 끼가 철철 흐르는 처녀가 있었다. 아무도 그녀를 거들떠보지 않았지만 같은 마을에 살고 있는 귀공자 외모에? 핸섬한 청년은 그녀를 가엽게 생각하고 어쩌다 마주치면 친절하게 대하여 주었다. 이 못생겼지만 순진한 처녀는 마음속으로 그 청년을 흠모하고 있었다.

그녀의 그런 가슴앓이에는 아랑곳없이 그 청년은 이웃마을에 사는 예쁜 아가씨와 혼인을 해버렸고, 아이를 얻게 되자 더욱 성실하게 일하여 칭찬을 들으며 잘 살고 있었다. 그러나 날이 지나고 달이 갈수록 이 처녀는 연모의 정만 더해질 뿐 자신을 향해 아무리 도리질을 해도 소용이 없었다. 그뿐만 아니라 장가를 간 뒤로 청년은 그녀에 대한 가여운 친절마저 보여주지 않는 것이었다.

아무에게도 털어놓을 수 없고 세월이 흘러가도 사모의 정만 사무치게 쌓여가는 그 무게를 그녀도 어쩌지 못하는 지경에 이르자 어느 날 그녀는 한 생각을 움켜잡았다. 내가 죽어 아름다운 별이 되어 반짝거린다면 얼마나 많은 사람들이 나를 부러워하며 쳐다볼까? 그이도 밤마다 나를 보겠지 생각하니 가슴이 뛰었다. 그런 다음 날 싸늘하게 식어버린 그녀가 발견되고 가여운 넋이나마 따뜻한 언덕에 묻어 주었다. 언제부턴가 그녀의 무덤가에 별같이 생긴 자줏빛 꽃이 피었다고 한다. 사모의 정이 넘쳐 쓰디쓴 나날을 삼키다가 죽은 그녀의 꿈이 자주쓴풀 꽃이 된 것이다.

해가 먼저 뜨는 어느 오름에나 자세히 보지 않으면 쉽게 눈에 띄지 않는 자주쓴풀꽃, 얼마나 사모의 정에 짓눌렸으면 저리도 피멍든 별꽃을 피웠을까.

조용히 엎드려 앵글에 맞춰 별을 담는다. 더러더러 풀밭을 헤치고 나앉은 별을 닮은 자주쓴풀 꽃은 맛이 너무나 쓰기 때문에 쓴풀이라 한다. 쓴풀, 자주쓴풀, 네귀쓴풀, 개쓴풀이 있다.

애달픈 전설을 간직하고 있는 이 꽃을 만나면 손뼉을 치며 반가움에 걸음을 멈추지 않을 수 없다. 더군다나 사람보다 먼저 이 지구에 태어났을 풀꽃들은 얼마나 혹독한 환경에서 살아남았을까?

인간이나 동물보다 더 가혹한 환경에서 꽃을 피워 내기까지 숨 막히는 생존드라마가 펼쳐졌을 것이다. 한 발짝도 뒤로 물러설 수 없는 목숨을 건 절체절명의 운명 앞에서 그들은 환경을 바꿀 수 없으니 스스로 변화하는 수밖에 다른 도리가 없지 않은가. 인간은 때때로 생의 고달픔을 푸념하며 이름 없는 들꽃으로 살고 싶다고 한다. 걷든 뛰든 쉬든 맘먹기 따라 움직일 수 있는 인간은 얼마나 쉬운 삶을 살고 있는가를 풀꽃을 통해서 깨닫는다.

단아한 기품의 산작약

봄이라고 하기에는 제법 쌀쌀한 게 내의를 입고서도 여전히 추위를 느끼게 한다. "이러다가 봄이 사라지는 거 아냐? 올여름엔 무더위가 길어진다던데", 사람들은 저마다 한마디씩 걱정을 늘어놓는다. 지구의 온난화로 인하여 수시로 계절 하나씩을 빠뜨리고 가는 것 같아도 부지런한 이의 발걸음 앞에는 결코 몰래 빠져나가지 못한다는 것을 알 수 있다. 때맞춰 미리미리 산에 들어가 보면 어떻게 알고 왔느냐 듯 방실거리는 꽃들의 반가워하는 모습을 보면 말이다. 추우면 추운 대로 더우면 더운 대로 어쩌면 그렇게 잘도 알아채고 계절의 수레바퀴에 올라타서 제 세상을 만들어 가는지, 자연의 섭리는 깊고도 오묘하다. 한 달의 대부분을 일터에서 숙식을 하다 보니 정작 내 집은 늘 비어있는 채로 방치되어 있는 꼴이다. 어쩌다 주말에 한 번쯤 들러 보면 잔디마당은 온통 토끼풀이며 괭이밥이며 실망초들이 얼씨구절씨구 자라서 왁자지껄 난리들이다.

또 돌을 얹어 분리해 놓은 화단에는 조뱅이가 이파리마다 가시를 송송 꽂아가며 저만의 놀이터인양 독차지하여 매발톱, 도라지, 애기나리 뿌리들을 마구 못살게 괴롭히고 있다. 얄밉고 화가 나서 손톱에 흙이 꽁꽁 배기도록 뽑아버린다. 그렇게 정신없이 몇 시간이고 엎드려 다 매고 나면 마음이 시원해지는 게 "아유 이제 살 것 같다."하고 쫑알거리며 고개를 내미는 화초들의 말소리가 들리는 것 같기도 하여 혼자 멋쩍은 웃음을 웃기도 한다.

그렇게 우리 집 마당의 잡초들과 병정놀이하듯이 뽑고 돌아서면 마치 약 올리려는 듯이 더 수북이 자라나는 원하지 않는 풀들 사이에서, 그래도 제 할 도리 다하며 꽃을 피우는 꽃들이 하도 고맙고 대견스러운 내 가족들이 있기에 언제라도 내 집은 따스하다.

지난 4월 어느 토요일이었다. 바쁜 일과에 허덕이다가 오랜만에 집을 찾아들었다. 이게 웬일인가, 작약이 하얀 꽃잎을 열고 환하게 마당을 지키고 있는 게 아닌가. 너무도 반갑고 고마워서 한걸음에 다가가서 입을 맞추고 그도 부족하여 코를 비비며 내 마음을 건네주었다.

20년 전 여리디여린 묘 종으로 따라와서 꽃은커녕 살아내 주는 것만으로도 고맙기 그지없었다. 2년 전부터 희고 화사한 꽃봉오리를 열어 보이기 시작하더니 이제는 제법 서너 송이를 커다랗게 꽃 피워 놓는다. 보면 볼수록 이 나라 백성의 단아한 기품을 닮아있어 참 좋다.

붉은색의 적작약은 중국에서 들어왔으며 흰색의 백작약은 산작약이라 하여 순 우리 토종이다. 전국 각처 산지 나무 밑에서 더러 만날 수 있으며 특히 한라산 푸른 숲 아래서 그 고운 자태를 뽐내던 산작약은 관상용으로 혹은 보혈, 등 약제로서의 효능을 지닌 탓에 마구잡이로 도채 되어 개체 수가 급속도로 줄어들었다.

몸에 좋다 하면 물불 가리지 않는 사람들의 탐욕이 이 나라 산천을 곱게 놔두지를 않는다. 그 댓가로 오늘을 사는 우리는 정신의 황폐한 모래바람에 휘둘리며 아등바등하는 걸 보면 안타까울 뿐이다.

고결, 절제라는 꽃말을 갖고 있는 산작약은 모란과 많이 닮아있지만, 모란은 나무이고 작약은 풀이라는 것이 다르다.

모란이 남성적이라면 작약은 여성적인 꽃이다. 그리고 반드시 모란이 피었다 진 후에야 비로소 작약이 핀다는데 나는 모란을 가까이 두고 본 일이 별로 없어 확인해본 적은 없다. 다만 이들이 간직하고 있는 설화에서 그 연유를 찾아볼 수밖에.

옛날 중국의 한 왕자가 이웃 나라 공주와 장래를 약속하며 사랑을 키워 나누며 행복한 나날을 보내고 있었다. 그러던 어느 날 왕자는 전쟁터에 나가게 되면서 죽지 않고 돌아올 테니 꼭 기다려 달라고 부탁하였다. 이에 공주는 슬픈 마음을 감추고 언제까지라도 기다리고 있겠다고 약속하였다.

그 후로 공주는 왕자가 무사히 돌아오기를 기다리며 하루하루를 보냈다. 어느덧 전쟁이 끝나고 싸움터에 갔던 병사들이 돌아왔으나 왕자는 끝내 싸움터에서 용감하게 싸우다 부상을 입고 적의 포로가 됐다는 소문이 들려 왔을 뿐이었다. 그래도 공주는 오랜 세월이 흘러가도록 왕자가 살아서 돌아오리라 믿고 기다렸지만 소식조차 없었다.

그러자 공주의 어머니인 왕비는 왕자를 포기하고 다른 사람과 결혼할 것을 재촉하였다. 그럴수록 공주는 왕자와의 약속을 저버릴 수 없다며 한사코 기다림의 세월을 보냈다. 그런 어느 날이었다. 눈먼 악사가 공주를 찾아오더니 한 곡조의 노래를 불렀다. 공주는 노랫소리가 하도 구슬퍼 귀를 기울여 자세히 듣다가 깜짝 놀라고 말았다. 노래는 어느 왕자가 공주를 그리워하다가 마침내 죽고 말았다는 내용이었다.

바로 자기의 이야기 같았기 때문이다. 공주는 악사에게 다그치듯 물었다. 그러자 악사는 잠시 망설이다가 사실을 말하였다. 이 노래는 왕자가 돌아가

신 나라에서 널리 퍼지고 있는 노래인데, 공주께서 왕자를 너무나 애타게 기다린다는 소식을 듣고 왕자의 소식을 노래로 알려 드릴까 해서 찾아온 것이라 했다.

어처구니없는 소식에 공주는 그 자리에서 쓰러지고 말았다. 너무나 비통했기 때문이다. 한참 후에 겨우 깨어난 공주는 악사에게 다시 물었다.

왕자님은 심한 부상을 입은 채 포로가 되었는데 공주를 몹시 그리워하며 돌아갈 날을 기다리다 그만 죽고 말았다는 것이다. 그러나 왕자는 모란꽃이 되어 머나먼 이국땅에서 다시 살아 있다고 말했다. “그렇다면 모란꽃으로 변한 왕자한테 나를 데려다 주세요. 가다가 죽는 한이 있더라도 가야 합니다.”하고 간청을 하였다. 그리하여 악사와 함께 길을 떠난 공주는 온갖 고생을 무릅쓰고 모란꽃으로 변해버린 왕자 곁에 당도하자 몹시 슬퍼하며 그 곁을 떠날 줄을 몰랐다. 그러면서 공주는 언제까지고 사랑하는 왕자 곁에 있게 해달라고 기도를 올렸다. 그리고 마침내 그 자리에서 죽고 말았는데 그 후 공주는 작약 꽃으로 변하여 왕자의 화신인 모란과 나란히 있게 됐다고 한다.

작약에는 이런 슬픈 사랑의 이야기가 전설처럼 이어져 오고 있으며 또한 모란이 피었다 진 후에 작약이 피어나는 것은 왕자가 먼저 죽었기 때문이라는 것이다.

그 옛날에도 사랑은 죽음도 깨뜨리지 못할 만큼 소중히 여겨왔음을 볼 때 오늘날 우리들은 너무나 쉽게 사랑의 약속을 파기하는 태도를 저들이 본다면 뭐라 말할까?

꿈같은 사랑 골무꽃

날씨가 참 화창한 일요일이었다. 어린 조카들을 꼬드겨 바깥에 나왔다. 어디로 갈까 하다가 용눈이 오름을 향하여 자동차 핸들을 잡았다. 제1 횡단도로를 통해서 교래리 가는 길가에는 여리고 빛깔 고운 연두색 나뭇잎들이 오월의 싱그러운 물기를 가득 담고 바람이 지나갈 때마다 한들한들 손짓하며 두 눈이 싸아 하도록 씻어주었다.

그리고는 이내 온몸의 세포들이 감정의 물웅덩이로 뛰어들고 그렇게 한동안 아릿한 상념의 물결이 너울 치는 대로 종이배가 된 채 떠돌았다. 꼬마들은 그게 지루했던지 “이모, 아직 다 안 왔어요?” 칭얼거림이 섞인 말소리에 화들짝 깨어나서는 조금만 가면 된다는 거짓말을 몇 차례 하고 나서야 목적지에 다다를 수 있었다.

천의 얼굴을 지니고 있는 용눈이오름은 우선 눈 밑을 조심스레 살피며 천천히 걸음을 옮겨야 한다. 산자고, 솜나물, 솜방망이들이 꽃봉오리를 밀어올리느라 끙끙거리고 있을 테니 말이다. 뒷짐을 지고 이런저런 꽃 이야기를 들려주다 보면 아이들은 고운 입술을 오물거리며 함께 꽃의 생애를 엮어간다.

이제 막 앞가슴에 손수건을 매단 초등학교 일 학년인 형진이와, 일곱 살 지환이에게 묻는다. “너희는 배고플 때 어떻게 하지?” “엄마, 배고파! 하면

되지요." 한다. "그런데 엄마 아빠 꽃들이 해줄 수 없고 자기 스스로 움직이지 못하는 아기 꽃들은 목이 말랐을 때 어떻게 참을 수 있었을까?" 하고 물었다.

두 녀석은 동그랗게 눈을 뜨고는 "우와 굉장히 힘들겠다. 저는요 목말라 봤는데요. 참을 수가 없었어요." 형진이가 걱정스러운 목소리로 말했다. "그래 우리는 수돗물을 찾아 달려갈 수 있고, 아무 상점에 들어가서 부탁을 하면 되지만 이 아기 꽃들은 비가 왔을 때 줄기나 잎 뿌리 같은데 저장해 두었다가 꺼내서 목 축이는 방법을 쓰며 이겨 낸단다." "그럼 얘네들은 물이 참 고맙겠네요." 지환이가 말했다. 당연하지 너희는 아직 어려서 엄마 아빠 친구 또, 먹을 수 있는 음식이 얼마든지 있으니까 풀과 나무들의 고마움과 소중함을 모르고 있지. 고개를 끄덕이는 두 녀석의 손을 잡고 오름 능선을 따라 돌다 보니 마치 어머니의 품 안에서 노래를 듣는 것 같았다.

돌아오는 길에서였다. 수풀이 고운 목장을 보고는 차를 멈추고 들어갔다. 무슨 꽃이 있는지 찾아보고 저녁 외식은 제일 먼저 찾는 사람이 먹고 싶은 음식을 선택하기로 하였다. 허리를 살짝 굽혀서 이리저리 눈살을 더듬는 모습이 사뭇 진지하였다. 저만치 찔레 무더기에 가려 살짝 보이는 꽃을 내가 먼저 보았다. 줄기를 꼿꼿이 세우고 피어난 진한 하늘색 골무꽃이었다.

슬그머니 형진이 옆구리를 찔러 손가락으로 꽃이 있는 곳을 가르쳤다. 얼굴 가득 웃음을 움켜쥐고 얼른 가서는 "꽃이다!" 하고 큰소리로 외쳤다. 동생은 시샘하듯 "어디 어디" 하면서 형에게로 갔다. 꽃 이름을 말해주며 시샘에 마음이 바빠 있을 지환이에게도 형한테 했던 것처럼 꽃이 있는 곳을 알려 주었다. 시큰둥해 있던 얼굴을 금방 환하게 펴고는 잽싸게 가더니 "나도 찾았다, 형! 여기와 봐봐" 신나는 기분이었다. 이들 형제는 지금도 이모가 가르쳐 줬다는 사실을 모르고 있을 것이다.

이 꼬마 형제와 꽃 보러, 열매 따러, 혹은 탑동 놀이공원으로 다닐 때가 내게는 삶의 감옥에서 외출하는 유일한 통로이자 신선한 산소인 셈이다.

시인은 시를 쓰기 위해 사는 게 아니라 삶과의 치열한 대치에서 물러서지 않기 위함이요, 단순히 목숨에 헐떡이지 않고 모든 생명의 가치를 닦는데 온몸을 던질 수 있을 때 시인의 존재 이유가 되는 것이다.

천진한 어린 조카들과 함께 풀 섶을 헤집고 다닌다거나, 청량한 빛깔의 순수한 세상을 골무꽃에서 만나는 게 참 좋다.

꽃말이 '꿈같은 사랑'이며 매력초, 이공초 라는 또 다른 이름을 지니고 있다.

하나의 꽃대에서 얄밉도록 깔끔하게 나란히 나란히 꽃송이들 환하게 피어있는 모양이 하도 귀여워서 나는 그만 푸하하 웃음을 터뜨린 그럴 때도 마음 놓고 소리 내어 웃고 나면 골무꽃도 따라서 꽃잎을 흔들며 까르르 아이처럼 웃는 게 느껴진다. 한바탕 웃음으로 쉬고 나서 엉덩이에 파란 풀물을 들이고 다시 오마는 헤픈 약속이라도 해야만 돌아서는 발걸음이 조금 가벼워진다.

하필이면 민초들의 선량한 눈망울을 닮아서 이 나라 산야를 꼬옥 꼭 딛고 서 있는 골무꽃! 골무같이 생겼다 해서 붙여진 이름대로 뱀에 물린 때, 근육과 뼈에서 오는 통증이나, 달거리통 등에 효력을 주는 약이라 해서 한신초라 한다. 환경에 따라 색깔과 모양이 조금씩 다를 수 있으며 꿀풀과에 여러해살이 야생초이다. 잎사귀 전체에 짧은 털이 보드랍게 나 있으니 더욱

친근한 느낌을 준다. 이파리를 보면 대부분 하트 모양을 갖고 있다. 사랑과 생명의 심벌은 바로 심장이 아닌가.

서로가 낮은 자세로 조금만 배려한다면 우리는 진정 자연물로 한 걸음 다가가 즐거운 동행이 될 것이다.

절개와 순결의 귀부인 한란

겨울 숲은 말이 없다. 쌓인 낙엽만큼이나 흰 눈을 덮어쓰고 너무 조용하다. 뽀드득 눈 밟는 소리에 새가 눈을 털며 날아간다. 하얀 입김만 무심히 눈썹에 붙이며 걷던 나도 깜짝 놀란 새 가슴이 되어 풀썩 주저앉았다. 눈이 따뜻하다는 걸 그때야 알았다. 다리를 쭉 뻗고 앉아 주위의 눈을 끌어다 톡톡 두들기며 덮고 나서 소나무에 등을 기대고 한참을 앉아있으니 언제 왔는지 한란 한 포기가 깔끔한 눈물로 다가와 허허로운 마음을 채워주는 것이었다. "아! 어머니 여기까지 따라오셨어요."

반가움에 시큰해 오는 콧잔등을 먼저 비볐다. 자식들 다 대처에서 돈 버느라 고생하는데 내가 어찌 따뜻한 방에 불 밝히고 있겠냐며 컴컴한 방에 오래된 솜이불보다 더 무거운 그리움을 빤하게 켜놓은 어머니의 눈빛이 하얀 눈송이처럼 골목을 흩날리고 계실 우리 어머니의 모습이다.

강 건너 응달진 논두렁에서 썰매를 타다가 돌아온 얼음장 같은 손을 가슴에 넣고 비비며 녹여주시던 어머니, 그런 어머니를 눈 덮인 한라산에서 한란으로 만나다니! 차라리 눈을 감아 버렸다. 그러나 눈보다 더 하얀 꽃향기가 온몸으로 흘러들었다.

엄마의 사랑, 이 얼마나 시리도록 아리고 애틋한 그리움인가. 갑자기 숲들이 따뜻해지는 것 같았다.

이 땅의 수많은 서화가들의 붓끝을 애태우던 한란, 네가 있었기에 한라산의 심장이 팔딱거리며 쓸쓸하지 않았던 게로구나 싶었다.

새해가 되면 어김없이 못다 일군 밭을 갈아엎듯이 올해는 또 무슨 씨앗을 파종할까 하는 고민을 안고 산에 들어갈 때가 많았다. 그럴 때 만난 한란은 더없이 좋은 교과서이고 또 사랑이 가득한 어머니이기도 하다.

좋은 시절을 살다간 꽃과 나뭇잎들이 누운 차가운 얼음덩이에서 푸르고 향기로운 생명을 환하게 꽃피우는 한란이란 풀 포기에서 나는 어머니의 거룩함을 본다. 그래서 한란을 함부로 키우려 들지 않는다. 그를 어찌 집에서 편하게 보랴. 더욱이 한란은 야생 식물 종 자체로는 유일하게 천연기념물로 지정, 보호되고 있으며 특히 한라산에서만 자생하고 있다.

상록성 여러해살이지만 인간들의 호된 간섭으로 산에서는 찾아보기 어려운 멸종위기에 놓이고 말았다.

먼 옛날 어머니와 일생을 함께한 소녀가 있었다. 그녀에겐 안정된 생활을 누리고 있는 형제가 있었으나 모이기만 하면 다투고 싸움이 벌어지곤 하였다. 그러던 어느 해 아버지 제상을 물리기 바쁘게 또 싸움이 벌어졌다.

"언니 오빠 제발 그만두세요. 제가 어머니를 모시고 갈게요." 하고는 바로 번 섬으로 들어가 낡은 집을 고치고 단장하여 어머니를 봉양하며 살았다.

그녀는 가난하였지만 하루하루를 언제나 뿌듯한 마음으로 행복한 생활을 꾸려갔다.

그런 그녀에게 고민이 찾아들고 어머니가 힘겹게 느껴지기 시작했다. 자신의 처지를 이해하고 함께 힘을 보태며 살자던 남자의 약속이 허물어졌던 것이다. 아픈 마음을 감추고 돌아선 그녀는 다시는 한눈팔지 않기로 다짐했다.

그러나 과년한 나이와 생계의 위협에서 그녀는 또다시 사내를 만났다. 기어이 어머니를 모시겠다는 다짐을 받아 놓고서였다. 하지만 얼마 가지 못하고 또 괴로움이 시작됐다. 거듭되는 결혼의 실패, 어머니를 태운 고달픈 생존의 포구에서 치매란 놈이 어머니의 뇌세포를 마구 엎질러놓고 말았다. 울고 또 울면서도 그녀는 혹한의 뱃길을 더는 원망하지 않겠다며 끝내 어머니에게서 손은 놓지 않았다. 고달프지만 그래도 행복하다며 웃던 어느 겨울날, 몹시도 차가운 바람이 문풍지와 구들장을 뚫고 들어와 서로 꼭 껴안고 있는 이들 모녀의 고단한 삶을 거두어가 버렸다.

저승사자를 따라가던 어머니는 꾀를 내어 말하기를 "이 아이는 살아서 나에게 못된 짓만 하고 나를 구박하였다. 도저히 이 아이와 함께 갈 수 없으니 이 아이를 내버려두고 가자"고 하며 조르기 시작하였다. 어머니의 성화가 이어지면서 시끄럽고 귀찮아진 저승사자는 짜증을 내며 아이의 손을 놓아버렸다. 그리하여 죽음의 문턱에서 빠져나와 정신을 차리고 보니 알 수 없는 산중에서 벼 잎 같은 길쭉한 풀 포기로 변해 있었다.

이 풀꽃의 모양이 마치 단아한 선비의 기품을 닮았다 하여 사람들은 한란이라 부르며 은은한 향기를 더욱 좋아하게 되었다.

어머니란 이름의 존재와 여자의 삶, 그것은 모든 인류가 공통된 가치로 인식하고 보호되어야 할 것이다. 왜냐하면 인간의 생명과 삶은 어머니의 지극하고 무한한 사랑에서 성장하기 때문이다.

그러므로 어머니의 사랑이 추위를 견디고 고고한 꽃 한란으로 다시 피어났다는 전설을 굳이 앞세우지 않고도 한란의 꽃말인 '절개', '순결', '귀부인'이란 데서 꽃의 성격과 색깔을 느낄 수가 있다.

행복의 계단을 오르는 은방울꽃

전농로에서 연북로로, 제주대학 입구에서 관음사로 왕벚꽃이 질펀하게 춤을 추며 한라산을 오르고 있다. 뭉게뭉게 덮어가는 꽃구름은 말 그대로 장관이다. 용진각 뒷머리에 잔설이 햇빛을 받아 반짝이는 오월의 한라산은 그저 바라보는 것만으로도 축복이다. 초록 물결이 하얀 꽃구름의 징검다리를 건너는 광경은 사람의 감정을 박하 향 같은 싸한 파문을 마소가 아닌 다음에야 사람이 어찌 동요하지 않을 수 있으랴. 열 일 제껴두고 산으로 달음질친다.

겨드랑이를 간질이는 달콤한 햇살, 다가가면 다가갈수록 저만치 앞서서 아롱아롱 피어오르는 아지랑이를 따라가다 보면 어느새 맑은 하늘이 나뭇가지를 감싸 쥐고 있는 숲에 이른다. 너무나 고요해서 적요함을 느끼는 숲 아래 코를 박고 걷노라면 마른 낙엽이 부서지는 소리가 천둥처럼 일어나고, 이에 놀란 노루들은 침략자가 나타났음을 알리는 경고음의 고함소리를 여기저기서 컹컹거리며 울린다. 그럴 때는 괜찮아! 괜찮아! 하면서 걸음을 멈추고 앉아서 눈길만 이리저리 헤집는다. 그 눈길에 슬며시 잡혀드는 것들, '순정'을 다해 꽃을 피우는 남산제비꽃과 마주치고 앞서거니 뒤서거니 무늬천남성, 섬천남성이 부부처럼 둘이서 또는 가족처럼 서넛이 나와서 꽃술을 감추느라 하나뿐인 꽃잎을 꺾어질 듯 숙이는데 따스한 햇살이 개구쟁이처럼 떠들며 몰려든다.

이에 뒤질세라 좀현호색이 분홍색, 자주색, 하늘색 갖가지 색깔로 쏟아져 나와 마치 소풍 온 아이들이 합창을 부르는 모양새로 꽃잎을 벌리고 노래한다. 때마침 불어오는 맑은 바람을 타고 숲은 어느새 왁자한 노래 바다로 물결치고 덩달아 콧노래가 절로 나온다. “불어라 봄바람 솔솔 불어라.” “꽃바람 실바람에 노래하는 아가씨 그대는 천상에서 내려온 선녀라네.” 노래는 어느새 끝없이 이어진다. 그래서 좀현호색을 다른 이름으로 노래하는 종달새라 불러줬다. 그리하여 봄소식이 오기도 전에 나는 겨드랑이에 봄바람을 끼워 넣고 절물로 교래리로 얼굴이 새까매지도록 뻔질나게 쏘다닌다.

산에 들면 행복하다. 아니 행복이라는 단어조차 잊어버릴 만큼 평화롭다. “저 오름광 저 바람이 소시소철 고와그네” 시인은 시를 쓰지 못하고 들바람 꽃물결에 물장구 일으키며 헤엄치느라 바쁘다. 시끄러운 세상사에 벌겋게 달아오른 맥박을 두들기며 숨 쉬고 산다는 게 여간 수월치 않은 노릇이기 때문이다.

바다에 갇혀 태풍이다 해일이다 숨넘어가는 조그만 땅덩어리를 살리고 보존하는 데 힘을 모아도 시원찮을 판에 한미 에프티에이, 해군기지 건설해야 한다 말아야 한다. 요리재고 조리재가며 저만의 이득과 영광을 좇아 피투성이 낭자한 주먹 다툼에 삿대질까지 이제는 넌덜머리가 난다.

언제까지 남의 호주머니 털어놓으라 악쌀 하고, 도대체 언제까지 당근에 사탕발림에 백성들을 눈 막고 귀 막아 놓고 순간만 넘기고 보자인지? 한심하다. 이웃을 위해 지역을 위해, 돈 내놓으랄까 봐 질겁하던 단체들이 어인 연유로 신문에 대문짝만한 광고비를 들여가며 해군기지 들어서면 금방 떼

부자가 되는 양 야단인지 지나가던 개도 웃을 일이다.

이 땅에 대학이 몇 개인데 그 많고 많은 학자님들은 죄다 꿀 먹은 벙어리가 되어 있고, 무슨 무슨 연구소다 그럴듯하게 오색 천 줄을 끊더니만 가타부타 종잇조각 하나 안 보이고, 기침 꽤나 하시는 고명하신 어른들은 또 어느 대세에 들러붙을 궁리만 하고 계시는지?

그자 몰명진 축산이들만 머리띠 두르고 시청으로 도청으로 왓싸! 왓싸! 들락퀴다가 경찰봉에 터지고 유치장에 갇혀 처자식 면회도 못 할 만큼 졸지에 흉악범으로 덧 씌워지고 만다. 그러니 애꿎은 심장만 멍드는 줄 모르고 주먹으로 쳐댈 수밖에 더 무슨 뾰족한 수가 있겠는가.

제주도가 세계화로 가져갈 것이 무엇이겠는가? 전쟁과도 같은 생존의 경쟁 무대에서 이길 수 있는 무기는 결국 우리의 풍부하고 고유한 생활문화와 함께 청정한 자연자원일 수밖에 없다. 지리적 환경에 고립되어 살아온 우리에게는 다행히 설문대 할망이라는 탄생신화와 함께 애기장수 설화 등 수 많은 신화와 전설, 일만 팔천 신의 땅이라는 삶의 숨결이 고스란히 배어있는 고유의 정신문화가 있다. 또한, 식물의 보물창고라 일컫는 남한 최고봉의 한라산이 있고 이와 아울러 368개의 오름 군락을 자랑하는 세계 제일의 아름다운 오름과 사시사철 흰 파도가 넘실거리는 깨끗한 바다가 있잖은가 천혜의 자연 유산이 우리의 미래를 지키는 가장 든든한 무기가 아니고 무엇이겠는가. 이 소중한 무기를 시답잖은 인간의 솜씨로 변형시키거나 파손한다면 우리는 미래를 담보할 아무것도 갖고 있지 못하다는 걸 알아야 하는데도 눈앞의 이익에 급급하여 너무들 쉽게 개발을 주창하고 있다. 이러한 현실을 보고 어찌 시뻘겋게 달아오른 부아를 눈알이 뜨겁게 째려보지 않을 수 있으랴. 분통을 터뜨리다가 제풀에 지쳐 산으로 간다.

슈퍼에 들러 천 원을 내고 샤니빵과 제주우유나 한라산우유 작은 거 하나면 그날 치의 끼니는 너끈히 때울 수 있으니 멋대로의 내 식욕이 얼마나 다행인지 모른다. 적당한 곳에 차를 세우고 옛 등산로를 따라가다 보면 길은 간데없고 우거진 천연림에 하늘이 가려 방향을 종잡을 수가 없다. 그럴 때는 나뭇가지가 뻗은 쪽이 남쪽이고 반대가 산 아래쪽이다. 그리고 계곡으로 빠져나올 수도 있다. 그러나 한라산 계곡들은 대부분 가파르고 깊은 벼랑이 많다. 잘못하면 천둥과도 같은 우렁찬 절벽의 기세에 공포감이 더해져 다리에 힘이 풀리고 달달 떨며 물러설 수도 나아갈 수도 없는 지경에 이르고 만다. 마른 폭포이긴 하나 깊고 웅장한 기세가 대단하다. 한라산은 겉으로 보는 부드럽고 안온한 모습과는 달리 함부로 덤볐다가는 큰코다친다. 사람의 마음이나 산의 마음이나 다를 바 없다는 걸 알아야 한다. 예의를 모르고 오만스러운 행동거지는 산도 딱 질색을 한다.

겸허한 걸음 앞에서 산은 무한히 부드럽고 따뜻한 생명의 말씀이다. 그 말씀을 보기 위해서는 욕심을 버리고 우선 천진한 마음이어야 한다. 그래야 순진무구한 어린아이의 눈과 마음을 한 붉은사철난초 검붉은 색의 잎이 비단 같이 부드러우며 엷은 분홍이 깔린 듯한 하얀 꽃송이가 갓난아기의 볼짝지처럼 청순한 귀여움을 볼 수 있다. 비비추난초는 또 어떠한가, 하나뿐인 작은 잎에 가늘고 긴 줄기 끝에 여러 개의 수수 알갱이만 한 검자주색 꽃이 피어 말 고람직하게 웃고 있는 폼이 그지없이 앙증스럽다, 또한 나리난초의 옥색 잎과 줄기는 옥잠난초와 비슷하나 꽃은 더 크고 자주색인데 개구쟁이 소년이 혓바닥을 내밀고 선 것 같으나 정작에는 생선비린내를 풍겨

벌 나비를 숲 속으로 유인하는 재주를 냄새로 맡고 보면, 그 어느 명문대학 강의실보다 더 화끈한 재미가 번개처럼 무릎을 탁! 치게 한다. 산의 생명들은 그렇게 평화이고 자유이며 평등한 세상을 슬기롭고 화평하게 열어가는 것을 저 아래 똑똑한 사람들은 알란가 몰라.

뱀이 지나가는 소리를 내며 조릿대 숲을 지나면서 비 오듯 쏟아지는 땀방울을 식히기 위해 엉덩이를 붙이고 앉는다. 두리번거릴 필요도 없이 훤하게 내려다보이는 제주 시가지가 한눈에 들어온다. 수평선을 지척에 두르고 있는 둘도 없는 도시의 아름다움이라니! 짠한 감정이 가슴에 흘러들어 아리다.

미워할 수 없는 이 끈끈한 정, 사랑한다! 사랑한다!!

울컥울컥 소리 없는 아우성이 광채가 빛나는 좀고채목 이파리를 지나 구상나무 뾰족한 잎을 뛰어 둥글넙적한 함박나무 잎사귀에서 잠시 호흡을 가다듬고는 산 밑을 향하여 줄달음치는 꽁무니를 보자니 피식 삐쳐 나오는 웃음을 닦으며 핸드폰을 꺼내 시계를 봤다. 3시 15분, 슬금슬금 내려가야겠다. 바짓가랑이에 묻어있는 풀물을 터는 시늉만하고 오던 길을 약간 비껴가는 길을 택하였다,

엎드렸다 기었다 하며 내려오는데 넓고 길쭉한 잎이 보이기에 가까이 가서 보니 은방울꽃이 하얗게 방울방울 달려있는 게 아닌가. 이게 왼 떡이냐 싶어 우선 코를 들이대고 향기를 들이켰다. 백색의 은은하면서 달콤한 향기가 목구멍을 미끄러지듯 흘러드는 이 감촉! 깊숙한 폐부 곳곳을 간질이며 애무해오는 이 교태! 마하무드라의 각성의 절정이 이렇게 아름다운 빛으로 반짝였던가? 저 작고 소리 없는 꽃송이가 이처럼 단 이슬 되어 모든 시름과 고통, 슬픔과 기쁨까지도 단번에 다 녹여내는 힘을 가지고 있었단 말인가.

헛다리 짚고 살지 말라고 산이 내게 건네주는 정갈한 한 소식을 받아 안은 황송함이란 차라리 떨림이라 해야 좋을 듯하다.

이렇게 내게 환희의 종소리를 들려준 은방울꽃은 백합과이며 고산지대에 그 둥지를 틀고 있으나 다른 지방 산기슭에도 드물지 않게 볼 수 있다고 한다. 언뜻 보기에는 엽란과 비슷하지만 엽란은 잎이 진초록이고 꽃은 꽃줄기가 땅에 찰싹 붙어서 보이지 않는다. 꽃은 마치 흙탕물에 굵은 물방울이 떨어지면서 일어나는 형태의 왕관 모양이다. 거기에 비하여 은방울꽃은 잎이 좀 더 연한 녹색이다. 꽃은 잎 뒤에서 꽃대가 올라와 하얀 우윳빛의 작은 종 모양이 적게는 5개 많게는 10개 정도 달린다. 프랑스에서는 은방울꽃의 향기를 일컬어 '오월의 뮤게' 또는 '숲의 뮤게'라 부른다고 한다. 독일 사람들은 종 모양의 희고 청결한 작은 꽃들이 천국으로 가는 계단 같다고 해서 '천국의 계단' 또는 '오월의 작은 종'이라고도 한다.

꽃을 보는 사람의 감정이나 지각에 따라 각기 다르게 보여질 수 있을 테지만 여러 개의 희고 앙증맞은 꽃들이 연초록 이파리를 내려다보며 매달려 있는 모습은 세상에서 가장 천진한 요정일 것이다. 그 요정들이 울리는 하얀 기도 소리가 '희망'이 되고 '행복의 계단'을 오르는 꽃말을 낳았으리라.

프랑스에서는 매년 5월 1일이면 은방울꽃으로 만든 꽃다발을 친구들에게 보내는 풍습이 행해진다. 그렇게 하면 행복이 찾아드는 것으로 믿기 때문이다. 또한, 이 꽃을 연인이나 결혼식 때 신부에게 주는 꽃으로 유명하다. 프랑스 전설에 나오는 레오나르드는 죄인을 보호하는 성인인데 11월 6일을 축일로 한다. (송홍선 '꽃타령 사랑타령')

옛날 레오나르드는 온화한 마음씨를 가진 숲의 수호신이었다.

어느 날 마이야 라는 아리따운 약혼자와 작별을 하고 무예 수업의 길을 떠났다. 3년간 열심히 무술을 익히는 동안에도 약혼녀를 그리는 마음은 간절했다. 레오나르드는 수업을 마치고 집으로 돌아오는데 그만 길을 잃고 이리저리 헤매고 다녔다. 하루는 어느 산골에 들어서게 되었는데 마을 사람들이 모두 걱정스러운 표정으로 웅성거리고 있었다. 레오나르드는 다가가 무슨 일이냐고 물었다.

"해마다 이맘때쯤이면 눈이 아주 크고 무섭게 생긴 용이 입에서 불을 뿜으며 나타나 사람을 해친답니다." "지금껏 여러 무사들이 화룡을 잡겠다고 나섰으나 모두들 살아 돌아온 이가 없었지요."

"그랬군요. 제가 화룡이란 놈을 물리치겠습니다."

다음날 레오나르드는 마을 사람 몇몇과 함께 어느 깊은 산 속으로 들어갔다. 한낮인데도 어두컴컴할 정도로 깊은 숲 속이었다. 레로나르드는 동굴을 향해 큰소리로 외쳤다. "화룡! 어서 썩 나와서 내 칼을 받아라!"

그러자 잠시 후 찬바람이 매섭게 일더니 동굴 속에서 커다란 용 한 마리가 나타났다. 과연 듣던 대로 시뻘건 혓바닥을 날름거리며 집어삼킬 듯이 노려보았다. 화룡을 보는 순간, 당황하고 놀라지 않을 수 없었다. 아무리 담이 크고 용감한 그였지만 이제까지 그렇게 크고 무서운 동물은 보지 못했기 때문이었다.

그러나 레오나르드는 곧 정신을 가다듬고 칼을 뽑아 화룡과 싸웠다. 싸움은 무려 사흘간이나 계속됐다. 어렵게 화룡을 이긴 레오나르드는 칼을 지팡이 삼아 동굴을 빠져나와 물을 찾아 숲 속을 헤맸다. 그러나 숲 속 어디를 가도 샘은 보이지 않았고 화룡에게 물어뜯긴 피부에서는 피가 흘러내려 움직일 수가 없게 됐다. 레오나르드는 자기의 죽음이 임박한 사실을 알게 됐다. 그렇게 되자 사랑하는 마이야를 생각지 않을 수 없었다.

"마이야를 만나보고 싶다. 삼 년이나 떨어져 있는 동안 그녀는 얼마나 나를 기다렸을까? 지금은 무엇을 하고 있을까? 내가 죽으면 상으로 나올 부귀와 명예를 마이야에게 넘겨주도록 해다오"

레오나르드는 숲의 님프에게 이렇게 부탁하며 죽어갔다. 그런데 신기한 일이 일어났다. 풀 위에 점점이 떨어져 있던 레오나르드의 피가 어느새 흰빛의 향기 짙은 은방울꽃으로 변했던 것이다. 숲의 님프가 용감한 레오나르드의 죽음을 슬퍼해 꽃으로 변하게 했다고 전한다.

또한, 은방울꽃은 요정들의 세상에서 요정들의 실수로 탄생한 꽃으로도 알려져 있다. 요정들은 일 년에 한 번 파티를 여는데 제비뽑기로 그해에 각자가 할 일을 맞게 된다, 그리고 파티가 시작되면 작고 귀여운 은색의 컵을 사용하여 파티를 즐기곤 하였다.

어느 해인가 신나는 파티에 정신을 팔고 놀다가 돌아갈 시간이 촉박하게 되었다. 다급해진 요정은 갖고 놀던 컵을 풀잎에 걸어 두고 갔다. 후일 그 컵을 본 사람들은 은방울 같다 하여 은방울꽃이라 부르게 되었다.

우윳빛 색깔에 예쁘고 향기로운 은방울꽃을 북한에서는 홀잎떼기, 또는 영란초라 하고 오월화, 향수화, 녹령초, 동구리아싹 등의 이름을 갖고 있다. 이처럼 다양한 이름으로 사랑받고 있는 이 꽃은 어린잎을 나물로 먹기도 하고, 고급향수의 재료로 쓰이기도 하는데 한방에서도 인기 만점이다. 꽃이 지고 난 뒤에 빨갛게 익는 열매를 영란근이라 하며 뿌리와 잎 등 버릴 게 없는 식물이다.

사느라 피멍든 우리네 심장을 치유해주는 효력을 발휘하기도 하는데 심장기능장애, 특히 숨 가쁨을 없애는데 탁월하다고 한다. 맛은 달고 쓰며 성질은 따뜻하지만 독이 들어있다. 함부로 과용하면 목숨을 잃게 된다. 더군다나 급성심근염이나 심장내막염 증상을 갖고 있는 환자는 절대 먹어선 안 된다. 식물에는 순수 지혜와 생명의 말씀이 있다.

그리고 또한 신화에는 그 시대의 고단함을 벗어나고 싶은 희망이나 새 세상을 바라는 염원이 얹어지게 마련이다. 그렇다면 오늘을 사는 우리의 희망과 간절한 염원은 어디에서 순수 지혜를 모아야 할까?

은방울꽃이 들려주는 생명의 말씀이 부디 저 해군기지 건설을 모의하는 탁상에까지 눈송이 같이 날아들어 하얗게 덮이기를 바란다.

앵두나무 이모

구엄 마을에 이사를 오면서 애써 앵두나무를 심었다. 비록 마당에 우물은 없지만 마음속에는 늘 깊고 시린 우물과 낡은 밧줄의 두레박이 걸려있다.

터질 듯이 빠알갛게 익은 앵두를 입안에 굴리며 빨래하는 모습, 그것은 어쩌면 혹독한 일상사에 시달리다 돌아와 아늑한 꿈의 오솔길에서나마 만져 보고 싶은 건지도 모른다.

십여 년을 한결같이 때가 되면 시내에 사는 벗들에게 앵두를 바구니 가득 따다 날랐다, 이웃의 김 선생 아이들도 더러 와서 따먹기도 했는데 그 앵두나무가 영문도 모른 채 갑자기 죽어간 후에도 김 선생 아이들은 날 보고 앵두나무 이모라고 부른다. 저도 모르게 앵두나무 이모가 되어 있는 지금 무성한 이파리 사이로 올망졸망 붙어 있는 앵두가 그리워진다.

두어 해 전인가 싶다.

앵두나무가 사라진 자리에 가느다란 나무 하나가 자랐지만 무심히 지나쳐 버렸다. 그러다 지난 사월 초 무렵이었다. 마당이 환하도록 마구마구 뿜어내는 꽃송이를 들여다보니 분명 앵두나무가 아닌가, 반가움이 펄 듯이 하였지만 누가 보내왔는지 묻지 않았다. 죽어 가면서 저를 잊지 말라고 씨앗 하나 묻어 뒀었구나 생각하니 콧잔등이 시큰해졌다.

이야! 올 가을에는 진짜 앵두나무 이모가 되어 보겠구나. 지은이 리나에게 빨간 앵두를 따보게 할 수 있겠다. 생각하니 저절로 마음이 흐뭇해졌다. 시간이 한참 흘러간 뒤에 꼬부랑 할머니가 되었을 때도 그 애들은 날 보고 앵두나무 이모! 하고 부를 테지, 엉뚱한 상상의 나래를 따라가며 피식 웃음이 났다. 아무도 없는데도 얼굴에 연분홍 물감이 덮어졌다.

아득히 먼 기억 속을 헤집고 나오는 봄바람에는 어린 날 이웃집 우물가에 숨어들어 몰래 따먹었을 때의 그 새콤달콤한 앵두 맛처럼 우리도 그렇게 누구에겐가 새콤달콤한 맛의 정을 주고 있는 건 아닐까 그래서 간간이 누군가의 기억 속에서 졸졸 물소리를 내고 있지는 않을까? 하는 생각에 머무르고 섰노라면 짓누르던 삶의 무게가 훨씬 가벼워지는 것 같다.

조카와 광대나물 꽃

눈 오면 눈사람을 만들고, 꽃피면 꽃동산에 올라 꽃 사진을 찍고, 여름이면 구엄 바다에 나가 보말을 잡으면서 참 많은 시간들을 함께 엮어온 형진이와 지환은 나에게 조카이면서 연인이기도 하다.

사람의 앞 가름에 주저앉아 푸석거리는 일상을 붙들고 고통과 두려움에 숨이 가쁜 때, 이 작은 연인들은 그 보드랍고 따뜻한 조막손으로 나를 잡아주었고, 더없이 맑고 깨끗한 사랑의 물소리를 들려주었다.

그들과 함께 있는 동안은 삶의 순수한 기쁨에 젖을 수 있어 참 좋다. 그런 어린 꼬마들에게 "형진아 지환아 나의 사랑 언제나 귀여운 너희들" 하고 레드리버 벨리 곡에 붙여 불러주거나 혹은 "이 세상에 하나밖에 둘도 없는 형진지환아, 보고 또 보고 또 쳐다봐도 싫지 않은 형진지환아"를 나훈아 노래에 붙여서 노래 부르면 그렇게 즐거워하고 행복해 할 수가 없다. 엄마 아빠와 놀 시간을 주지 않고 주말이면 내가 사는 구엄에 와서 하룻밤을 지내고 간다.

토요일 오후에서 일요일 늦도록 까지 우리는 마당에서 축구도 하고 동백씨앗 굵은 놈을 골라 야구를 하다가 골프를 치다가 저글링을 하다가 이내 골목을 나선다.

양배추, 시금치, 풋마늘로 가득한 농로 길을 가면 돌담 밑에서 때 이른 광대나물 꽃이 방실방실 피어 있다. 꽃송이는 작지만 가만히 들여다보면 분홍색 바탕에 늘어진 입술, 동그랗게 찍어 놓은 연지곤지, 영락없는 어릿광대의 분장이다. 그 앙증스러움에 저절로 웃음이 나온다.

이 꽃송이를 살짝 뽑아서 뒤 꼭지를 쪽쪽 빨면 달콤한 꿀맛이 혓바닥으로 흘러든다. 우리 셋은 서로 많이 먹겠다고 열심히 꿀을 빤다. 그러나 꿀이 들어 있지 않은 것이 더 많았다. 내 작은 연인들은 꿀이 없다고 투덜댄다.

본디는 삼사월에 피는 꽃인데 겨울 날씨가 따뜻하니까 봄인 줄 알고 피었기 때문에 벌과 나비들이 찾아오지 않아서 그런 거라고 말해 주었다. 이와 같이 사람이 사는 것도 다 자기가 설 자리 자기의 시간을 잘 만들어갈 때, 달콤한 꿀맛을 낼 수 있다는 말도 덧붙여가며 설명해 주었다.

울지 마오, 제주 바다여

우수가 지나고 있었다. 어느새 물이 올랐는지 모과 나뭇가지에는 젖몽오리를 빼어 물고, 더러는 여린 이파리를 터뜨리며 연둣빛 색칠을 하고 있었다.

바람 불면 헝클어지는 머리카락을 쓸어 올리며 투덜대고 추우면 춥다고 옷을 두께 두께 껴입고 보일러를 틀어 엉덩이를 지지며 웅크리는 동안 겨울은 새로운 계절을 위해 아프고 아프게 땅덩이를 껴안아 주었는지도 모른다. 순리는 부드러움에서가 아니라 아픔에서 순환한다는 사실을 사람은 산만큼 살아야 깨닫게 되는가 보다.

꽃샘추위가 남아 있다는 2월 중순 목요일 오후 지인들과 멀리 화순에까지 가서 점심을 먹게 되었다. 장대한 기골로 서 있는 산방산, 그 아래 조용히 엎드리고 있는 용머리가 한눈에 잡혀드는 그 음식점 자리가 좋아 예까지 왔노라는 성주시인의 말을 옆에 있던 고전음악에 조예가 깊은 순진 씨가 말을 거들었다. 너덜한 호주머니에 이만한 호강을 담을 수 있게 해주는 제주에 산다는 게 얼마나 큰 행복이냐고 했을 때 우리는 서로 호탕하게 웃었다. 그리고 봄비에 젖고 있는 쇠별꽃을 건드리며 나는 들떠 오르는 감정에 흔들리며 보성을 지나 녹고물이 뚝뚝 떨어지는 수월봉 아래 있는 엉알에 이르렀다.

거기엔 수만 마리 괭이갈매기 떼들이 일제히 서쪽 바다를 향해 앉아 파도의 하얀 포말과 빗물이 섞이는 교향곡을 듣고 있는 광경 그것이었다. 비

오는 바닷가에서 우리는 폴짝거리며 까르르 웃으며 마냥 취해가고 있었다. 그러는 동안 자동차는 이미 절부암을 지나 용수리 해안을 들어섰다. 나는 장난처럼 "울지 마오. 제주 바다여" 하며 시를 불렀다. 그 순간 내 온몸은 차가운 쇳덩이가 되어버렸다.

포구시설로 메워지는 바다. 팔뚝이 잘리고 옆구리를 파서 놓인 시멘트 길 위를 달리고 있었던 것이다. 갑자기 눈물이 쏟아졌다. 바다가 저렇게 뜯겨나가는데도 나는 이 고장의 자연환경이 어쩌고저쩌고 주절대고 있지 않았던가.

오늘 하루 맛 나는 음식을 먹고 이빨을 있는 대로 드러내어 웃으며 즐겼던 일들이 부끄러워서 너무나 죄스러워서 숨이 막혔다. 나는 그날 내내 답답한 가슴을 쥐어뜯으며 "아! 울지 마오, 제주바다여" 를 연신 부르고 다녔다.

어른이 된다는 것은

신록의 깊은 강물을 헤엄치기 위해 오월은 싱싱한 다리를 걷어 올리고 있다. 유월이면 한라산 여기저기에 산딸나무 꽃이 떼를 지어 날아 앉는 흰 나비처럼 꽃을 피운다. 속명으로 틀낭 이라고도 부르는 이 나무는 층을 이루며 가지를 뻗고, 꽃잎이 4장인데 일명 십자가 꽃이라 부르기도 한다. 또한 대부분의 꽃이 고개를 숙이거나 옆쪽을 향해 피지만 이 산딸나무 꽃은 하늘을 꼿꼿이 바라보며 피어난다.

그리고 그 열매 또한 나뭇잎 위로 쭉쭉 세워진 꽃줄기마다 빠알갛게 익어 있을 때는 단풍에 비유하지 못할 만큼 그 모양이 곱고 아름답다. 나뭇가지는 여리게 보이면서도 단단하여 쉽게 부러지지 않는 이 나무처럼 우리가 살면서 그런 어른을 만날 수는 없을까? 노인은 점점 늘어나는데 어른의 자리는 너무 많이 비어있는 이 사회를 들여다보며 나는 걱정스러워진다. 너나 할 것 없이 잘난 사람뿐인 세상에서 진짜 어른들은 고개를 숙이고 눈치나 살피며 적당히 타협해 버리기 일쑤이다.

제자 앞에서 후배 앞에서 또는 자식 앞에서 당당하게 서 있지 못하는 우리의 어른들, 나이를 앞세운 권위가 아니라 돈을 앞세운 금력이 아니라 오랜 세월의 풍파를 살아낸 그것 하나만으로도 어른이 될 수 있다. 우리는 그런 어른의 자리를 만들어 주고 지켜줘야 우리도 그렇게 어른이 되어 갈 수 있는 것을.

내 옆에는 산딸나무와 같은 어른이 되기 위하여 부단히 노력하고 애쓰시는 시인 한 분이 계신다. 나도 그분의 발뒤꿈치를 따라가고 싶다.

지난 토요일 늦도록 마당에서 잔디를 베고 있는데 긴 해 그림자를 밀치며 문학 강연이 있으니 같이 가자고 데리러 왔다. 한수풀 도서관엔 백발의 노시인인 정완영 선생님이 강사로 오셨다. 익히 작품으로 그 명성을 알고 있었으나 뵙기는 처음이었다.

그날 주부 독서 회원과 마주앉은 그분의 강의 내용은 문학이기보다는 철학에 가까운, 허구의 말솜씨가 아닌 풍부한 삶의 경험을 진솔하게 꺼내어 보여 주셨다. 그것은 마치 요즘 세미나에서 보듯 꼭지만 틀면 콸콸 쏟아지는 경박한 수돗물이 아닌 그야말로 깊은 우물에서 길어 올리는 두레박의 정갈한 물맛 같은 것이었다. 나는 그날 말의 깊은 맛을 오랜만에 느낄 수 있었다.

어른이 된다는 것은 쉬운 게 아니다, 그러나 어른을 알아보지 못하는 자신을 돌아보기엔 더더욱 쉬운 일이 아니다.

변산바람과 무꽃

봄바람이 따뜻한 햇살따라 치맛자락을 팔랑거리며 나뭇가지들을 간질이고 있다.

신문마다 티브이마다 매화니, 목련이니 꽃 소식에 야단이다.

봄바람은 꽃과 벌만 불러내는 게 아니다, 사람의 마음도 마구 흔들어 밖으로 나돌게 한다.

이미 몇 차례 다녀왔는데 또 가고 싶어 안달이다, 변산바람꽃이 피었기 때문이다. 태평양 해협을 건너던 쓰라린 북풍이 파도를 끌어안고 와서 이산에 주저앉아 바람꽃이 되었는가.

겨울의 흔적이 고스란히 쌓여있는 산 숲에 조용히 나앉은 변산바람꽃, 낮게 엎드리지 않고는 다 볼 수 없는 꽃, 그래서 노란 얼음새 꽃잎처럼 단박에 눈길을 끌지는 못하지만 작아서 다소곳하고, 아름답지만 호들갑스럽지 않아서 연민이 간다.

시린 듯한 하얀 꽃받침 속에 노랑 연두 보라색의 꽃 주머니들이 세상을 내다보고 저희끼리 소리 내어 웃는다. 하얗다기보다 마알갛다고 해야 더 어울릴 색채의 이 꽃에게서 나는 참말로 이 땅의 맑고 고운 사람을 보는 것 같아 '물빛사랑'이라는 꽃말을 지어주었다.

키가 큰 나무들이 무성한 잎을 피워 햇살을 가리기 전에 서둘러 꽃을 피워야 산다는 이치를 저들은 어떻게 알아냈을까.

짧은 기간 동안 싹트고 꽃 피우고 열매 거두는 이들 삶의 지혜와 마주하고 있으면 가슴이 뭉클하도록 뜨거워진다.

문명이 일궈낸 온갖 편리한 생활환경에도 사람들의 정서는 부박해지고, 퍽퍽한 먼지를 날리며 삶의 강물에 침몰당하는 존재의 가벼움에 무게를 달자.

조금씩 아주 조금씩만이라도 젖은 눈으로 사람을 보자, 내 앞에 서 있는 그 사람이 바로 나의 눈물이 되고 기쁨이 되는 것을. 그 사람이 있으므로 내가 외롭지 않고 내 삶을 온전히 엮어갈 수 있는 것을.

우리는 모르는 것이 너무 많은 채 빨리 달리고 있는 것은 아닐까?

얼마 전 후배를 재촉하여 꽃바람을 쐬러 갔었다. 얼음새, 털괭이눈, 변산바람꽃이 와르르 산허리를 덮고 있었다. 생명은 어디에서나 거룩한 법인가 보다. 그들과 마주 서는 것 그 자체로서 우리는 말끔히 씻기고 정화되어 돌아올 수 있으니까.

돌아오는 차 안에서 후배가 말했다, 지난겨울 무우 속을 긁어내고, 물을 부어 방안에 매달아 두었더니 싹이 돋는 걸 보고 너무나 감격스러워 했단다. 그러던 어느 날 거꾸로 매달린 무가 꽃을 피우더란다, 반가움과 함께 눈물이 나오더란다. 그리고는 다시는 무를 매달아 키우지 않겠다며 그것이 무에게는 얼마나 가혹한 학대인가를 알게 되었노라고 말했다.

나는 그 후배의 인성과 감성이 오래오래 간직되기를 빌었다. 그리고 그에게서 또 한 송이 변산바람꽃을 보고 있었다.

마른나무 숲에 변산바람꽃처럼

내의 없이도 살아낸 때가 있었건만 약간의 바람살에도 두 겹 세 겹옷을 껴입곤 한다. 그러고서도 춥다고 집에 가면 솜이불에 눈만 내밀고 드러눕는 게 버릇이 되어 가고 있다.

이까짓 추위쯤이야 하고 툭툭 털고 일어나 마당에 김도 매고 바닷가에 나가 멀리서 굽이쳐 오는 파도도 만나고 해야지 마음먹으면서도 쉽게 되지를 않는다.

살다 보면 사는 것도 습관인 것처럼 이것저것 머리를 굴리다가 에라! 이 모두가 다 사람의 욕심이로구나 하는 생각에 내 안의 들끓는 욕심들은 죄다 끄집어내어 동댕이치고 돌아누우면 어느새 버린 것보다 더 많은 욕심이 들이차서 또 출랑출랑 물소리를 낸다. 오십 줄 나이의 골목길을 그렇게 버리는 연습처럼 지내 왔는데 이제 돌아보니 덕지덕지 눌러붙어 있는 허물이 눈에 들어찬다. 그동안 나는 얼마나 많은 이들의 허물을 탓하였던가, 부끄러움에 저 혼자 얼굴이 화끈거린다.

사람이 나이가 들면 너그러워지고 인자해지는 줄 알았다. 당연히 나도 그렇게 되는 줄 알았다. 그런데 겨우 오십 고개에 올라서서 나잇살 먹었답시고 대접이나 받으려 하고 제 뜻에 맞지 않으면 까탈스러워지는 성질머리를 붙들고 더 노여워지는 자신을 보게 된다.

세상사에 부대끼며 제 목숨 하나 꼿꼿이 세우기가 얼마나 어려운가. 사랑의 눈으로 세상을 보고 애틋한 마음으로 사람을 만나자고 다짐한다. 허물이란 긁어내는 게 아니라 조용히 덮어주는 것, 어쩌면 그 허물이 사람답게 하는 것인지도 모른다. 그 속에서 인정도 사랑도 그늘진 골짜기에 변산바람꽃처럼 피어난다는 것을, 아름다운 세상에 몸담을 수 있다는 것을 이제야 알 것 같다.

보리밭에 깜부기 뽑아내던 어린 시절처럼 순수의 맑은 동심으로 마음속에 자라는 욕심을 뽑고 또 뽑아내다 보면 내 마음도 네 마음도 다 편안해질 것이다. 그렇게 사람이 반가워지는 골목길을 만들자고 내 친구와 내 아우와 선배에게도 말해야겠다. 새해의 덕담으로 사랑으로 살자고 말이다.

영원한 행복 얼음새

새날의 새해가 밝았다면서 장엄한 해돋이 사진으로 떠들썩한 것이 엊그제 같건만 어느새 봄소식의 전령이 어쩌고 하면서 꽃 소식이 신문마다 잔뜩 담겨 나오고 있다. 덩달아 내 마음도 바빠진다.

그러잖아도 이맘때가 되면 콩밭에 가 있는 마음을 달래느라 땀 빼기 일쑤였는데 대설주의보가 내려있는 지금 얼음새 꽃이 피었다니, 노루귀가 피었다니! 얘네들 정신이 있나 없나? 화들짝 놀라면서도 행여나 그 산기슭에 나의 꽃들이 정말로 나와서 웅크리고 있지나 않을까 하는 생각에 마음이 급해지고 조바심이 일어나는 것을 어찌하랴.

이른 봄의 따스한 햇살이 나뭇가지에 와 앉는 것을 눈 흘기며 달려들어 사정없이 후려지며 매서운 독기를 뿜어내는 겨울의 마지막 앙탈을 꽃샘추위라고 한다. 그 혹독한 추위와 맞서며 피어나는 꽃이 있다.

한반도의 맨 끄트머리인 한라산에서 가장 먼저 피어나는 얼음새 꽃을 만나는 것은 고단함을 털어버리는 상쾌한 일이다. 어디에서 이런 상큼한 감동을 맛볼 수 있을까. 스웨터를 껴입고 오리털 파카 하나 더 걸치고 한라산 정강이 밑 어디쯤을 살금살금 들어가면 고요가 적막강산이다.
안경에 달라붙는 입김을 닦으며 허리 굽혀 이리저리 조심스레 눈길을 더듬다 보면 예의 그 특유의 샛노란 빛깔로 눈을 녹이고 있는 얼음새 꽃, 지친 시간의 부스러기들을 그리움의 깊이로 샛노랗게 칠해 놓은 얼음새 꽃이 너무도 고마워서 뭉클해지는 가슴을 두 손으로 움켜잡고 눈을 감는다. "겨울이 와야 솔이 푸른 줄을 안다"고 했던가 사람의 사고방식이 어렵고 고생스러운 시기를 극복하는 과정에서 평가된다는 말을 얼음새 꽃을 보면서 더욱 더 실감이 난다.

얼음장 같은 흙을 움켜쥐고 살벌한 바람살 앞에 방실방실 웃고 섰다가 나뭇잎들이 쏟아져 나와 햇살을 가리기 전에 얼른 씨방을 얹어놓고 가야 하는 한 생애가 봄 한 철도 아닌 겨울의 차디찬 문지방 아래에서 살고 있다. 참으로 가혹한 운명이다. 그러나 끈질긴 생명을 온몸으로 비벼가며 기어이 윤기 찰찰 흐르는 꽃으로 피고 마는 얼음새꽃 앞에서 내가 밟고 온 눈물은 차라리 호사스러웠다는 것을, 또한 자신만이 외롭고 고통스러운 삶의 무게를 졌다고 투덜거리며 산 것이 얼마나 부끄러운 신음소리였는지, 얼음새 꽃을 만나면 진정 왜 살아야 하는지를 듣게 된다. 이 꽃보다 더 훌륭한 설교는 없을 것이다.

기독교도지만 예배당보다 꽃 보러 가기를 더 좋아하는 주 여사가 그래서 좋다. 그분은 꽃 소녀이자 산행을 함께하는 산 벗이다. 아주 작은 꽃 한 송이처럼 다소곳한 생활을 꾸며 놓고 사는데도 늘 알 수 없는 애잔함이 흐르고 있는 것을 나는 안다. 그래서인지는 모르겠지만 어느 날 웃고 있는 그이가 또 다른 얼음새 꽃으로 다가섰다.

"흙은 아직 얼음덩이다/ 갖은 계산을 두들기며 이를 앙다물고/ 길을 재촉했다/ 송곳 같은 바람살에 눈 흘기다가/ 뽀얗게 덮쳐오는 눈보라/ 하늘이 노랗게 흔들리는 걸 보았지/ 야물고 야무진 계산을 하고 나서도/ 복병을 만나면 사정없이 허물어지는 걸 보면/ 사는 데는 아무래도/ 완전무장이란 게 없나 보다/ 그렇다 하더라도/ 그렁그렁한 사슴 눈으로 오는 이 있어/ 끝내, 햇살 한 줌 품에 넣고/ 실오라기 하나 없는 숲에서/ 황금빛 꽃송이로 방실거리는 거지" 졸시 「얼음새꽃」 전문이다.

삶이라는 냉혹한 현실을 살면서 사람이 제아무리 완벽하게 살고 싶어 해도 그렇게 되지 않는 것이다. 누구나 실수는 피하고 싶고 편안하기를 원한다. 그러나 사람의 일이란 알 수 없는 것이다. 마치 햇살이 나뭇가지를 타고 내려오면 봄인 줄 알고 꽃을 피웠다가 눈보라에 덮혀도 절망하지 않는 얼음새꽃의 일기처럼 말이다. 그런 줄 알면서도 우리는 네 탓이다 내 탓이다 서로 할퀴고 뜯고 하면서 생채기를 만들기에 더 바쁜 것 같다. 그러나 그 복병들을 다 당신 삶의 편린으로 한데 묶어 높다란 시렁에 얹어놓은 주여사를 생각하며 쓰게 된 시이다. 이 시를 읽고 눈물 흘리던 모습은 노란 꽃잎에 햇살이 미끄러지며 꽃잎의 갈래를 타고내리는 것 같았다.

힘겨워 몰래 접어둔 삶의 행간을 들켜버린 그이는 어떻게 알았냐며 부끄러운 듯 연신 콧물을 훔쳐내곤 하였다. 얼음새꽃의 삶을 조용히 거둬들이는 분과의 우정을 오래도록 이어가고 싶다.

혹한의 세월을 견디고 아무도 없는 시간의 풀밭에 깊고 깊은 색깔을 샛노랗게 피워내는 얼음새꽃의 꽃말은 서양에서는 슬픈 추억이지만 동양에서는 '행복을 가져다줌', '영원한 행복'이다.

꽃말이 상징해 주듯 얼음새 꽃은 한 해를 시작하면서 사랑하는 사람이나 은인에게 맨 먼저 이 꽃을 바친다 하여 '원일초'라고도 하고, 눈 속에서 연꽃처럼 핀다 하여 '설련초'라고도 한다. 복수초로 더 많이 알려져 있으나 한자어보다는 얼음을 뚫고 나오는 꽃이라 하여 얼음새꽃이 순우리말의 이름이라 더 정겹다. 황금색에 가까운 노란색 꽃송이가 봄의 한가운데 까지 따라 나올 때는 마른 숲에 온통 노란 물감을 쏟아놓은 듯이 흐드러지게 피는 것을 볼 수 있다. 또한 희귀하게도 은색의 꽃송이로 핀 것이 한라산에서 발견되었으나 사진으로만 보다가 작년 봄에야 겨우 만나 볼 수 있었다. 그때의 환희란 어찌 말로 다 표현하랴.

옛날 어느 시골 마을에 수옥이라는 여자가 있었다. 밭뙈기 하나 없는 살림에 많은 식솔들을 부양하느라 언제나 허덕이며 살 수밖에 없었다.

가난을 원망하며 밥벌이 떠난 어린 자식들에 대한 그리움이 사무쳐 밤마다 가슴을 쥐어짰다. 허기진 배를 채우느라 뜯어 먹은 풀잎이 잘못되었는지 시름시름 앓더니 죽고 말았다.

하루는 옥황상제가 수옥을 불렀다.

"너는 구차하고 지겨운 삶을 살았으니 이번에는 많은 이들에게 행복을 주는 어여쁜 꽃으로 살다가 오느라." 하시어 수옥이는 한적한 숲 속에 맨 먼저 노랗게 수를 놓는 얼음새꽃으로 피어났다고 한다.

뿌리는 진통, 강심, 이뇨제 등에 효능이 있는데 이는 수옥이의 지극한 자식 사랑이 담겨 있어서 일 것이리라. 더구나 꽃의 순수한 빛깔로서 사람을 눈 부시게 하는 것은 유채꽃과 얼음새꽃 말고는 찾아볼 수 없으며 노란색이라고 다 눈이 부신 게 아니다. 어두운 터널 속에서 처절하게 몸부림치며 빠져나온 그 삶의 긍휼이 사리처럼 박혀야 비로소 제 빛깔이 나는 것을 어쩜 한라산 신이 우리에게 보내는 메시지인지도 모른다.

아름다운 에코여 안녕!

단풍 한 잎 제대로 들여다보지 못했는데 어느새 마른 잔가지에 목을 감고 울어대는 겨울바람 소리가 들린다. 예전엔 그리도 더디기만 하던 시간들이 지금은 쏜살같이 빠르게 가버리는 것 같다. 언제 다 찢겨져 나갔는지 달랑 한 장만 남아 문풍지처럼 가볍게 날리는 달력을 보며 한숨으로 길게 덮었다. 그나마 아직 남은 숫자들이 있으니 알뜰하게 채워야지 하고 마음을 다잡는다.

아침을 털어내며 마당에 내려서니 물래나물이며 층꽃나무며 모두들 겨울잠 속으로 가고 없는 을씨년스러운 꽃밭에 수선화가 활짝 피었다. 마치 빈 바닷가에 홀로 수평선을 바라보고 서 있는 사람처럼.

11월이 들어서면서부터 푸른 이파리를 길게 뽑아 올리며 꽃방을 조금씩 키워내더니 마침내 하얀 꽃 받침에 동그랗고 샛노란 금잔의 꽃잎을 보여 주었다. 다른 꽃들과는 달리 유난히 긴 시간을 꽃방에서 지내며 때가 되면 얇은 껍질을 찢어 여러 마리의 생명을 낳듯이 서너 송이의 꽃망울을 내 보내어 한 송이씩 차례로 꽃을 피운다.

수선화 흰색 꽃은 자아도취, 무심, 고결, 고귀함, 자만심, 자애, 자존심, 이루어질 수 없는 사랑, 고상함이고. 노란색은 사랑을 다시 한 번, 신비, 호의라는 꽃말이 말해주듯이 누가 뭐래도 꽃 중의 여왕은 금잔옥대가 아닌가 생각한다. 이 금잔옥대는 본디 제주의 토종 수선화인데 대부분의 사람들은 잘 모르고 길가에 흔하게 보이는 개량종인 겹수선화가 진짜인 줄로 알고 있다. 과거에는 경작지에까지 번져서 잡풀을 뽑아내듯 하였다는데 언제부터인가 개량종에 밀려서 우리 토종 수선화는 거의 자취를 잃었다가 금잔옥대라는 이름으로 다시 살아나기 시작하였다. 이에 힘입어 독농가들에 의해 대량 재배되어 각광을 받는가 싶더니 어쩐 일인지 또 시들해 지고 있는 게 사실이다. 유럽사회에서 일찍이 사랑과 각광을 한몸에 받은 수선화는 현재 원종이 사라지고 없다. 수선화를 처음 발견한 이후 세계 각국에서 개량에 개량을 거듭한 결과 이제는 원래의 수선화가 어느 것인지 어떤 식물학자도 알지 못하게 되고 말았다.

제주수선화라고 따로 부르는 것도 마찬가지다 아홉 개의 잎이 고유종이라고는 하나 아무리 살펴봐도 잎의 개수가 고르지 않았다. 금잔옥대도 가운데 동그란 종재기 모양의 잎이 여러 갈래로 갈라지는 현상을 더러 발견하는데, 기후나 병원균 아니면 토양 때문인지 원인은 알 수 없다. 다만 여러 가지 상황을 유추해 봤을 때 금잔옥대가 제주수선화라고 해야 되지 않을까 개인적으로 우겨보는 것이다.

십여 년 전 볼 일 때문에 성산포를 향하여 차를 몰고 달리는 중 세화 지나 어디쯤에서부터 도로확장 공사가 한창이었다. 햇살이 포근하게 보이는 돌담 밑에 일가를 이루고 살고 있던 수선화 가족들이 거대한 포크레인에 무참히 잘리고 묻히는 광경을 보게 되었다. 마치 달동네를 철거할 때 속수무책으로 주저앉은 영세민들 같았다. 얼른 차를 세우고 허옇게 엉덩이가 드러난 양파 모양의 뿌리를 비닐에 담아 와서 키운 것이 처음 금잔옥대를 만난 계기였다. 그로부터 이집저집으로 시집을 보냈고 시집가서도 아들딸 낳아 출가시키듯 분양되어 나간다는 소식을 들었을 때 마음이 뿌듯해진다.

그런 날이면 마당에 나가 무성한 수선화 잎을 들여다보며 꽃송이가 담겨 있을 꽃방을 기다린다. 그러다 한 송이라도 활짝 필라치면 반갑고 고마워서 두 손으로 살짝 꽃송이를 들어 올려 향기를 들이킬 때는 덩달아 가슴이 짜르르 흔들리면서 기분이 얼마나 좋은지 모른다.

달콤하면서도 은은한 향기, 단아하면서도 멋스럽고 또 정숙하면서 우아한 기품을 풍기는 금잔옥대를 나는 참 좋아한다.

옛날 중국에 권위 있는 대학에서 학문이 깊고, 만인으로부터 추앙을 받는 덕망 있는 총장만이 은퇴 할 때 옥돌로 긴 대를 만들고 그 위에 황금 잔을 얹어 선물 하였다고 한다. 그것이 바로 제주수선화와 닮았다 하여 금잔옥대라는 이름을 갖게 된 유래가 전해지고 있다.

그리스 신화에도 유명한 전설을 갖고 있다. 나르키소스라는 아주 잘생긴 청년이 있었다. 그를 한번 본 처녀들은 아무리 콧대가 높을지라도 마음을 빼앗기고 따라다녔지만 나르키소스는 모른 척했다.

숲 속의 요정 중에 에코라는 아름다운 님프가 있었다. 에코는 나르키소스가 아무리 모른 척해도 그림자처럼 쫓아다니면서 사랑을 호소했다. 나르키소스는 여전히 모른 척했다. 하루는 제우스의 아내인 여신 헤라가 땅에 내려왔다.

바람둥이 남편이 수상한 짓을 하는 것 같아서 그 행방을 찾는 중이었다. 그러다가 에코를 만났다. "여봐라, 혹시 이 근처에서 제우스 님을 보지 못했느냐?"고 물었으나 묻는 말에는 대답도 하지 않고 헛소리만 늘어놓으니,

화가 머리끝까지 치밀었다. 헤라는 버럭 소리 지르며 앞으로는 쓸데없는 소리를 하지 못하게 상대방이 한 말의 끝 구절만 되풀이해서 하도록 하는 벌을 주고 말았다.

그때부터 에코는 자기 의사를 마음대로 할 수 없게 되었고 헤라의 말대로 남이 한 말의 끝 부분만을 되풀이할 수 있을 뿐이었다.

에코는 메아리라는 말이다. 이때부터 사람들이 산에 올라 소리치면 산울림이 돌아오게 되었다. 숲에 살고 있는 에코라는 요정이 우리가 한 말의 끝 부분을 되풀이하기 때문에 에코는 이제 나르키소스에게 말조차 걸 수 없게 되고 말았다. 그러던 어느 날 아주 좋은 기회가 찾아왔다. 나르키소스가 숲 속에서 누구를 찾고 있던 것이다. 나르키소스가 소리쳤다.

“거기 누구 있어요?” 에코가 이때다 싶어서 소리쳤다. “있어요! 있어요! 있어요!”

에코는 “당신을 사랑해요.” 라고 말하고 싶었으나 그 말은 입속에서만 맴돌 뿐, 나르키소스의 끝말을 따라할 뿐이었다. 나르키소스가 다시 외쳤다. “누구시오! 나오시오!” 에코는 나르키소스와 똑같이 외치면서 숲에서 뛰어 나왔다.

“아니, 너였구나? 너한테 붙잡히느니 차라리 죽는 편이 낫겠다.” 나르키소스는 퉁명스럽게 내뱉고는 달아나 버렸다. 에코는 슬픔에 잠겨 나르키소스의 끝말을 되풀이하면서 동굴로 들어가 버렸다. 동굴 속으로 들어간 에코는 너무나 큰 슬픔에 잠겨서 앙상하게 말라 소리만 남게 되었다.

이렇게 나르키소스가 남을 사랑할 줄 모르고, 상대편의 기분만 망치는 것을 본 복수의 신 네메시스는 나르키소스에게 저주를 내렸다.

하루는 물을 마시려고 샘가에 엎드렸는데 그때 물속에 비친 자신의 모습을 처음으로 보았다. 그리고는 그 모습에 홀딱 반해 버리고 말았다. 나르키소스는 물에 비친 자신의 모습을 잡으려 했지만 그림자는 그때마다 사라지곤 했다. 나르키소스는 물가를 떠날 수 없었다. 제 그림자에 반해서 그를 안 보고는 견딜 수가 없었기 때문이다.

"오, 그대는 왜 나를 피하는가? 모든 처녀들이며 요정들도 다 나를 사랑하거늘 그대만은 나를 피하는구나!"

나르키소스는 남을 사랑한다는 것이 얼마나 괴로운 일인가를 깨달았다. 물에 비친 자신의 모습에 반한 나르키소스는 물가에 앉아서 움직이지 않았다.

그때 소리만 남은 에코가 동굴에서 바싹 마른 모습으로 나왔다. 그러나 나르키소스는 죽어가고 있었다. 나르키소스는 죽어가면서 말했다.

"아름다운 에코여, 안녕……"

나르키소스는 죽었다. 마음이 착한 요정들은 그가 평소에는 거들떠보지도 않았지만 장례를 후하게 치러 주기로 하고 샘가에 이르렀다. 그러나 나르키소스는 보이지 않고 처음 보는 꽃 한 송이가 샘가에 피어 있었다. 나르키소스가 쓰러져 있던 자리였다. 이 꽃이 나르키소스 「수선화」이다.

정신분석에 자기애를 뜻하는 나르시시스트, 나르시시즘도 나르키소스의 이름에서 유래한 것이라 한다.

원예용 수선화는 꽃송이가 훨씬 큰 데 비해 우리 야생화는 차라리 작아서 오붓한 정감이 간다. 아마도 같은 기후 속에서 함께 눈비를 맞으며 살아온 정서가 서로에게 배어있기 때문일 거라는 생각에 그 무게를 두고 싶다.

아카시아 꽃이 필 때면

산과 들에는 지금 새로 돋아난 풀과 나뭇잎들이 연두색 물결로 가득 채워지고 그것을 바라보는 사람의 마음도 파랗게 꽃물이 든다.

싱그러운 5월의 낮은 산비탈에는 아카시아 꽃이 흐드러지게 피어나서 바람 따라 넘실거리고, 간간이 날아드는 그 꽃향기는 풋풋한 고향의 냄새로 또한 어머니의 애틋한 사랑의 향기가 되어 다가온다.

해마다 이맘때면 아카시아 하얀 꽃송이가 먼먼 뒤안길에서 웅크리고 있는 내 추억의 옷자락을 끌어당기게 한다. 일제 식민지의 사슬을 끊고 나오기 바쁘게 동족상잔, 그 피의 강물을 건너 폐허의 거리를 돌아나 올 무렵 보릿고개는 왜 그리도 모질고 길었던지. 아이 어른 할 것 없이 칡뿌리나 찔레 순으로 허기를 달래다가 아카시아 꽃이 피면 입 안 가득 틀어넣고 으싹으싹 씹어 삼킬 때의 그 풋풋하고 달콤한 꿀맛은 지금도 아카시아 꽃을 볼 때마다 그때가 생각나서 입안에 군침이 돌곤 한다.

명절이 아니어도 제삿날이 아니어도 밥 실컷 먹어보고 떡도 맘껏 먹어보는 것이 소원이었었다. 언제나 먹을 것이 부족하여 헐떡이며 들로 산으로 먹이를 찾아 나서던 때가 거짓인 듯 꿈엔 듯 아련하기만 하다.

이제 이틀 후면 어린이날이다. 어른들은 그날엔 없던 돈도 나오고, 고달픔을 참으며 어린이를 위한 이런저런 행사에 참가도 하고, 북적대는 놀이동산에도 가고 할 것이다. 물론 어린이는 어른의 내일이요 힘이기에 위해주고 살펴주는 것은 당연한 의무이다. 그러나 “넘치는 것은 모자람만 못하다”고 했다. 제 자식 귀한 줄만 알고 어여삐 하여 먹는 것, 입는 것, 가르치는 것 모두가 행여 넘치고 있는 것은 아닌지, 그로 인해 내 아이가 어른이 되었을 때 삶의 에너지를 스스로 공급하는 데 있어서 장애가 되고 있지는 않은지 심각하게 고민해 보는 어린이날이 되었으면 좋겠다.

이와 함께 갖은 풍상을 헤치고 오월의 산야를 건너오는 아카시아 꽃잎을 살짝 깨물며 나는 어머니를 떠올린다. 제 키보다 더 큰 아카시아 꽃가지를 어깨에 둘러메고 골목을 누비던 나를 생각하고 계시겠지.

꽃구경 가신 어머니

싱싱한 잎사귀마다 진주보다 영롱한 물방울을 달고 하늘색 꽃잎은 하늘보다 짙은 색깔로 숲 속을 환하게 열며 탐라산수국이 피고 있다.

바위틈을 비집고 한라개승마가 작은 실눈을 뜰 때, 말라리가 수줍은 양 발그레한 꽃몽오리를 어린 아기의 고추 모양을 내밀고 나온다.

물기에 젖은 6월의 한라산은 갖가지 모양과 색깔의 순정을 쏟아내고 있다. 꽃들이 뿜어내는 꽃향기의 길을 밟으며 당신은 가셨다.

1948년 저 깊이를 헤아릴 수 없는 4·3의 거친 강물에 어린 남편을 띄워 보내고, 모진 한목숨 건져 올려 식구 많은 집의 새어머니가 되었다. 그 후 꿈도 접고, 말수도 접고, 하루하루 무사히 넘기는 게 얼마나 다행이냐며 너와 내가 마주 앉아 밥 먹을 수 있는 이 오늘이 얼마나 고마운 일인지 모른다며 내 손을 잡고 헛기침을 뱉어 내듯 컬컬한 웃음을 날리던 당신.

생면부지 나를 딸이라고 큰 년아, 큰 년아 불러주던 당신. 내가 타주는 커피가 맛이 있다며 아침잠 많은 내 잠의 옆구리를 간지럽게 하던 당신.

혼자 서둘러 꽃구경 가셨나 보다.

이 세상 죄가 무엇인지 모르고 즐거우면 즐거운 대로, 슬프면 슬픈 데로 불평 없이 순순히 껴안고 받아들이는 그 삶의 모습을 보며 나는 감동을 받았다. 그리고 내 삶의 태도에 대해서도 진정 뉘우치는 시간도 갖게 되었었다.

값지게 산다는 것은 결코 많은 일을 해내고 이름을 떨치는 것만 아니란 것을 나는 그분의 조용한 삶 앞에서 깨달을 수 있었다. 정직한 삶 앞에서 학문의 높낮이가 무슨 소용이랴.

낫 놓고 기역자도 모른 문맹자였지만 가족을 위해 둥근 달 아래 정한수 떠놓고 기도를 올리고 조상의 그 많은 기일을 놓치는 일 없이 하나하나 정성껏 제사상을 차리던 분, 이 땅의 산과 들이 그리도 좋아 고사리 꺾는 것보다도 으름열매 따는 것보다도 그냥 산에 다니는 것이 좋아 산에 가자고 조르셨다. 그 산에 주저앉아 지그시 바라보는 그분의 눈 속에서 나는 그 어느 것보다 소중한 산을 보았던 것이다.

당신은 이제 그 무거운 육신을 버리고 천진한 영혼으로 나비처럼 날아서 살아서 못 가본 백록담도 가보시겠구려. 영실도 둘러보고, 용진굴 깊은 계곡도 가벼이 가벼이 오르내려 보시겠구려.

몸 무거워 못 밟아본 이 산천 구석구석을 돌며 봄 여름 가을 겨울 꽃구경 한번 실컷 하시겠구려.

선작지왓 꽃 정원에 구름체꽃을 만나면 당신인가 하오리다.

그때를 위하여 안녕히 가십시오. 당신이 가르쳐준 삶의 겸손과 외로운 이의 옆구리를 간질여 주는 따뜻한 사랑을 산속의 꽃처럼 내 가슴 속에도 두고두고 키우겠습니다.

물봉선 만나던 날

하루가 멀다 하고 빗물이 쏟아지는 질퍽한 장마를 보내고 드디어 태양과 꽃들이 뜨겁게 만나는 팔월이다

에어컨 바람에서 도망치듯 빠져나온 토요일 오후 모처럼 K 선생님과 점심을 같이 하게 되었다 이심전심이라 했던가. 누가 먼저랄 것도 없이 약간의 보슬비를 맞으며 오름으로 발길을 옮겼다. 어지러운 일상을 벗어나 숲에 들어서니 푸르고 싱싱한 나뭇잎들이 바람 따라 몸을 흔들며 우리를 반가이 맞아주었다. 호젓한 발길에 한참을 그렇게 걸어갔더니 늦도록 남아있는 산수국도 보이고, 꿩의다리도 가녀린 꽃대를 길게 세우고 하얀 꽃송이를 한들한들 춤을 추며 저도 봐 달라는데, 물봉선 한 송이가 꼬리를 뒤로 말아 올리고 발그레한 색깔을 뽐내고 피어있었다.

“선생님 여기 물봉선을 보세요. 우리가 올 줄을 어떻게 알고 저 혼자 일찍 나왔네요.” 하면서 눈을 가까이 들이댔다. 그것들을 하나하나 들여다보며 마냥 행복한 기분에 젖어 마치 우리도 이 숲의 일원이 된 듯 걷고 또 걷다가 조그만 냇가에 엉덩이를 걸치고 앉아 잠시 동안 바위들만 듬성듬성한 냇창을 바라보았다.

움푹 패인 돌에 물이 고여 있고 거기에는 올챙이들이 장난을 치듯이 놀고 유혈목이 뱀도 알록달록한 무늬를 드러내놓고 한가로이 목욕하다가 부끄

러운 듯이 슬그머니 도망치듯 가버렸다. 우리가 그만 방해꾼이 되어버린 것이다. 수시로 냇창을 휩쓸고 가는 그 큰물에도 쓸려가지 않고 어떻게 살아남았을까를 생각하니 생명의 힘이 얼마나 크고 대단한가를 자연 속에서 발견하고는 새삼 내가 부끄러워지는 걸 느끼고 있을 무렵 K 선생이 천천히 말문을 열었다.

나는 오늘 큰 죄를 저질렀어요. 며칠을 두고 개구리 울음소리가 나더란다. 그 울음소리가 하도 슬프게 들려 가만히 다가갔더니 마당 한켠에 작은 웅덩이에서 어린 개구리 한 마리가 울고 있더란다. 저 혼자라서 벗이 그리워 그러겠거니 하고 측은한 생각에 개구리들이 살만한 곳에 데려다 줬단다. 그런데 다음날 또 개구리 울음소리가 나서 나가 봤더니 조금 큰 놈이 제법 껑충거리고 있었다. 그때서야 아하 개구리 연인들을 떼어놨구나 싶어서 후회가 막급이라며 인간의 생각이 얼마나 짧은 것인가를 절실히 깨닫게 되었단다. 혼자 있는 개구리를 생각해 준다는 것이 도로 생이별을 시켜버리고 말았던 것이다. 그것이 내내 빗소리보다 크게 마음을 울린다며 순한 눈망울을 촉촉이 적시는 것이었다.

그런 눈을 차마 바로 보기 민망하여 먼 데로 시선을 보내며 인간사에도 때때로 그런 일이 생기는 걸 저도 경험하곤 했어요. 남을 위해 준다는 것이 도로 화가 될 때도 많았지요. 너무 상심 마세요 하고 위로의 말을 건네주었다. 평소에 야멸차고 깐깐한 성품을 갖은 분으로 알고 있다가 싱싱한 숲 속에서 사람은 순수해지고 연약한 자연물이 되는구나 생각했다. 한없이 여리고 풀 한 포기 나무 한 그루에도 사랑을 주고 있는 그분의 마음 씀씀이를 새롭게 알게 되면서 그분을 따라다니며 많이 배워야겠다고 생각을 했다.

본디부터 자연과 사람은 하나로 어우러져 살았는데 인간의 욕심과 영악함이 자연으로부터 뛰쳐나와 문명사회를 건설한답시고 우월감에 도취되어 뽐내며 산 것이 언제부터였던가? 이 지구 상에서 인간의 욕심이란 끝이 없구나 생각하니 자연 앞에서 나는 부끄러움이 일었다. 실제로 알고 보면 길가에 풀 한 포기 꽃 한 송이도 열매 한 방울 맺지 않는 것이 없는데, 그래서 미움과 증오와 이기로 가득 찬 사람보다 훨씬 더 건강하게 이 지구를 떠안고 지키고 있다는 것을 아는 이 얼마나 될까. 어둑한 골짜기 갓길에 덤불을 이루며 저이끼리 기대고 서서 산다.

세찬 바람에도 드러눕는 일 없이 그 선홍빛 꽃송이를 곱게 치장해 피워내는 물봉선은 마치 소박한 시골 사람들의 웃음소리 같기도 하고 서로의 안부를 걱정하는 따뜻한 인정 같기도 하여 이 꽃이 필 무렵이면 카메라를 들고 달려가 렌즈를 끌어당긴다. 응달이 빨리 드는 곳이라 해도 햇볕을 불러들여 사랑을 나누고 습한 곳이면 어디에서나 무리 지어 꽃을 피우는 물봉선은 꽃만 고운 게 아니다. 약초로도 우리 몸을 다스려주는 성분을 갖고 있다 소화가 안 될 때나 타박상을 입었을 때 또는 뱀에 물렸을 때 눈에 산이 끼었을 때 효과를 주며 여러 가지 해독을 풀어주는 효능을 갖고 있기도 하다 나도 이 꽃처럼 다른 이의 마음을 즐겁게 하고 고달픈 생활에 시달리는 이에게 약이 되는 그런 사람이었으면 좋겠다.

짚신나물과 아버지

흰 구름이 둥둥 떠다니고 햇볕이 돌덩이를 뜨겁게 달구는 여름에 사람들은 물속에 뛰어들지만, 꽃들은 햇살에 몸을 맡겨 더욱 싱그럽고 푸른 색칠을 한다. 반쯤 펼쳐 든 우산 같다고 해서 이름 붙은 우산나물, 소나무 잎을 닮은 솔나물은 작은 알갱이들이 한 덩어리로 뭉쳐 커다란 꽃송이를 이룬다. 이질풀은 조그만 꽃송이에 붉은 색채로 사람의 눈길을 끌어당기곤 한다. 계절마다 각각의 꽃들이 피지만 여름엔 더욱 많은 꽃들이 핀다.

이 꽃들은 대부분 사람 몸에 이로운 약용식물이기도 하다. 특히 우산나물은 신경계나 통증에 좋으며 솔나물은 해열, 해독에 좋고, 이질풀은 장을 다스리며 설사나 복통에 좋다. 야산에 드문드문 피어있는 마타리는 좁쌀들을 한 알 한 알 얹어놓은 것 같은 꽃송이를 이루는데 피를 맑게 하고 해독 종양을 없애주며 혈액순환을 도와 이뇨에도 좋은 약초이다. 알고 보면 우리 주변에 살고 있는 풀꽃들마저 약이 아닌 것이 없다. 그래서 나는 이들에게서 옛 선조들의 삶을 엿듣는다.

그 중에도 특히 짚신나물을 보면 반가움과 함께 마음이 얼큰해지며 눈시울이 젖는다.

굳이 높은 산을 오르지 않아도 조그만 오솔길이 나 있는 길을 걷다 보면 쉽게 만날 수 있는 풀꽃, 우거진 억새 사이를 뚫고 기다랗게 목을 빼고 노란 꽃송이를 다닥다닥 붙여 놓은 짚신나물은, “와 여름이다!” 하고 만세를 부르듯 두 팔을 벌리고 있는 것 같다. 그런 모양을 보면 왠지 고향 뒷산에 누워계시는 아버지 생각이 간절해진다. 6·25전쟁이 끝난 뒤끝이라 먹을 것도 입을 것도 귀한 때라서 예쁜 코고무신을 사달라고 졸라대면 튼튼한 짚신을 만들어 주시곤 했다. 꼼꼼한 솜씨로 만들어진 그 짚신은 웬만한 비에도 젖지 않고 가시도 쉽게 파고들지 않을 정도였다.

오돌토돌한 짚신 바닥이 마치 짚신나물의 씨앗모양을 하고 있어서 짚신나물이라 이름 붙여진 꽃이라 더욱 아련한 추억이 손을 흔들고 애정이 절로 가는 것인지도 모른다.

지금도 여름이면 이 꽃과 함께 아버지를 생각하고 그 짚신을 신고 싶은 마음에 오일장이 열리는 날에는 괜시리 어슬렁거리며 짚신을 찾는다. 내가 원하는 것이면 무엇이든 만들어 주시던 아버지, 팽이며 썰매, 봄에는 나뭇짐 위에 참꽃도 가득 얹어 오시던 아버지의 지게 짐이 그립다. 어머니께는 얻지 못하던 용돈도 아버지를 조르면 십 원짜리 지폐도 쉽게 받아낼 수 있었다. 그렇게 아버지는 늘 인자하시고 무엇이든 잘 해내는 만능인의 이미지로 나에게 박혀있다.

남들이 검질이라고 내무리는 짚신나물은 아버지의 사랑만큼이나 풍부한 영양소를 지니고 있다. 위암 등 각종 항암에 효과가 좋다고 알려지면서 마구잡이로 채취되고 있어 머잖아 이 꽃도 보기 어려운 때가 올 것 같다. 이뿐인가 돌아보면 밭 담가에도 과수원 너머에도 수없이 뿌려대는 제초제에 너무나 많이 사라져 버리고 있다. 사람이 자연을 버리면 그대로 부메랑이 되어 사람에게 재앙이 온다는 것을 알면서도 눈앞의 이득만 챙기고 그 흔하디흔한 우리의 풀들이 멸종의 위기로 내몰리고 있는 현실이 안타깝기만 하다.

비염이나 피부에 좋은 약효를 가지고 있는 도꼬마리 같은 경우엔 사람들의 주변에서 사라진 지 이미 오래고 눈에 보이는 건 온통 서양도꼬마리들뿐이다.

요즘에는 만나는 이마다 나비가 안 보인다며 환경 변화와 오염의 심각함을 이야기한다. 정말 큰 일이라며 걱정들을 하지만 실제로 얼마나 환경을 위해 노력하고 있는지 의문이다.

며칠 전 우리 집 마당에 벌레 몇 마리가 기어 다니고 현관 벽에까지 기어오르고 있었다. 워낙에 벌레를 무서워하는 나로서는 질겁하고 뒤로 물러섰지만 어찌할 바를 몰랐다. 예전 같으면 모기 잡는 에어졸을 마구 뿌려 죽였을 텐데 저렇게 징그러운 벌레가 나비가 되기 위한 것이라니 죽일 수도 없고 해서 며칠을 잔디를 밟지 못하고 쩔쩔매고 지냈다. 그러던 어느 날부터인가 벌레는 간데없고 호랑나비 한 마리가 날아왔다. 잠깐의 무서움을 참고 살려준 그 벌레가 저렇게 나비가 되어 고맙다고 인사를 왔구나 싶어 고맙기도 하고 그 날개의 아름다움에 감탄하기도 하였다.

이제부터는 무엇이든 함부로 죽이지 말아야지 다짐하면서 이 좁다란 섬 땅에 살고 있는 것들을 더욱 소중히 다뤄야겠다고 마음을 다졌다.

의학이 아무리 발달한다 해도 같은 기후 같은 토양에 함께 살고 있는 우리의 토종 식물만 하랴.

비양도에 가면

지루한 장맛비에 떠내려가는 여름 햇살을 붙잡고 비양도는 맑은 물살을 찰랑거리고 있었다. 잦은 태풍으로 긴 장마 비로 여름 한 철을 그냥 보낼 뻔하다가 한꺼번에 몰려든 40여 명의 인파로 사람구경 실컷 하게 생겼다고 민박집 주인은 싱글벙글 웃음을 아끼지 않았다. 수평선 너머로 노을이 사라진 뒤 별빛마저 발랄한 몸짓을 내려보냈다.

지난 17일 제주 작가회의에서 특별히 탄생 천 년을 맞은 비양도에서 여름 문학 창작교실을 가졌다. "천년의 섬에서 섬 바라보기" 문학캠프는 또 다른 느낌을 안겨 주었다. 내가 살고 있는 섬은 거대한 육지로 다가섰다. 그래서 비양도 사람들은 섬을 나설 때 "곳디" 간다고 했던가.

어둠이 내려앉고 한창훈의 소설에 대한 강의와 박영희 시인의 삶의 발자취 따라 시가 탄생되는 과정을 들었다. 그러면서 섬에 왔으니 섬이 들려주는 이야기를 듣자고 했다. 사람의 이야기는 덮어두자고 했을 때 수강생들은 모두 동감하는 눈치였다. 간이 천막이 교실이고 식당이고 잠자리였던 그 하룻밤, 비양도 마을이 생긴 이래 문학교실은 처음 열린다며 주인의 호의는 아주 각별하였다.

모두 좋아하는 시를 낭송하며 섬은 밤보다 먼저 깊어 갔고, 주인아주머니는 「괜찮아! 괜찮아!」라는 제목의 시가 눈물 나게 좋다면서 한 번 더 낭송해 달라고 맥주 3병을 내놓았다.

월드컵 4강에서 독일에 패했을 때/ 괜찮아! 괜찮아! 대~한민국 짝짝짝짝짝/ 천형 같은 장대비가 마을을 쓸고/ 농경지를 쓸고 가도 괜찮아! 괜찮아! 인가/ 여중생 두 명을 무참하게 짓밟아 죽인 미국놈 한테도 괜찮아! 괜찮아! 인가/

이 시를 듣고 눈물 흘리는 아주머니가 진짜 시인이라며 좌중은 일제히 박수를 보냈고, 신청한 그 시를 쓴 김수열 시인이 직접 일어서서 낭송해 주었다.

이장과 보건진료소장, 해경초소장이 최고 높은 기관장이라며 껄껄 웃는 오붓한 마을 비양도에 나는 잊지 못할 사랑 한 움큼 두고 왔다.

비양도에 가면 아무 말 하지 말기, 아무것도 가져오지 말기 다만 세월로도 지워지지 않을 마음 한 무더기 두고 오기다.

세상에 남남이 어디이시냐

흙덩이를 딛고 사는 모든 생명이란 생명들은 망연자실해 버렸다. 태풍 '루사'는 풀이며 나무며 농작물 할 것 없이 모조리 하얗게 태웠다. 자연의 위력 앞에서 인간이란 얼마나 초라하고 보잘것없는 존재인가를 다시 생각하게 한다.

단수에 정전에 전화까지 불통이 되니 속수무책으로 답답하여 연동에서 음식점을 경영하고 있는 친구를 찾아갔다. 저녁 한 끼를 배부르게 채우면서 농민들의 살길이 큰일이라며 걱정스레 말문을 열었더니 그는 농민만이 아니라 장사하는 우리도 같이 죽게 생겼다고 했다. 그 말에 내 가슴이 덜컹하였다. 문학도 시절 동인 활동을 하면서 등단도 같이하고 책도 같이 내자고 약속하며 문학의 꿈을 함께 키우며 지내온 천성이 맑은 시인이다.

진정으로 나보다는 그의 일이 잘되기를 바랐고, 그 바람만큼 여유 있는 생활을 갖고 있는 그가 얼마나 고마운지 모른다.

결혼식을 마치고 곧장 단칸 사글셋방으로 들어선 그들 주머니엔 달랑 800원뿐이었지만 나는 그것도 모르고 어지간히 그 800원의 신혼살림에 매일을 승차하고 다녔다. 그렇게 새살림을 시작한 지 이십여 년. 아직도 나는 불쑥불쑥 그의 따뜻하고 변함없는 우정에 기대고 산다.

좋은 금슬로 부러운 눈총을 받고 있는 그들 부부는 여전히 맑고 아름답다. 큰 규모의 음식점이라 직원 수도 많다. 그 직원들 모두가 손님에게서 대접받는 사람이 되기를 원한다. 그러기 위해서 남편인 바깥주인은 내가 먼저 어떤 말과 행동을 보여야 하는지를 강조하며 마치 철학 강의 시간 같은 아침 조회를 거르지 않는다. 그곳을 거쳐 간 많은 직원은 친정을 찾듯 형을 만나러 오듯 한다. 그들 부부에게 가까이 다가선 사람은 자연스레 그의 가족이 되고 마는 것을 오랫동안 봐오면서 사람은 저렇게 살아야 한다고 생각했다.

나 또한 지치고 힘겨울 때 그의 어깨에 기대곤 한다. 그럴 때마다 한결같이 든든한 언덕이 되어 주기도 하고 마알간 영혼의 물소리를 들려주기도 한다.

이렇게 함께 사는 즐거움이 무엇인가를 알고 사는 내 친구처럼 한라병원 경영진도 그렇게 생각을 넓힐 수는 없을까? 이 땅의 공익의료기관으로 자처하고 있는 마당이니 말이다.

삶과 죽음의 문턱을 지키고 섰다 보면 권력과 금력의 무상함을 어느 누구보다도 절절하게 가슴에 담고 있을 텐데, 하는 안타까움이 마음을 저리게 한다.

그리고 한라병원을 아끼고 사랑한다며 광고를 낸 사람들, 폐원에 다다르는 지경에 이르기까지 뭘 하고 있었는지? 일찍이 나서서 동료애나 인간애를 발휘하지는 못했는지 참 궁금하다. 사람의 명줄을 쥐고 있는 의료기관의 노동조합이나 경영자는 남남이어서는 안 된다. 아니, 결코 남남일 수 없다. 담 넘어 이웃도 어려울 땐 서로 돕고 사는데 하물며 한솥밥을 먹고 사는 사람들끼리야 더 무엇을 말하랴.

이 나라 모든 노동조합 사람들은 경영자가 무너지는 것을 원하지 않는다. 서로 등 비비며 함께 내일을 걸어가고자 하는 유일한 소원의 몸부림이 바로 싸움과 대치로 맞서고 있을 뿐.

기러기는 왜「ㅅ」자로 날아갈까

10월의 바람은 쌓여 가는 낙엽만큼이나 사람의 감정을 자꾸만 헝클어 놓고 있다. 유난히도 잦았던 지난여름의 태풍과 빗속을 빠져나온 계절은 또 어김없이 순환의 옷을 갈아입고 있다.

아침잠을 털어내며 출근을 서두르는 길 위에서 내 눈은 한 무리의 기러기 떼와 부딪쳤다. 그때 이후 내내 생각했다. 기러기가 'ㅅ'자로 날아가는 까닭을, 그리고 생각의 뭉치 위를 실루엣으로 번지는 어머니의 얼굴을 떠밀어 낼 수가 없었다.

아흔으로 접어드는 어머니의 생신을 맞아 모처럼 뭍으로 나들이를 했다.

고향을 찾아가는 서낭당 고갯길에는 쑥부쟁이가 활짝 손 흔들며 마중을 나왔다. 그 틈에 두어 송이 산비장이의 부끄러운 듯 발그레한 눈짓을 받아 안고 보니, 마치 장에 가신 어머니를 마중 나와 기다리며 공기놀이하던 내 유년의 동무들인 듯하였다. 반가움이 넘치면 설움이 고이는 것일까. 초등학교 이후 한 번도 본 적 없는 동무들의 얼굴이 골짜기마다 단풍을 물들이고 있었다.

다들 얼마큼의 나잇값을 세고 있을까. 보고 싶다. 이렇게 동무도 고향산천도 아리게 껴안아 볼 수 있는 것도 다 어머니가 있기 때문이다. 아들 다섯, 딸 넷을 모두 반듯하게 키워낸 어머니의 아흔 생애를 나는 무한히 존경하며 내 삶의 지표로 삼고 있다.

아직도 흐트러짐 없이 꼿꼿한 자세로 당신 삶의 계단을 내려서고 계시는 어머니는, 며느리 얼굴의 깊어지는 주름살과 밥상 마주하면 살아 있는 게 죄 같다 하시며 기가 찬다고 하신다. 남달리 영특하고 총명한 당신 지혜를 따를 이가 이 땅에는 흔하지 않습니다. 하고 혼잣말로 뇌어보지만, 하루가 다르게 쇠잔해가는 어머니를 어쩌지 못하고 그저 바라볼 수밖에 없는 나는 마음속으로 울고 또 운다.

내가 어머니보다 아무리 더 배우고 더 좋은 시를 쓴다고 해도 어머니의 절반을 산 나는 어머니 같은 풍부한 삶의 언어를 구사하지 못한다. 어머니 앞에서 부끄러울 때가 더 많은 내가 아니던가.

모질고 험난한 시대를 온몸으로 살아낸 어른의 그 진하고 깊은 삶과, 21세기 젊은이들의 편리한 환경을 어찌 비교할 수 있으랴. 어른을 모시고 있다는 것은 백과사전을 끼고 있는 것보다 훨씬 값지고 든든하다는 것.

오늘 아침 기러기가 'ㅅ'자로 날아가는 뜻을 조금은 알 것 같기도 하다.

사랑과 미움

깊다 못해 서늘함을 안겨주는 가을 하늘에 둥둥 떠가는 흰 구름 몇 점, 어느 누구의 혹독한 삶에서 떨어져 나온 살점인가 싶어 온종일 짠한 마음을 문지르고 다녔다.

가을은 시인을 따로 두지 않는다. 모든 이들을 시인과 철학자로 만들어 사색의 우물곁으로 데려간다. 그래서 위대한 계절이던 것을.

오늘은 낯선 얼굴로 돌아와서 사람을 당혹스럽게 한다.

앙상한 나뭇가지를 붙들고 죽지 말라며 수십 수백 번을 말했던 감나무, 대추나무, 은행나무, 산딸나무 모두 모두 봄을 만난 듯이 새잎을 내놓는데 자두나무가 몇 송이 꽃을 펴들고 나섰다. 제 딴엔 죽는 줄 알고 씨앗 보려 했구나 싶어 갸륵한 마음이 일었다.

그래서 "넌 이제 괜찮아." 하고 귀엣말로 일러주었다. 아무튼 우리 집 마당은 봄이다. 아니, 우리 집 마당뿐이 아니고 선흘 가는 길에도 벚꽃이 피고 백구 이모 집에도 라일락이 송이 가득 채우고 있었다. 그뿐인가. 동귀리 콩 밭 가에 아카시아 꽃이 하얀 손수건을 날리듯 주렁주렁 매달려 있다.

어제는 B선생이 제대 입구에 벚꽃 구경 가잔다. 구경이라니! 참담한 마음을 감추며 웃어 주었다. 자연환경이 삭정바람과 맞서 싸워 생태계의 교란이 코앞에서 벌어지고 있는 거라고, 우리의 삶과 자연환경이 혼미에서 벗어나야 한다고 목울대를 아프게 세우고 싶었지만 다툼이 될까 봐 참아 버렸다.

여행을 가도 PC방이 가까이 있어야만 하는 시대, 사람이 정보를 요리하지 못하고 정보가 사람을 먹어치우는 세상에서 저 식물인들 온전히 배겨내겠는가.

개발만이 잘 사는 길이라고 새벽종을 울리며 산을 깎고 밭을 파서 늘려놓은 공단 부지, 폐수와 연기가 끊일 날이 없다. 밤새도록 켜놓은 가로등 밑에서 낮인지 밤인지 헷갈리게 울어대는 매미 소리에 시끄럽다고 잠 설치는 아파트 단지 사람들은 그 누운 자리가 산이던 것을, 들판이었던 것을 까맣게 잊고 매미만 나무란다.

지난 일요일 여덟 살, 일곱 살로 훌쩍 커버린 조카들과 잠을 섞었다. 이 귀여운 연인들은 날 들으라고 동시를 지었다.

"우리 이모는 꽃을 아주 좋아해요./ 하지만 가끔 꽃을 꺾을 때도 있지요./ 그런데 우리 이모는 시인이니까 괜찮아요." (김형진 「우리 이모」)

이 시를 들으면서 속이 자꾸 따끔거렸다. 그리고 사랑과 미움을 알싸하게 껴안는 법을 아직 다 깨치지 못한 부끄러움을 한동안 걷어내지 못할 것 같다.

동백꽃이 하얀 눈송이를 붙들고

후레쉬를 켜 들고 마당을 한 바퀴 도는 게 습관처럼 되어버린 지 오래다.

다급한 출근에도 마당을 돌며 앙상한 대추나무에, 산딸나무에 한 모금 사랑을 달아주고 젖은 때죽나무에도 눈길을 나누어 놓는다. 내가 앉혀준 자리에서 화초의 뿌리들이 내 목소리에 기대어 봄을 기다리라고.

11월의 끝 무렵, 난데없이 할미꽃 한 송이가 폴짝 뛰어 나왔다. 반가운 마음을 감추고선 "너마저 또라이가 되려면 어떡해!" 하고 야단을 쳤다. 그리고 며칠이 못 가서 하얀 눈송이가 동백꽃을 덮고 있었다. 동백은 겨울 꽃이다. 때가 다하면 그 붉은 꽃잎을 고스란히 땅에 내려놓을 뿐 개량종들같이 끝까지 나무에 달라붙어 시들거리지 않는다. 그래서 토종동백의 상징은 열정과 지조다. 서릿발 칼바람에 제 삶의 절정을 지펴낸다.

차갑고 을씨년스러운 마당을 붉은 꽃물로 환하게 비추는 동백꽃은 이제 이 나라 백성들의 자존처럼 보인다. 내가 어렸을 때는 손을 맞잡은 로고가 찍힌 밀가루 포대를 배급받아 끼니를 연명했다. 어쩌다 코 큰 병사가 마을에 들어오면 헬로! 헬로! 하며 따라다녔다. 그러면 사탕인지, 초콜릿인지를 주곤 했다. 나중에야 미국은 언제나 가난한 우리를 도와주는 고마운 나라, 인권의 나라가 아니란 사실을 알았다.

경기도 어느 훈련장에서 오발탄에 한 농민이 쓰러졌을 때도, 서울의 한

유흥가의 접대부가 무참히 죽어 나갔을 때도, 미군 주둔지역 곳곳에서 기름 유출로 땅이 썩어가는 지금도 그들은 "어디 개가 짖느냐"며 콧방귀만 뀌었다. 그때마다 펄펄 끓는 우리의 심장은 제풀에 주저앉곤 했다. 미국은 우리 같은 약소국 백성의 목숨이나 자존은 안중에도 없다는 듯 두 명의 꽃다운 생명을 장갑차로 뭉개놓고도 그 운전병에게 무죄라 한다. 대명천지에 이런 법이 어디에 있단 말인가! 하늘에선 눈송이도 달려와 동백꽃을 붙들고 울고 있다.

대한민국의 성장을 요리조리 가로막는 미국이 부박한 땅 이라크를 악착같이 부숴야 하는 이유는, 정작 핵사찰이 아니라 석유를 빼앗고픈 욕심 때문인 건 아닐까? 요즘 들어 부쩍 그런 생각이 든다. 그렇다면 북한의 우라늄 농축액 보유를 빌미 삼아 남북한 화해의 급물살을 막으려는 수작은 아닐까? 막강한 힘을 앞세워 세계의 경찰로 자처하고 나섰지만, 자국민 외엔 다른 나라 인종들은 보호할 의사나 의지 같은 건 아예 없는 건 아닐까?

미국은 세계를 식민지화하는 데에만 골몰하는 것처럼 보인다. 그렇게 보이는 내 눈이 차라리 사시였으면 좋겠다.

미선아! 효순아! 너희들은 죽은 게 아니다. 이 나라 자존의 불씨로 옮겨 앉지 않았느냐. 제주도로, 광화문으로, 뉴욕으로, 워싱턴으로 번지고 또 번져가는 이 나라 백성들 자존의 촛불 시위가 물결치는 소리를 듣고 있지 않으냐.

"고맙다, 고맙다. 미선아! 효순아! 우리의 동백꽃아!"

어느 휴일의 행복

새해가 들고 처음으로 환하게 맑은 하늘 상쾌하고도 포근한 일요일 아침이었다.

그냥 방안에 누워있기가 아까워 호미를 들고 뒤뜰로 나갔다. 지난가을 이후, 춥다는 핑계로 손길 한 번 가지 않은 화단에는 온갖 잡풀들이 무성하게 자라나고 있었다. 년 초에 내렸던 폭설과 혹한에 얼어 죽지 않고 보란 듯이 새파란 색깔을 두텁게 뒤집어쓴 그 독한 생명력이 얄밉기도 하고 대견스럽기도 하다.

씨앗을 마구 쏟아 놓은 듯이 저이끼리 몸 비비며 돋아나서 더러는 꽃을 피운 녀석도 있었다. 괭이밥 풀은 흙바닥에 납작하게 붙어있는 잎을 잡고 당기면 뜯겨져 버리고 좀처럼 뿌리가 뽑히지 않아 호미를 써야 한다.

쇠별 또한 줄기가 옆으로 길게 뻗어 있어 잡기는 쉬우나 실낱같은 뿌리로 사방을 감싸듯 하고 옆으로 누워 있어 여간해서 잘 뽑히지 않는다.

광대나물만 곧게 위로 자라서 한 손에 쉽게 뽑힌다. 삽시간에 하얀 뿌리들이 하늘을 향해 거꾸로 뉘인 채 몇 무더기 쌓여 갈 즈음이었다.

리사무소 옥상에 앉아 있는 스피커에서 노래가 울려 퍼졌다. 고요에 잠겨있던 마늘밭, 시금치밭들이 쾅쾅 울려 나오는 노래 장단에 맞춰 엉덩이를 들썩거리는 것 같았다. 이름도 모르는 트로트 가수가 메들리로 쏟아내는 노래가 그날은 싫지가 않았다. "사나이 우는 마음을 그 누가 알랴." 박일남의 「사나이의 순정」 같은 아는 노래가 나왔을 때는 나도 흥겹게 따라 부르며 힘 드는 줄 모르고 검질을 매나갔다.

그렇게 한참을 옛 노래에 젖어들고 있는데 "아, 아! 구엄리 사무소에서 알려드리겠습니다. 오늘은 우리 마을 정기총회가 있사오니 리민 여러분께서는 리사무소로 나와 주시기 바랍니다."하고 여사무장의 어눌한 말투의 안내 방송이 흘러나왔다. 아하! 그렇구나. 리민들의 아침잠을 깨워 모으기 위해서 서둘러 마이크 볼륨을 높였었구나.

뒷집 할머니도, 알 녘 집 아저씨도, 퐁낭 옆에 사는 암팡지게 생긴 젊은 어멍의 종종걸음치는 모습도 눈에 선하게 그려졌다. 거기 가면 부녀회에서 마련한 따끈한 국수 한 그릇에 두루마리 화장지 하나라도 옆구리에 끼고 오겠구나 하는 생각에 가느다란 웃음이 행복스럽게 내 마음을 감돌았다.

한적한 농촌 마을의 정기총회란 얼마나 오붓하고 다정스러운 것인지 16년째 구엄 리민으로 살고 있는 나는 이 마을의 정취를 참 좋아한다. 모처럼 어깨에 쌓인 따뜻한 햇살이었기에 그날 내내 보듬고 다녔다. 그러면서 마치 사는 게 별것 아니란 듯이 콧노래를 흥얼거리며 달빛까지 밟아보는 행복한 하루였었다.

사람을 생각하는 그릇

철 따라 꽃물들이며 원시림을 이루고 있는 한라산, 사방이 청정한 제주 바다. 이 천혜의 자연경관을 삶의 터전으로 딛고 사는 것은 행운이다.

삼성혈, 화북진성, 방사탑, 다랑쉬굴 어디든 발길 가 닿는 곳이면 역사의 숨결은 살아 있다. 수만 가지 문화 유적을 지니고 있는 제주 섬, 그 전통의 맥을 잃지 않으려는 일꾼들이 길목마다 지키고 섰기에 이 땅의 문화와 삶의 질은 보다 높은 정신적 가치로 승화되는 것이다.

이 변방의 문화유산은 21세기의 저 드넓은 무대에 올라설 수 있겠구나, 빛날 수도 있겠구나 생각하면 목젖이 빠근해진다. "남의 떡이 커 보인다."는 속담처럼 내 것보다 남의 것이 더 좋아 보여 내 것을 버리고, 헌것보다는 새것을 쫓아온 우리가 아니었던가. 내가 나를 버려 놓고 남이 나를 알아주지 않는다고 투덜거리며 시기와 질투의 실눈을 뜨고 살아온 우리가 아니었던가. 이제는 내가 어디에 섰는지 우리가 무얼 하는지 뒤돌아 볼 때이다.

제주 돌가마는 세계에서도 유일무이한 보물이라 한다.

우선 제주 흙의 장점은 원적외선 발생이 뛰어나고 무엇보다도 내륙의 흙이 갖고 있는 납이나, 카트륨 같은 아연 광물질이 전혀 없다. 이러한 맑고 깨끗한 흙으로 빚어낸 옹기나 그릇들은 음식의 보존과 맛을 내는데 큰 효과를 작용한다.

그리고 간장을 담을 때 고추나 숯을 넣지 않고도 옹기에서 자연 살균 효과를 내며 미생물 발효가 자연스럽게 이루어진다. 이것은 흙이 아주 건강한 호흡을 하기 때문이다. 이로 인해 그릇을 빚을 때는 힘들지만 구워놓고 보면 뛰어난 효능을 발휘한다. 그래서 숨 쉬는 옹기, 사람을 생각하는 옹기라 한다.

특히 전통 돌가마 방식을 고스란히 재현하고 있는 「제주도예원」에서 구워낸 그릇들은 인체에 해로운 물질이라곤 없다. 향토색 물씬 나는 '제토'로 빚는 도자기에는 유약을 바르지 않는다. 환경호르몬을 발생시키기 때문이다.

예로부터 화산회토에서 얻어낸 고유의 연하고 맑은 갈색 또는 황갈색을 띠고 있어 노랑 그릇이라 부르기도 했다.

그러므로 고려청자, 조선백자에 버금가는 우수한 옹기가 있기에 우리의 토속 음식인 자리돔젓, 게우젓, 같은 발효 식품이 일찍이 발달할 수 있었던 것이다. 이러한 제주 도자기는 음식을 담는 그릇만이 아닌 미술의 장르인 도예작품으로도 그 예술적 가치가 높다는 것을 새삼 깨닫게 되었다.

세계의 문화유산으로 내놓아도 손색이 없는 민속적 가치를 지니고 있는 노랑굴, 검은굴은 문화재 지정만으로 끝난 게 아니다. 선인들의 지혜와 체취가 배어있는 우리 도자기, 그것이 갖고 있는 유용성과 아름다움을 고유한 이미지로 브랜드화하여 세계적인 문화 상품으로 키워나가는 데 관심을 기울여야 하겠다.

자랑과 겸손의 동백꽃

갑자기 바람이 들이닥쳤다. 마른 댓잎이며 물기가 채 다 빠져나가지 못한 나뭇잎들을 한 잎 가득 물고 와서는 마당 가운데에 패대기치고 달아나면서 영하의 매서운 냉기를 쏟아 놓았다.

엊그제만 해도 포근하고 화창한 날씨가 겨울 같지 않다며 심통 부리듯 투덜거렸더니 샛길을 빠져나온 동장군이 독기를 품었는지 이내 굵은 눈송이를 퍼부으며 금방 물어다 놓은 수북한 나뭇잎들을 하얗게 덮어 버리고 마는 것이다. 간사한 게 사람의 마음이요 입이 방정이지 싶었다.

그날 이후 보름이 넘도록 연일 눈보라 치는 한파에 쩔쩔매며 발 동동 굴러보지만 소용이 없었다. 전국 각처에서 도로교통이 마비되고 급기야 농작물 피해가 속출하는 사태로 번지고 있다는 TV 뉴스를 보며 이불 속에서 개으름을 피우다가 얼른 마당으로 나갔다. 폭신폭신한 눈을 밟으니 걸음을 옮겨 놓을 때마다 뽀드득 비명 소리가 났지만 못 들은척하고 며칠 전 꽃봉오리를 터뜨리기 시작한 동백나무가 서 있는 곳으로 다가갔다.

어젯밤 슬레이트 지붕을 날려버릴 것 같은 초속 20의 강풍을 견디고 새빨간 꽃잎 속에 샛노란 수술을 가득 품고 한들거리며 눈송이를 쌓고 있었다. 나도 모르게 신음 같기도 한 소리가 터져 나왔다. 아, 이 목숨의 갸륵함! 삶의 열정이 빚어낸 건강함이라니! 뭐라 말할 수 없는 감동이 손끝에

까지 물컹거리는 걸 느끼고 있는데 복스럽게 웃고 있는 노란 꽃술에 조심스럽게 입술을 갖다 대었다. 입술이 샛노란 립스틱을 바른 모양새가 되었다.

우리 들꽃이 그렇듯이 동백꽃 또한 질 때를 알고 있기에 미련 없이 송이째로 뚝 떨어져 긴 수술에 잠시 매달려 있다가 땅에 눕는다. 그 모습이 마치 목매어 자살한 것을 연상시키기 때문에 재수 없다하여 제주의 민가에서는 짙푸른 잎과 붉은 꽃을 피우는 동백나무를 집 울타리 안에 심지 않는다는 속설이 있다. 그러다 보니 분홍색, 흰색 등 갖가지 개량종의 겹동백꽃이 유행처럼 번지면서 사람들로부터 한동안 관심 밖으로 밀려났다가 이 매혹적인 꽃은 정원수로의 자리를 찾게 된 것이다.

꽃이 피고 난 뒤의 열매는 연고제, 이뇨, 부럼, 지혈, 강장제로 민간에서는 약용으로 또는 올리브유의 대용, 그리고 화장품원료 등 쓰임새가 다양하다. 더욱이 오랫동안 여인들의 머릿기름으로 널리 애용되다가 과학의 발달로 제주의 한 기업체에서 연구 개발한 아토피 피부염에 좋은 기능성 화장품으로 토종 동백나무 열매는 더욱 그 가치를 인정받은 샘이다.

도 지정 기념물 10호 선흘리 동백동산과 기념물 39호인 위미2리 「버둑할망 돔박숲」은 가장 가볼 만한 동백나무 군락지이다. 특히 19세기 중엽 현맹춘 할머니가 17세에 위미리에 시집와서 억척스럽게 이루어 놓은 살아있는 전설임과 동시에 제주여인의 강인한 정신과 근면성을 가감 없이 느껴 볼 수 있는 여성생활 유적지로 더 잘 알려져 있는 곳이기도 하다.

버둑이라는 황무지를 개간하여 농사를 지어 보았으나 해풍으로 인해 실패만 거듭되었다. 이에 굴하지 않고 현 할머니는 동백 씨앗을 구하여 씨앗을 뿌리기 시작한 것이 방풍림의 효시가 되기도 하였다.

그동안 개발에 의해 대부분 농경지와 주거지로 변하였다. 지금 4,600평 규모의 동백군락은 추위에 아랑곳없이 푸르고 싱싱한 잎 사이마다 붉게 토해놓은 듯한 꽃의 그 농염한 자태를 보기 위해 온갖 새들이 찾아들어 숲은 왁자지껄 야단들이다. 그뿐만 아니라 늦가을부터 이른 봄에 걸쳐 마치 불붙은 듯 흐드러지게 피어있는 붉은 꽃무리들 때문에 이 마을엔 밤에도 환하다는데 오승철 시인은 고향도 그쯤은 되어야 한다며 은근히 제 고향임을 자랑한다.

차나뭇과의 상록교목인 동백나무의 껍질은 회갈색, 새순이 돋아나올 때는 갈색이었다가 차츰 짙은 녹색으로 변한다.

동백나무가 사람 곁에 온 것은 언제였을까? 이미자의 「동백아가씨」에서 보듯 바다를 끼고 있는 섬마을에서 대부분 자생하고 있지만, 특히 여수 오동도가 유명하다 이 섬은 옛날 오동나무가 빽빽이 들어서 있었는데 이 열매를 따 먹기 위해 많은 봉황새가 찾아들었다. 그러나 풍수지리에 밝았던 고려 공민왕조의 승려 신돈이 보기에 전라도 전자가 사람 인(人)자 밑에 임금 왕(王)자를 쓰는데다 그 땅의 남쪽에 봉황새가 드나드는 것을 불길하게 생각하였다. 그래서 기울어가는 고려왕조를 차지할 인물이 전라도에서 나올 것만 같아 왕에게 말하고 사람 인(人)자 대신 들 입(入)자로 고쳐 쓰도록 하고 봉황새의 출입을 막기 위해 오동나무를 모조리 베어버리도록 했다. 그래서 오동도에 오동나무가 없어지게 되었고 결국 고려는 전주 이씨인 이성계에 의해 망하고 말았다.

옛날부터 오동도에 귀양 온 한 쌍의 부부가 고기잡이하면서 의좋게 살고 있었다. 어느 날 남편이 고기잡이를 나간 틈에 도둑이 들었다. 어부의 아내는 집에 있는 모든 것을 내놓았지만, 도둑은 그녀의 몸까지 요구했다. 그래서 부리나케 달아나다가 절벽에 이르러 붙잡힐 지경이 되자 황급히 절벽 아래로 몸을 날려 떨어져 죽고 말았다.

이런 사실도 모르고 날이 저물어 집으로 돌아오던 도중 낭떠러지 밑에 떠오른 아내의 시체를 발견하고 몹시 슬퍼했다. 그는 슬픔을 견디며 아내의 시신을 오동도의 꼭대기에 곱게 묻어 주었다. 이 일이 있은 지 몇 해가 지나자 그 무덤가에서는 여인의 절개를 나타내듯 붉은 동백꽃이 피기 시작했다. 이후부터 오동도에 동백나무가 많이 번져 눈보라 속에서도 꽃을 피웠다고 전해지고 있다.

어쨌든 동백꽃은 알렉산더 뒤마의 소설 「동백아가씨」에 등장함으로써 한층 더 유명해졌다. 서양에서는 이 소설에서 유래하여 죄를 지은 여자, 사치하고 매력적인 창녀를 동백꽃으로 상징한다고 한다. 문학의 힘이 얼마나 지대한 것인가를 보며 으스스해진다.

일본에서는 300여 종에 달하는 품종들이 만들어져 동백꽃이 명화로 꼽히고 따라서 이 꽃에 얽힌 설화도 많다. 그러나 누가 뭐래도 동백꽃이 내게 주는 이미지는 역시 숙이 언니다.

23살의 산골 처녀가 서울로 시집가서 딸 아들 낳고 살다가 서른셋에 남편 여의고 졸지에 가장이 되어 가방공장 실밥 따는 아줌마로 뛰면서, 고층 아파트 계단 청소하는 아줌마로 초등학교 화장실 청소부로 발전하는 동안 버스비 아끼느라 손지갑엔 오직 방문 열쇠 하나만 꽉 움켜쥐고 뛴다. 그렇게 뛰기만 하다 보니 60줄 턱밑에서도 언제나 느긋하게 걷지를 못한다. 그렇게 삶의 굽이굽이를 일일이 발바닥으로 쓸어 올리는 것밖에 다른 셈을 할 줄도 모른다. 그 쉬운 잔꾀하며 모르는 것이 너무 많은 숙이 언니 삶 속에 양심은 하얀 백지 그대로이다. 사람이 그토록 맑고 투명할 수 있을까! 감복한 때가 한두 번이 아니었다. 그런 숙이 언니의 마음을 따라 맑게 살겠다고 다짐했는데 나는 어느새 시인이랍시고 깝죽거리고 사는 건 아닌지 모르겠다.

뙤약볕에서 더 푸르게 두툼해지는 동백 잎, 혹한의 눈발에도 붉게 피어나는 동백꽃에서 숙이 언니를 생각하고, 또한 고결한 이성, 당신은 누구보다 아름답다, 자랑과 겸손이란 꽃말은 모두 숙이 언니에게 던지는 헌사인 것만 같아 기쁘다.

감동에도 격이 있나요?

더운 햇살이 등줄기를 타고 흘러내리다가 겨드랑에 땀띠로 와 앉고 있는 줄도 모르고 일에 파묻혀 지냈다.

긴장된 시간과 까탈 부리는 일 더미를 겨우 헤집고 나와 보니 길거리는 와랑 와랑 불볕더위에 흐느적거리고 있었다.

모처럼 일찍 퇴근하여 마당의 검질도 매고 뒤뜰을 돌아보았다. 거기엔 어느새 노루오줌 꽃이 "나를 봐 주세요"하는 듯 연분홍 꽃잎을 사르르 피워 물고 담 그늘에 서 있었다.

다른 때 같았으면 놀란 듯이 반겨주고 한참을 그 옆에 쪼그리고 앉아줬을 텐데 피곤한 몸은 이내 돌아서게 하였고 반가움마저 오래 지니지 못하였다. 그날 이후 내 마음은 내내 노루오줌 꽃의 고향인 수악 계곡을 끌어 앉고 있었다.

물 한 모금 제대로 먹어보기 힘든 바위틈에서 어쩌다 내라도 터지는 날은 떠내려가지 않기 위해 죽을힘을 다해 실낱같은 뿌리로 바위를 움켜잡고 꽃피우고 씨앗을 퍼뜨리는 노루오줌.

이들 삶의 현장을 들여다보면 내 마음 깊은 곳을 흔들며 감동이 새어나오고 경외하는 마음이 일어난다. 그래서 나는 이 꽃이 피는 계절을 기다리고 이 꽃들을 만나기 위해 수악 계곡을 찾곤 했다. 그때마다 감동은 언제나 처음처럼 일어났고 내 삶의 고삐를 강하게 다잡아 보기도 하였던 것이다.

그러나 올해는 기어이 그곳엘 가보지 못하고 내 집 뒤란 담벼락에 서 있는 그 꽃으로 때워야 하나보다. 물론 이들 야생의 꽃들은 야생이어서 좋고 어느 때건 만나볼 수 있는 것 그것으로 반갑고 기분 좋은 일이다. 그러나 있어야 할 자리가 아닌 곳, 사람의 욕심으로 풍랑이 없는 화단에서 만나는 꽃은 부푼 기대감으로 땀 흘리며 찾아가는 수고가 없이는 그 감동이 훨씬 가볍다는 것을 나는 엊그제 뒤란의 노루오줌 꽃을 통해서 벅찬 감동과 가벼운 감동과의 차이를 새로이 깨닫게 되었다.

앞서 간 사람들이 일러주었던 "눈물 젖은 빵 맛"이 삶의 어떤 가치를 더해 주는 것인가와 같은 이치일 것이다. 고통과 역경을 이겨낸 이의 당당함이란 그 어떤 권세하고도 바꿀 수 없는 것이요 행복한 삶을 살았다 할 수 있다.

사람이 꽃보다 아름다운 때가 있다면 바로 자기 앞의 생을 비켜가지 않고 열심히 껴안는 모습이리라. 또한, 껴안는 만큼 비울 줄 아는 사람이 바로 우리가 존경하는 사람일 테니까.

눈꽃

이상하다. 며칠 전에 다 쓸어냈는데 어디서 자꾸 날아오는 것이냐?

3~4층짜리 연립주택이 삐쭉 빼쭉 붙어있는 좁은 골목길을 노랗게 덮고 있는 은행잎, 주변을 돌아보아도 은행나무는 보이지 않는데 며칠 못 가서 또 수북하게 드러누워 감겨드는 바람에 뜯기고 있다.

이쯤이면 환장하것다. 한미FTA 협상 테이블에 올려진 우리의 농산물이 미국의 입김에 따라 이리 화르르 저리 화르르 처박히는 모습으로 비춰지다가, 또 어느새 한반도 번영과 평화를 위한 국가정책 사업을 발표하면서 제주를 세계평화의 섬으로 선포할 때 튀긴, 침도 채 마르기 전에 평화의 섬에 대한 범위나 방향을 제시하기는커녕 잇따라 발표하는 해군기지 공군기지 건설에. 분분한 의견과 갈등만 증폭되고 있는 도민사회를 보는 것 같다.

정부가 나서서 속 시원히 설명해 주지 않는 것은 이미 제주 화순항 해군기지 건설은 미국이 추진하고 있는 미사일 방어체제와 무관하지 않다는 증거가 아니고 무엇인가. 그 꿍꿍이속을 일찌감치 알아봤었다.

처음 해군이 화순항 기지규모를 밝힐 때만 해도 7만 평의 정박부두였으나 2005년엔 육 해상을 매립하여 12만 평으로 늘어나더니 2006년도 T/F 보고서에는 30만 평으로 4배 이상 늘어났다.

또한, 당시에 이지스함 입항은 극구 부인하였는데 이제 와서는 미 항공모

함의 입항도 순순히 밝히고 있다. 이렇게 자고 나면 뒤집힐 거짓말을 도대체 어디까지 쳐다보고 있으란 말인가. 뿐만 아니라 1,829km의 작은 섬에 8만 평 해상매립에 들어가는 흙은 뭍에서 끌어올 것인가, 아니면 오름이라도 몇 개 헐어내면 된다는 생각을 하고 있단 말인가. 도대체 누구를 위한 개발이고 누구를 위한 군대라는 말인가?

잘 살게 해준다면서 왜 그렇게 당당하지 못하는가, 안녕과 행복을 한꺼번에 다 지켜주겠다는데 도민들은 왜 그토록 목에 핏대를 세우고 반대하는 것일까?

우리는 일찍부터 이 섬이 군사적 요충지로 눈독을 들인 몽골에 의해 150여 년이나 점령을 당하였고, 일제 침략의 식민지 아래 일본군은 제주를 군요새화로 인한 수백 개의 땅굴을 증거물로 갖고 있으며 또한 해방 공간에서 미군의 군사적 전략에 휘말려 죽고 죽이는 통한의 4.3 역사를 기억하고 있다. 그러므로 더 이상 우리를 무지몽매한 백성으로 만들지 말라. 도지사는 그만 핫바지를 벗어 던지고 진정 이 땅의 평화와 미래를 지키는 데 앞장서야 한다. 도민의 지지 속에서 그만큼 영달을 누렸는데 더 무엇을 갖고자 두려워하는가?

제주의 해군 기지화가 곧 미국의 동북아 미사일 방어체제 구축을 의미한다는 것을 감추느라 해군도 식은땀을 빼지 마라. 7,725억 재원투자에 고용창출효과 만점, 소득증대 활력이라는 장밋빛 경제논리를 듣고 있는 나도 똥줄이 빠지것다. 이 나라 정부는 누구를 위해서 일하고 누구를 위해서 거짓말을 하고 있는지? 국회의원 나으리들 똥배만 두들기는 거 보고 있자니 금뺏지가 기가 차서 골목바람 앞세우고 시위하고 있구나 싶었다.

가을은 아직도 뒷덜미가 잡힌 채 좁고 차가운 골목에 누워 밭뙈기로 갈아엎어지고 있는 배추와 무, 양배추와 밀감을 걱정하고 있었다. 부슬부슬 성긴 눈발보다 수입오렌지가 더 차갑고, 한미 FTA 협상이 더 무서워서 오들오들 떨고 있는 밀감밭에 밀감들, 한때 이 지역 경제성장에 지대한 공헌을 한 밀감나무는 어떻게 해서 생겨났을까. 먼먼 이야기 속으로 들어가 보자.

옛날 중국 남부지방에 아름다운 두 자매가 살고 있었다. 그들은 모두 나이가 차서 시집을 갔다. 그런데 언니는 운 좋게도 부잣집에 시집을 가게 되어 넓은 기와집에서 편안히 앉아 비단옷에 고깃국을 마음껏 먹으며 호강을 했지만, 동생은 가난한 농가에 시집을 가서 고생을 하며 살아가고 있었다.

동생은 매일 남편을 따라 산에 가서 나무를 해 머리에 이고 멀리 떨어진 장에 가서 나무를 팔아 근근이 살아갔다. 장터에서 나무가 팔리지 않는 날이면 동생은 나무를 도로 머리에 이고 집으로 돌아오곤 했다.

그렇게 가난하고 어려운 생활을 하면서도 동생은 누구도 원망하지 않고 부지런히 일하며 살아갔다. 가끔 나무가 팔리지 않는 날에는 나무를 집으로 가져오기가 너무 힘들어 바다에 버리고 돌아오기도 했다.

어느 날 동생은 그날도 나무가 팔리지 않아 바다에 버리려고 바닷가에 갔다. 그때 갑자기 바닷속에서 아름다운 선녀가 나타나 "용왕님께서 늘 나무를 해다 주어 무척 고맙게 생각하고 그 보답을 하기 위해 동생을 용궁으로 데려오라고 하셨습니다."하고 말하는 것이었다.

그리고 선녀는 동생을 용궁으로 데려가면서 "용왕님께서 무엇을 선물로 줄까? 물으시면 용왕님 곁에 있는 검은 고양이를 주십시오. 라고 대답하시오"하고 말했다.

동생은 용궁에서 맛있는 음식도 먹고 구경도 잘하고 며칠을 즐겁게 지냈다. 그리고 집으로 돌아가려고 하자 용왕님은 "무엇을 선물로 줄까?"하고 물었다. 동생은 선녀가 시키는 대로 검은 고양이를 달라고 했다. 그러자 용왕님은 "이 고양이는 다른 것은 아무것도 먹지이지 말고 하루에 팥을 반 되씩 꼭 먹여야 하느니라."하며 고양이를 주었다.

검은 고양이를 집으로 가져온 동생은 매일 고양이에게 팥을 반 되씩 꼭 먹였다. 그랬더니 고양이는 매일 밤마다 반 되나 되는 황금을 똥으로 누었다. 그래서 동생은 금방 부자가 되어 좋은 집도사고 논과 밭도 사서 언니 부럽지 않게 잘살게 되었다.

이 소문은 곧 온 나라에 퍼져서 언니 귀에도 들어갔다. 욕심 많은 언니는 동생에게 그 고양이를 며칠만 빌려달라고 했다. 착한 동생은 언니에게 고양이를 건네주었다. 고양이를 빌려온 언니는 빨리 황금을 많이 얻으려고 고양이에게 팥을 매일 한 되씩 먹였다.

팥을 많이 먹은 고양이는 과식으로 황금의 똥을 누지 않고 물똥만 쌌다. 이에 화가 난 언니는 그만 고양이를 때려죽였다.

이 소식을 들은 동생은 죽은 고양이를 찾아와서 양지바르고 따뜻한 곳에 묻어 주었다. 그런데 다음 해 봄이 되자 그 무덤에서 감귤나무가 싹터 나와서 여름이 되면 동생의 착한 마음씨 같은 희고 향기로운 꽃을 피우고 가을이 되면 황금과 같은 누런 열매를 맺었다고 한다.

그래서 감귤의 꽃말은 착한 동생의 마음과 같은 '욕심 없는 마음', '너그러운 마음'이라 하게 됐다.

밀감나무의 전설에서처럼 화산회토의 척박한 땅과 시시때때로 불어 닥치는 태풍의 길목에서 처절한 삶을 이어오던 제주사람들에게 감귤은 그야말로 구세주였다. 그러나 즐겁고 신나는 생활의 여유도 잠시 WTO라는 괴물을 등에 업고 오렌지가 들어오면서 감귤농사는 기어이 빚잔치로 허걱 거리기 시작하였다. 애써 키워놓은 나무를 뼈를 에이듯 베어내고 각고의 노력 끝에 겨우 한숨 돌리려는데 또다시 FTA가 벼락처럼 날아들어 우리 생명산업의 근간을 뒤흔들고 있다. 도세가 약하다고 함부로 까불지 마라. 우리는 4.3의 피비린내를 건너온 고래힘줄 보다 질긴 역사가 있고. 얼음덩어리도 녹여 하얗게 눈꽃을 만드는 한라산이 있다

그뿐인가, 사방팔방 넘실거리는 바닷가에 나가면 시퍼런 심장을 가르며 바다도 일어서서 눈꽃을 피운다. 모르는 사람은 모르지, 섬에서 한평생 찡 박혀보지 않으면 도저히 포말이 안개꽃인 줄을, 갯바위에 부서지는 파도가 눈꽃인 줄로 볼 수가 없는 거다. 봄 여름 가을 어느 계절이나 다 그 나름의 아름다움과 환희로 다가오지만 제주의 겨울 풍경은 가슴 저밀 만큼 시리고 맑아서 잃어버린 자아를 찾아주는 거울이 된다.

잿빛 푸르스름한 기운이 감도는 거울 속을 맨발로 걸어가다 보면 오감이 알싸하게 달라붙는 감촉이 느껴질 것이다. 차가움보다 더 상큼한 눈꽃을 한 입 베어 문 입술에 빨갛게 번지는 삶의 향기, 이것이 한라산의 눈꽃이다. 내가 더운 숨을 내쉴 때마다 눈 섶에 쌓이는 하얀 꽃, 헛발을 짚으며 미끄러지며 가다 보면 심술을 부리듯 어깨를 툭 치며 목덜미에 눈가루를 털어 넣는 눈꽃 가지의 밉지 않은 심술, 아으! 비명소리는 고요한 은빛 숲을 메아리치며 구른다.

이렇게 눈밖에 없는 숲을 빠져나오면 순백에 덥힌 만세동산에 햇살이 떨

어져 일으키는 불꽃은 너무나 눈이 부셔 눈동자가 까맣게 타버릴 것만 같은 충격을 경험한다.

한라산 설경은 눈 많은 강원도를 비롯한 여타 지방의 분위기와는 많이 다른 풍경을 맛볼 수 있는 특징을 갖고 있다. 그것은 숲 지대를 벗어난 지역부터 윗세 산장이 있는 곳까지 펼쳐진 광활한 설원이 형용할 수 없는 설레임으로 반짝인다는 것이다. 더군다나 군데군데 눈길을 사로잡는 마른 나무의 설화는 저절로 환한 웃음을 짓게 한다. 그곳에서 새기는 사람의 발자국엔 말 그대로 청량한 무욕이랄까 순진무구한 생명의 진면목이 찰랑거린다. 더는 내려놓을 것 없는 무념의 시간을 깔고 앉았을 때 인간의 가장 순수한 영혼을 만난다.

뭍에 사는 벗들에게서 가끔 제주를 관광하려면 어느 계절에 맞춰가는 것이 좋으냐고 물어 올 때가 있다. 사람마다 성향과 취향이 달라서 어느 것이 더 좋다고 딱히 말할 수는 없겠지만 내 경험으로 비춰볼 때 사계절이 다 특유의 아름다움과 멋을 가지고 있었지만 그래도 하나 꼭 집어 말하라면 눈 쌓인 겨울 한라산이 가장 오래 여운이 남는다고 말해준다.

이는 단순히 눈이 쌓였다는 현상만을 뜻하는 것은 아니다. 걸음을 뗄 수 없을 정도로 앞가슴을 치고 달라붙는 눈보라가 그렇고, 내 눈동자를 송두리째 빨아올릴 것 같은 청아한 하늘빛과 백색의 은반 위에 반짝이는 햇살의 눈부심이 나를 가장 순결하게 닦아주는 우주의 언어였기 때문이다.

어디에서나 그만한 눈은 내리고 나뭇가지를 덮지만 한라산의 눈은 촉촉함에서 그 차이가 있다 하겠다.

우리나라 내륙의 겨울바람은 건조하고 습기가 없다. 따라서 눈에도 습기라고는 없어 눈을 뭉쳐보면 마치 마른 모래처럼 흩어져 버린다. 그래서 눈이 내리면 나뭇가지에 쌓이기는 하지만 성애처럼 착착 달라붙지는 않는다. 반면 제주의 바람에는 해양성 기후의 조건에 의해서 바람에도 눈에도 상당량의 습기가 들어있다.

그래서 마른 나무에도 잘 달라붙게 되는 것이고 또한 고지대로 갈수록 바람의 방향에 따라 길게 뻗어 나간 희귀한 모양의 눈꽃을 만들어 내기도 한다. 구상나무에 쌓인 눈 덩어리를 설빙이라 하고, 바람에 묻어 있는 습기가 나무에 얼어붙어 생기는 눈꽃을 정확히 상고대라 한다. 이 상고대는 바람의 방향에 따라 보통 5~10미터 정도 자라는 게 대부분이지만 최고 15미터 까지 옆으로 길게 뻗어 나가기도 한다. 또한, 안개가 나뭇가지에 머물다가 그대로 얼음이 된 것을 일반적으로 설화라 하며 이처럼 안개와 바람이 기온의 높낮이에 따라 생긴 결빙현상을 우리는 통칭 눈꽃이라 부른다. 그런 의미에서 한라산의 눈꽃은 어느 여타지역에서는 볼 수 없는 화려하고 진귀한 눈꽃을 피워 올린다.

볼 따귀를 할퀴고 드는 매서운 바람에도 고유의 자태를 잃지 않고 생명의 빛을 발휘하며 꽃을 피우는 한란, 제주수선화, 동백 등과 함께 제주의 겨울을 포근하게 엮어주는 한라산의 눈꽃은 꽃 중의 꽃이다.

그러므로 제주 겨울꽃의 백미로 손꼽아도 손색이 없을 것이다.

물찻오름

한라산이 거느리고 있는 368개의 오름 중에 정상 분화구에 물이 고여 있는 곳은 백록담 외에 사라오름, 물영아리, 물장오리가 있는데 그 가운데 물찻오름이 가장 아름다운 호수라 할 수 있겠다. 그것은 깊이를 가늠할 수 없는 호숫가를 울창한 나무숲이 드리운 그림 같은 풍경 때문이 아닌가 생각한다.

해발 717m의 이 오름은 사방이 숲으로 덮여 멀리서 보면 검게 보인대서 검은오름이라고 하며 또는 '물찻오름'이라고도 한다.

이를 어원적 해석으로는「검은」을 신이란 뜻의 고조선시대의 곰, 감, 검에서 뿌리를 두는 것으로 즉 신령스러운 산이란 뜻이다.

그리고 또 다른 이름의 물찻은 물이 괸 못이고 몰(말)의 방목장이란 뜻으로도 일컫는데, 이 일대가 옛날 목마장이던 산장의 일부였던 데서 그 유래를 찾아볼 수 있다. 조선시대에 온 섬을 돌아가며 설치한 목마장을 산장이라고 했으며 말들이 이곳 호수에서 목을 축였다고 한다.

그러나 무엇보다 지역마다 검은오름이 하나씩 있는데 혼동을 주지 않고 오래전부터 민간에서 불려 오던 물찻오름이 더 정겹고 호감 가는 이름이 아닌가 싶다.

이 오름을 가려면 성판악 맞은편 숲길로 해서 동능 쪽과 또 5.16도로에서 교래리 가는 아름다운 숲길이 있다.

어느 쪽을 선택하든 천천히 발아래에서 방실거리는 작은 꽃들의 환영을 받으며 정상에 다다르면 마치 부끄러움처럼 이내를 피워 올리는 아름다운 호수가 한눈에 들어온다. 이마에 맺힌 땀방울을 훔치며 조용히 호수를 내려다보고 있으면 하늘을 품은 듯 세상에서 가장 아름다운 호수의 정취에 탄성이 절로 나오곤 한다.

30여 년 전 버섯재배 하던 인부가 넣어 둔 금붕어가 이제는 대가족을 이루어 가끔 수면위로 오르는 광경은 또 다른 볼거리라고 할 수 있다. 세상 시름이 다 어디로 갔는지 삽시간에 마알간 마음만 느껴질 뿐이다.

눈이 녹아 흐르는 물소리보다 꽃들이 먼저 기지개를 켜고 나와 도란거리는 좁은 길가에 얼음새꽃, 좀현호색, 천남성, 남산제비, 산작약 등 봄의 향기가 여린 꽃잎마다 갖가지 색깔로 채색되어 있는 걸 볼 때는 생명의 환희에 온몸이 파르르 떨리는 즐거운 경련을 맛보기도 한다.

여름이면 탐라산수국, 하늘말나리, 개승마, 꿩의다리. 가을엔 한라돌쩌귀, 미역취 등 갖가지 꽃들을 어여쁘게 새겨놓은 꽃 치마를 입은 듯이 그지없이 곱고 우아한 숲의 자태에 넋을 빼앗길 때도 참 많았다.

세계에서 가장 많은 오름 군락을 갖고 있으면서 또한 오름들마다 형태와 색다른 식물들을 키우고 있어 오름은 제주의 가장 값진 자연유산이다.

그 중에도 오랜 옛날부터 생명의 원천인 물을 가득 담고 있는 물찻오름의 산정호수는 한라산이 숨겨놓은 비경 중의 비경이라 할 수 있겠다.

많은 사람들의 답압에 의해 비가 오면 흙이 패여 나무뿌리가 드러나면서 패해가 심각하여 도너리오름과 함께 휴식년을 정하여 보호하고 있다.

산길이 다시 잘 살아나서 물굽이 따라 구름이 송이송이 떠다니는 분화구에 내려서면 마치 유에프오를 타고 있는 착각을 맛보고 싶다.

오름에서 만나는 달빛

어느새 가을이다. 도무지 비켜줄 것 같지 않던 더위의 끈적임도 사라지고 상쾌한 바람이 길모퉁이마다 서늘하게 머물고 있다. 가슴이 시리도록 파란 가을 하늘. 깊고 투명한 하늘빛에 흐느끼듯 아리게 파고드는 이 감정의 물살은 어디서 오는 것일까? 아련한 시선 너머에서 타박타박 걸어오는 그리움의 정체는 또 무엇인가. 고향, 아! 고향이었구나. 상처입고 쓸쓸한 내 영혼의 안식처인 고향, 그곳엔 변함없이 나를 지켜주는 어머니가 계시고 진저리나는 삶의 무게를 빙그레 웃게 만드는 유년이 숨 쉬고 있기 때문인가 보다.

그래 찾아갈 고향이 있어 얼마나 다행인가, 한걸음에 달려 나와 얼싸 안아 줄이 있어 얼마나 고마운가. 고향은 우리 인생의 가장 아름답고 따뜻하고 싱그러운 사원이기에 그곳에는 언제나 새로운 힘이 있다. 태어나서 인생의 시작을 함께했던 부모님과 형제, 친구 그리고 바람, 하늘, 바다의 풍성은 영원히 나와 같이 할 벗들이잖은가. 정월 보름달만 달인가. 한가위 보름달도 휘영청 둥근 달인 걸 달구경으로 즐겨보자.

이번 고향길에서는 분주하고 버거웠던 일상을 내려놓고 한껏 가을바람을 들이키고 사치라고 말하는 감정의 바다에 풍덩 뛰어들어가 보는 것도 괜찮을 것이다. 굳이 연인이 아니면 어떤가. 시원한 달빛 같은 아이들의 웃음소리를 들으며 가족이 함께 나선다면 더더욱 즐거운 시간을 버무릴 수 있다.

그런 의미에서 가까운 오름에 올라서 밤하늘을 보고, 교교히 흐르는 달빛에 안겨도 보고, 캄캄한 밤바다에 은빛 가루로 쏟아놓고 반짝이며 건너는 달빛을 따라가서 물장구치며 감정의 사치를 한껏 누려보는 거다. 제주과학고등학교 옆 열안지오름도 좋고 도두봉도 좋다. 마음만 먹으면 어승생악을 비롯해서 물장오리 사라봉 까지 제주시 지경에 속하는 마흔다섯 개의 오름 말고도 얼마든지 있다. 그중에도 가깝고 쉽게 갈 수 있는 '사라알오름'이 가장 편하다. 사라봉과 별도봉 사이에 있는 작은 오름이지만 별도봉보다 사라봉보다 먼저 태어났기 때문에 만형인 셈이다. 그런데도 이름조차 불러주지 않는 설움을 깔고 있어서인가 제주도 화산 층의 가장 밑바닥 암반으로 추정되는 화강암 편이 산출된 곳으로서 학술적 가치가 높아 지질학자들의 사랑을 받고 있는 오름임을 시민들은 잘 모르고 있다. 휜하게 비추는 둥근달이 이 작은 오름 위에 멈춰서는 날 풀밭에 앉아보라 파도소리가 옷소매를 끌어당길 듯 발아래서 찰랑거리고 풀 섶에는 풀벌레 울음소리가 노래처럼 들린다. 가을밤의 향연은 산들바람을 타고 목덜미를 휘감으며 그동안 잊고 있었던 감성들이 물컹물컹 오감을 흔들어 깨워도 그대로 몸을 맞기고 달무리에 시선을 매달고 마음껏 깨물어보는 것도 고향의 새로운 맛이리라.

그도 아니면 아라동 '새미오름'도 가볼 만하다. 516 도로를 가다가 산업정보대학 정문 다다르기 전에 제주경찰서 사격장 입구에서 오른쪽으로 350m쯤 가면 다시 오른쪽에 작은 오솔길이 있다. 자잘하게 부서지는 달빛을 밟으며 30여 분 걷다 보면 정상에 이른다. 굼부리 안쪽에 샘물이 나온대서 새미오름이라 불리게 되었으며 오름 모양이 사모와 닮았다 하여 사모악, 삼의악이라고도 한다.

아늑한 굼부리로 쏟아져 들어오는 달빛을 양손에 철철 넘치도록 만져도 보고 등성이를 한 바퀴 천천히 돌다 보면 제주 시내가 한눈에 들어온다. 각양각색의 불빛들은 마치 거대한 크리스마스트리인양 깜빡이는 게 파노라마처럼 펼쳐진 밤 풍경은 황홀경에 빠져드는 느낌이 든다. 또한, 발을 내딛으면 백록담이 첨벙 물소리를 낼 것 같은 한라산이 바로 코앞에 있는 듯이 가깝게 보이고 이마에 곧 떨어질 것처럼 쏟아지는 별무리에 시선이 마주치면 감당할 수 없을 만큼의 설레는 마음을 만끽할 수도 있다. 그동안 삶의 곤고함에 짓눌렸던 아릿한 감성들을 꺼내어 마음껏 펼치고 즐기는 것도 고향에서 건져보는 또 하나의 새로운 그림이 추억이라는 벽걸이에 걸리게 될 것이다. 슬프고 외로울 때, 고단하고 아플 때 그럴 때마다 못 이긴 채 꺼내 본다면 두고두고 가슴 적시는 아름다운 향기가 묻어날 것이다.

찬란한 아름다움

하늘이 맑고 햇살 좋은 날은 산 아이들의 콩콩 뛰는 소리가 들린다. 덩달아 내 심장도 얼른 가자고 안달한다.

"흔들리지 않고 피는 꽃이 어디 있으랴/ 흔들리지 않고 가는 사람이 어디 있으랴(도종환). 모든 순간이 다 꽃봉오리인 것을/ 내 열은 미소 따라 피어날 꽃노래인 것을 (정현종). 자세히 보고 있으면 예쁘다/ 오래 보아야 사랑스럽다. 너도 그렇다(나태주)"

이 땅의 수많은 시인들이 수없이 꽃에 대한 예찬을 하여도 못다 풀어놓는 것이 또한 꽃인 것 같다. 나 또한 수많은 날을 좇아 산으로 들로 쏘다녀도 여전히 꽃을 찾아가는 발길은 언제나 설렌다.

마른 바람이 소슬하게 부는 가을날이면 더욱 걸음이 바빠진다. 꽃의 아름다움은 그 의미가 확산되어 사랑의 감정을 의탁하기도 한다지만 꽃이 어찌 아름답기만 할까. 찬찬히 들여다보면 살기 위한 고심의 흔적이 이파리마다 꽃잎마다 촘촘히 박혀있는 모양과 빛깔이 애처롭기도 하다.

5월에서 7월까지 핀다는 수정난풀을 만나려고 어느 봄부터 발품으로 수소문하였으나 올해도 기어이 못 만나는가보다 서운해하던 차에 9월의 막바지 어느 날 손전화로 사진 한 장이 날아왔다. 우연히 그 애를 보게 되자 애타게 찾고 있는 내가 생각났다며 장영춘 시인이 보내왔다. 이튿날 만사를 제치고 오직 그 아이를 보겠다는 일념으로 부리나케 탐라계곡을 건넜다. 눈앞이 개미목인데 또 허탕치려나 보다 낙심하며 발길을 돌리는데 "어머나 저게 뭐야!" 조릿대 사이로 빼꼼히 얼굴을 내미는 게 틀림없이 수정난이었다. 흥분을 감추지 못하고 다가가 엎드렸다. 꽃말 그대로 '고독한 슬픔'처럼 보였다.

10월이 내일이라 밤이면 오덜덜 떨리는 높고 깊은 산중에 어쩌자고 이리도 투명한 맨살로 나섰더냐. 하물며 삼각봉을 지척에 두고 밀림에, 조릿대에, 햇살 한 줌 들어오지 않는 곳에서 삶 터를 잡았더냐. 스스로는 어떠한 영양분도 만들어내지 못하고 남의 뿌리에 얹혀서 이토록 처연한 삶을 살아야 한단 말이냐. 슬프고 아린 마음을 보듬고 내려오는 걸음은 무거웠다.

기분을 전환할 겸 화사하게 마음 밝혀줄 어사화(누린내풀)나 만나야겠다. 이맘때면 어김없이 쑥대낭(삼나무) 그늘을 햇살에 힘 받아 밀어내고 있을 그 아이. 옛사람들은 이 꽃을 과거에 급제하여 금의환향하는 선비에게 임금이 내린 꽃 모자에 비춰 보았는가 보다.

기실 역한 냄새를 풍기는 「누린내풀」인 본명을 제치고 어사화로 더 유명한 꽃이니 말이다. 어사화 흐드러진 옆에는 금불초도 무리 지어 햇살 받이로 나앉았다. 그래, 그래 너도 봐주마. 이 애들과 함께 이 땅을 살다간 선조들은 이 꽃에서 어느 고적한 산중 불당의 은은한 금불상을 닮은 것으로 보았는지 '금불초'라 이름 지어 줬으며 꽃말에는 '상존함'이라는 의미까지 부여했던 것이다.

서늘한 기운의 바람 끝 살에 묻히고 자박자박 들어서는 가을의 심장박동이 꽃그늘로 곱기도 한 것은 들이고 숲이고 갖가지 형태와 빛깔로 계절의 언저리를 수놓는 꽃들의 수고를 보듬고 위로를 받는다. 그들이 있어 내가 숨 쉬고 사는 걸 여기까지 왔으니 온 김에 진교(진범)를 만나고 가지 않으면 그 애들이 삐칠지도 몰라. 때가 아직 이르다 싶었지만 성급한 애들이 나왔을지도 모른다는 생각에, 혹시나 하고 갔는데 왁자지껄 숲 속이 난리를 피우고 있었다. 급한 김에 눈도장만 찍고 다음날 부랴부랴 다시 찾았다.

어떤 녀석은 엉덩이가 터지고 어떤 녀석은 여물어가는 엉덩이를 곧추세우고 쪼르르 모여 물가로 갈까 산으로 갈까 속닥속닥 의논하는 모양새라니 웃음이 터져서 입을 닫을 수가 없다.

소풍 가는 아이들 소리를 환청으로 듣는 듯 정말이지 얄밉도록 귀엽고 예뻐서 그저 바라보고만 있어도 입가에 웃음이 저절로 핀다.

이 애들의 바른 이름은 진교라고 하는데 진범은 워낙 많이 알려져서 식물학자들도 두 가지 다 쓰자는 견해를 내놓고 있다. 오리 궁둥이로 뒤뚱거리는 것 같기도 하고, 백조가 오동통 살진 모양 같기도 하여 제아무리 감정이 무딘 사람일지라도 이 애 앞에서만은 웃지 않을 수가 없다. 이 애의 마력은 사람이 가지고 있는 모든 세포들을 깨워 온몸에 전류가 흐르듯 웃음의 엔돌핀이 돌게 하는 데 있다.

자연의 세계에서 오묘하고 광휘로운 일들이 여전히 많은데 옛 어른들이 겸손한 마음으로 꽃을 보고 마음 수양을 했던 것처럼 오늘을 사는 우리도 자연을 인간의 삶에 종속물로 보지 말고 함께 이 지구를 지켜가는 동반자라는 인식을 가졌으면 좋겠다. 그리하여 오름을 오르든 숲길을 걷든 풍경에 취해서 혹은 운동 목적 때문에 아무렇게나 걸음 놓지 말고 마음의 눈을 발 아래 두고 걸었으면 좋겠다.

숨겨둔 꽃밭

올봄엔 유난히 비 오는 날이 많아서 물 걱정을 덜게 되어 다행이다, 우리집 화단에도 자란, 붓꽃이며 하늘매발톱꽃이 푸르고 싱싱한 이파리를 키워내는 것을 보면 기분이 상쾌해진다. 꽃이 좋아 꽃을 사다 화단에 심었고, 잎이 돋아나면 겨울을 살아냈구나 싶어 갸륵한 마음을 담아 살가운 눈길을 주었다. 꽃망울이 터지는 날에는 어여쁜 그 꽃잎에 아릿한 파문이 일어나는 마치 십 대의 소녀가 되어 버린다.

시내에 나가면 꽃같이 사는 사람을 만나 꽃 같은 얘기를 나누고, 집에 오면 화단의 꽃들이 강아지 눈보다 애틋한 색깔로 반겨주는 순정에 젖어 사람의 일을 잊어버릴 때가 많다. 산이든 오름이든 바닷가든 들길이든 내가 가면 거기엔 어김없이 풀꽃들이 다소곳하게 기다리고 있었다. 그런 그들을 나는 마냥 예뻐하고 좋아할 줄만 알았지 정작은 그들을 위해 해준 게 없었다. 더구나 그들을 알기 위해 애태워 본 적이 별로 없었던 것 같다.

그들이 주는 위로와 기쁨이 그곳에 그들이 있고 내가 거기에 가니까 당연히 맛보는 것인 줄만 알았기에 어쩌면 그러한 환경에 익숙해져 버린 것인지도 모른다.

사람 사는 일이 제 입맛대로 살아지는 것이 아닌 줄 알면서 나는 얼마나 많은 사람들에게 내 입맛에 맞지 않는다고 투덜거리고 뒤 켕기는 말들을 쏟아 놓았는지, 돌이켜 보면 부끄러움에 낯이 붉어진다.

살아갈수록 꽃들에서 얻는 것이 많아진다는 것은 그만큼 철들어 가는가 싶어 저 혼자 싱거운 웃음을 얼굴에 바를 때가 있다. 요즘 들어 참 많이 나를 부끄럽게 하는 시인 한 분이 있다.

별로 곱지 않은 눈으로 보아 왔었다. 그분의 언행은 인정머리 없을 만큼 표독스럽고 지식인의 잔인한 정신적 폭력을 거침없이 휘두르는 냉정한 사람으로 비쳤기 때문이다.

제대로 사람 볼 줄 모르는 눈을 가지고 사람을 재단하는 것이야말로 얼마나 무서운 후안무치인가를 깨닫게 해 준 것은 그분의 꽃밭을 엿보게 되면서였다. 우리 집 마당에 꽃밭보다 아니 들판에 꽃밭보다도 이 세상에서 가장 아름답고 향기로운 꽃밭을 가꾸고 있었다.

그 꽃밭에는 지지 않는 사람의 꽃이 가득 피어있었고 그 속엔 나도 한 송이 꽃으로 심겨져 있지 않은가, 남몰래 숨겨둔 꽃밭에서 그분은 꽃잎을 따듯 또옥 또옥 시를 따고 계셨던 것이다.

양지꽃 핀 오름에

거리에는 왕벚나무 꽃잎이 눈송이처럼 날리고 햇살은 점점 따가운 기세로 머리카락을 파고든다. 겨우내 무겁게 닫혀있던 창문을 열어젖히자 꽃잎처럼 와르르 쏟아져 들어오는 햇살 따라 바람이 살랑살랑 나비처럼 날아들어 집안을 온통 봄 내음으로 가득 채운다.

이처럼 사월의 아침 햇살은 부드럽고 새로운 풍경을 만들고 있으며 인류의 물질문화 혁명의 부산물이라 할 엘리뇨니, 라니뇨 같은 이상기후 현상에 상처를 입으면서도 자연은 그 순환을 멈추지 않는다. 오늘 이 순간에도 자연의 순리는 우리를 찾아와 봄꽃이 되어준다.

진정 제주의 봄은 오름이며 들판이며 소로길 가에서 수줍음 타는 아이처럼 배시시 웃고 있는 들꽃으로 오는 것을, 그래서 나는 그러한 들꽃들을 더없이 소중하게 생각한다.

어느 계절이고 꽃들은 피어나는 것이지만 유독 봄꽃들이 주는 설레임은 아마 언 땅을 녹이고 나온 기운 때문이 아닐까 싶다. 마른 풀 사이로 다소곳이 피어있는 모습이 하도 정겹고 고와서 그것들이 보고 싶어 안달이 나던 차에 '청소년 문학 수련 생태환경 체험 답사'로 도너리오름을 오르게 되었다. 야성의 호연지기를 키우듯 말들이 오름 중턱에서 뛰고 있었다.

겨울 내내 묵혀둔 걸음이라 그런지 숨이 턱에 차고 다리가 몹시 아파 왔다. 그러나 여기저기 방긋거리며 나앉은 노란 양지꽃들이 온몸을 휘저으며 내 허파까지 나풀나풀 흔들어 주었다. 지난봄 용눈이오름에서 만난 양지꽃을 금년 도너리 오름에서 만나고 보니 반갑기도 하고 고맙기 그지없었다. 할미꽃이며 괭이밥이며 등대풀이 저마다 있을만한 그 자리에서 그만한 색깔과 모양을 하고 사람의 마음을 감동시키고 순진무구한 생명의 기쁨을 안겨주기도 한다.

봄이면 어느 오름을 가나 맨 먼저 노랗게 꽃잎을 물고 나서는 게 양지꽃이다. 이 땅을 살아간 선조들의 강인한 생명력이 일궈낸 삶과 정체성을 노랗게 피워내는 양지꽃. 나는 학생들에게 일러주었다. 이들 양지꽃처럼 너희들도 우리의 삶과 문화와 역사의식을 문학에 담으라고, 그래서 바다 건너 저 먼 대륙을 노랗게 물들이는 꿈을 성취하라고 말이다. 조금은 힘겹게 그렇지만 밝은 얼굴로 오름을 오르는 학생들 위로 고운 햇살과 건강한 바람이 땀방울을 씻어주었다.

이 봄날 우리는 일상에서 잠시 눈을 돌려 오름에 올라볼 일이다. 그리고 금방 세수를 하고 나선 아이의 얼굴처럼 화안하게 웃고 있는 양지꽃을 보며 물어볼 일이다. 무엇 때문에 우리가 헐레벌떡 쫓기며 살아가고 있는지, 우리의 삶에도 노란 양지꽃은 피고 있는지 말이다.

나는 때때로 메마르고 건조한 일상에서 벗어나 양지꽃 노란 꽃물에 마음을 적시고 아련한 유년의 꿈들이 바람결처럼 달려와서 정신을 맑게 헹궈 주는 오름도 꽃도 만나는 호사를 부리고 산다. 그럴 때면 우리가 왜 함께 살아야 하고, 자연환경이 우리에게 얼마나 귀하고 소중한 것인가를 허리 굽혀 살며시 꽃들의 숨소리를 듣는다.

사월에 바치는 노래

볕 살이 아지랑이를 몰고 나와 시리도록 투명한 하늘을 열어주고 있다.

들판을 달려가는 사월의 봄날은 파릇한 새싹으로 부활하느라 수선을 떨고, 새로운 시작의 바람을 한껏 들이키며 오붓한 꽃길로 솜방망이 꽃이 목을 길게 세우고 있다.

흔하면 귀한 줄 모른다더니 지천으로 피고 지는 야생초들에게서 자연이 우리에게 함께 가자고 말하고 있는 것인 줄을 나이가 한참 들어서야 깨닫는다.

몇 일 전 늦은 퇴근길에 영화관을 찾았다.

참으로 오랜만에 「집으로」라는 영화를 보기 위해서였다. 도시에 살던 일곱 살 사내아이가 산골 마을 외할머니에게 맡겨지는 것으로 이 영화는 시작이 된다. 문명사회에 길들여진 소년은 일흔일곱의 등 굽은 할머니와 언덕배기 오두막집 살이가 낯설기만 하다. 그래서 더욱 말 못하는 할머니를 놀리며 마냥 개구쟁이 짓을 하지만 말 못하는 할머니는 언제나 지긋한 눈빛으로 애정을 보내며 온갖 얄미운 응석과 투정까지도 다 받아준다.

요강을 발로 차서 깨뜨리거나 밤에는 무섭다고 화장실 문 앞에 할머니를 불러 앉히고, 장난감 건전지를 사기 위해 비녀를 훔쳐 읍내에 갔다가 길을 잃고 헤매다가 무릎이 깨어지고, 배고픔을 알게 되고 새삼 할머니의 존재를 느끼게 될 무렵 외딴집에 홀로 사는 할머니와 다시 헤어져야 하는 것으로 끝을 맺는 이 영화를 보는 내내 극장 안은 훌쩍거리는 소리가 여기저기서 들렸다.

내 볼 따귀에도 뜨거운 눈물이 목덜미를 타고 가슴으로 흘러들었지만 닦지 않았다. 내 어머니도 영화 속 같은 산골 마을에서 아흔을 넘긴 나이로 증손녀를 키우고 계신다.

그러나 무엇보다도 나는 이 영화 속의 할머니가 자꾸만 한라산으로 오버랩 되는 것이었다. 감동이나 슬픔의 눈물이 아닌 안타깝고 쓰리고 아픈 눈물이 새나왔다. 이 세상의 모든 생명이란 다 고통과 눈물을 견뎌내어야 삶의 기쁨을 맛볼 수 있게 되어있다. 새봄을 노래하며 사월은 잔인한 달이라고 외친 엘리엇이여! 4·3과 해녀항쟁, 이재수의 난 등 끊임없는 역사의 질곡을 차곡차곡 눌러두고 늘 푸르게 서 있는 한라산을 위해 노래를 지어다오.

우리는 지금도 일곱 살 사내아이로 한라산을 쥐어뜯고 발로 차며 개발을 앞세워 끊임없이 앙탈을 부리고 있다. 은색 비늘의 고채목이나 살아 천 년 죽어 천 년 산다는 구상나무로 혹은 설앵초 분홍 꽃잎, 현호색 긴 주둥이의 자주색 꽃잎, 이들 말고도 갖가지 꽃송이로 역사의 숨소리를 건네주는 한라산은 우리가 쉬어야 할 외할머니이며 마음껏 뒹굴고 뛰어놀 집이라는 것을 나는 이 영화를 통해 다시 확인해 보았다. 그리고 산은 언제나 말없이 참 많은 말을 우리에게 들려주고 있다는 사실도 잊지 말아야 하겠다.

매화꽃이 피던 날

게으름을 털어 내고 신년이란 글자와 마주 섰다. 그래 올해엔 꼭 신년, 네가 묶어 놓은 달수만큼 시인으로서의 값을 묶어놓으리란 다짐을 가슴팍에 매달았다.

해가 바뀌기 무섭게 연사흘 광풍이 몰려와 뒤란의 비파나무는 스레이트 지붕을 탕 탕치고 눈보라는 달빛보다 환하게 마당을 덮었다. 섬 전체가 거대한 눈사람이 되어 버렸다. 눈길 운전은 엄두가 나지 않아 불편하기도 하였지만 겨울다워서 차라리 좋았다. 어제 아침 바깥 공기를 보려고 창문을 열었더니 매화나무가 두어 송이 꽃을 물고 하얗게 웃고 있었다.

내 가슴이 온통 알싸하게 씻기는 기분과 함께 제주도예원 강창언 원장 얼굴이 떠올랐다. 트고 옹이진 손으로 내 손을 잡아주고 조용히 반달 웃음을 건네주는 작은 체구의 그는 제주의 장 항아리만큼이나 깊고 큰 그릇이다.

그의 장인정신과 인고의 시간이 만들어낸 도자기들이 너른 마당에 옹기종기 붙어 앉아 소복이 눈 모자를 쓰고 있겠구나 싶어 당장에 달려가고픈 충동이 인다.

사라져간 제주만의 노랑굴, 검은굴 옹기를 다시 구워낸 그의 집념은 광풍을 몰아낸 매화꽃처럼 아름답고도 향기롭다.

누구에게나 혹한의 세월은 있게 마련이겠지만 혹독함으로 그만큼의 향기를 품게 되고 아무나 침범할 수 없는 깊은 세계를 갖게 된다는 것을 강 원장을 보면 알게 된다.

힘든 노동이 요구되는 도공의 길이라 해서 모두들 버리고 떠났을 때, 그는 20여 년을 매달려 시린 눈물을 닦으며 흙을 빚고 숯검정이 가슴을 태우고 또 태우며 기어이 검은굴이 숨을 쉬게 되고 노랑굴이 살아나 인사옹(人思甕)이 되어 뭍으로, 뭍으로 걸어가고 있다. 그래서 제주도예원에서 태어난 인사옹(人思甕)들은 그의 정신이 담겨 있기에 흙냄새가 아닌 매화 향기가 나는가보다.

시도 때도 없이 불쑥 절망이 들어서면 나는 강 원장을 찾는다. 그에게는 웅크리고 앉아 비명도 지르지 않고 온몸으로 세월을 묵묵히 담고 있는 옹기들이 있기 때문이다. 눈물처럼 영롱하게 빛나는 허벅이며 춤 항아리를 보며 질곡의 세월을 이고 간 선조들의 찰랑거리는 숨소리를 듣는다.

또한, 제주의 마지막 도공이 될지도 모를 그에게서 삶의 푸른 힘줄을 건네받을 수 있기 때문이다.

밥 대신 아카시아 꽃을

분주한 생활에 파묻혀 사는 동안 나는 사실 식물을 가꿔본다든가 꽃을 사다가 방안을 장식한다든가 하는 일들에는 별반 관심 없이 지냈다. 몇 해 전이었나 보다. 어느 날 어머니를 뵈러 가는 길이었다. 비록 덜컹거리는 시골 길의 버스였지만 오히려 편안하게 느껴졌다. 반가워할 어머니의 얼굴이 눈에 가득 차기 시작하면서 가늘게 떨려오는 감정을 다독이며 지그시 눈을 감았다.

간간이 스치는 바람이 콧잔등을 누르면서 무슨 향긋한 냄새가 몰려들었다. 눈을 뜨고 버스 안을 살폈지만 그럴만한 물건은 보이지 않았다. 시선을 창밖으로 돌렸다. 야트막한 산 허리께서부터 도로변 근처까지 온통 아카시아 꽃이 하얗게 덮여 있는 게 아닌가! 그것을 보는 순간 내 눈도 하얘지는 것 같았다.

이 얼마 만인가. 저것들을 한 송이 훑으면 손아귀가 부족할 만큼이었으며 그걸 또 입 안 가득 쑤셔 넣고 씹을 때의 그 상큼한 내음이란, 어떤 것과도 비교 되지 않을 정도였다.

학교에서 돌아오는 길에 혹은 꼴 베러 갔을 때에도 포켓마다 꾹꾹 눌러 담고 그도 부족하여 가지째로 꺾어, 가시는 떼어버리고 어깨에 둘러메고서는 한 송이씩 훑어 먹던 내 어린 시절.

그뿐이던가! 끼니때마다 밥숟갈을 빼앗기기 일쑤였다. 더 먹겠다고 보채면 아카시아 꽃을 따먹으면 금방 배가 부른다며 밖으로 내쫓던 어머니가 어찌나 원망스럽던지. 이제 와서 생각해보면 그때 그 아카시아 꽃은 어쩌면 어머니의 설움이 아니었던가 싶다.

그나마 다른 아이들에 비하면 우리 집은 끼니를 건너뛰는 일은 없었다. 그런데도 나는 언제나 늘 실컷 먹어보는 게 소원이었다.

얼른 커서 시집가야지. 시집가서 밥 지을 때 쌀이라도 실컷 먹어봐야지 하는 게 꿈이었다. 옷이며 음식 모든 것이 풍족하여 버리는 것을 아까운 줄 모르는 요즘 아이들이 이런 내 이야기를 들으면 뭐라 말할까? 돌이켜 생각해보면 기차도록 어이없던 시절이었지만 그래도 내게는 아름다움으로 남아있고 무엇과도 바꾸고 싶지 않은 소중한 내 삶의 한 부분이기도 하다.

그날 문득 마주친 아카시아 꽃. 그 후로 나는 해마다 오월이 되면 아카시아 꽃을 찾아 나선다. 양지바른 마당에 모여 삐악삐악 노는 햇병아리 같은 그 꽃잎을 하나씩 또옥 똑 따서 입에 넣을 때마다 나는 이렇게 엄마의 향기로운 눈물로 자랐구나 생각하게 된다. 팔순을 하얗게 머리에 얹은 채로 언젠가 내 집에 와 계실 때 하루는 이런 말씀을 하셨다.

"애야, 날 위해 너무 애쓰지 마라. 나는 너에게 부모로서 해준 게 없으니 마음이 편하지 않구나." 하시며 진정으로 미안한 표정을 내보였다. "엄만 별소리 다 하세요. 그게 어디 엄마 탓인가요. 시절이 다 그랬던 걸요."라고 말하는 내 마음은 안타까웠다. 그때 같이 어머니가 가엾게 보인 때가 또 있을까?

한 사람 두 사람 친구분들 다 앞세우시고 남은 마지막 한 분마저 자리보전을 하고 있으니 쓸쓸함에 불안까지 덮쳐오는지 요즘엔 자주 옆집 며느리 이야기를 하신다.

눈코 뜰 사이 없는 농사일에 씨 뿌리고 거두는 시기 놓치는 일 없이 바지런을 떨던 그 며느리. 몇 해째 시어머니 대소변을 받아내면서 흉 한번 보지 않고 조석으로 변덕을 부리는 늙은 치매증 환자라고 구박하는 걸 볼 수가 없다며 요즘 그런 사람이 있겠느냐 하신다.

방금 갈아입힌 옷에다 똥을 싸고 누가 찾아오면 "배고프다. 굶겨 죽이려 한다." 흉보기 시작하면 딸마저도 "아이고 엄마, 이제 그만 죽어라." 한다는데 며느리야 오죽 더 하겠냐신다. 어쩌다 담장에 모가지를 얹고서는 "여보게 맹희 어멈 수고가 참 많으이, 고맙네. 자네 하는 짓이 고마워 내 눈물 난다네."하고 인사를 건네면 "도리 없지요. 더러 짜증 나고 귀찮을 때도 있지만, 저도 자식을 두고 있기에 행여 애들 앞에서는 함부로 할 수가 없어요."라며 웃더란다.

그렇다. 우리는 아무도 자신의 노후를 알지 못한다.

우리 중에 누가 "나는 치매증이라고 하는 노망의 길로 가지 않으련다." 장담할 이 있겠는가. 사람 사는 게 뜻대로 다 안 되는 이치를 그이는 알고 있는 것 같다. 육십을 바로 코앞에 둔 그분의 착한 마음 씀씀이에 고마움을 듬뿍 얹어주고 싶다. 친구사이든 가족관계든 모든 인간관계까지 저만 아는 오늘의 세태를 못마땅해하다가도 조용하게 자신의 의무를 다하는 그분의 이야기에 나는 또 아카시아 꽃 한 움큼을 맛보는 것 같았다.

오월의 향기를 말하라면 뭐니 뭐니 해도 아카시아 꽃이 제일 먼저 떠오른다. 그것은 내 유년이며 이웃집 여자임과 동시에 우리 인간들의 영원한 고향이요, 안식처인 어머니의 향기를 품어내고 있기 때문이다.

추억처럼 명상처럼

장마를 걷어내고 모처럼 화창한 날씨다. 자귀나무가 지열을 움켜쥐고 새깃털 같은 꽃잎을 피워 치장을 하고 있는 도청 옆 공원.

한라산이 성큼성큼 걸어오는 듯 가까이 보이고 파란 하늘엔 새털구름이 부푼 미래를 그리는 소녀의 꿈처럼 떠 있다. 한참을 바라보고 섰는데 무슨 새인지는 모르겠으나 세 마리가 높이를 가늠할 수 없는 창공을 날고 있었다.

추억은 장맛비처럼 후줄거레한 모습으로 오거나 아니면 낡은 흑백사진처럼 오는 것만이 아니라 오늘처럼 산뜻한 칼라로 와서 짠하게 마음 울리는 때도 있는 거구나.

예전에 보던 흰 구름은 내게 아픔이었다. 놓치거나 버려진 꿈 조각들이 허망한 살점으로 떠다니는 것처럼 보였기 때문이다.

날아가는 새를 보면 막연한 슬픔에 젖곤 하였다. 장맛비 속에서 어머니의 영상을 불러내고, 잊혀진 벗들의 이름을 불러내어 넘치는 감정의 물살을 붙잡고 울었다. 그런 나를 감상주의자로 매도할 때 나는 그랬다. 사람이 늙어서 죽을 때까지 이 감상이란 것을 놔 버리지 말아야 한다. 그렇지 않으면 죽은 나무와 다를 바 없다고 항변을 하였다.

그러던 내가 쉰 나이의 문턱을 마른나무로 밟고 서 있는 게 아닌가. 거리의 신문 광고 깃발이 바람에 뜯기고 찢기듯이 삶의 벌판을 달려가는 내 소중한 시간들이 할퀴고 쓰러질 때 나는 그것도 모르고 시간들이 되레 나를 못살게 군다고 불평을 늘어놓았다.

힘들 때는 앞만 보고 달리라 한다. 그러나 뒤를 돌아보는 여유를 가져야 갈매기 조나단 같은 꿈을 이룰 수 있지 않을까 나는 잠시 멈춰 서서 나를 돌아본다.

무엇을 잃고 어떤 것을 놓쳤는지, 그리고 삶에 매달려 매미처럼 악쓰고 울지만은 않겠다. 꽃 같지 않은 게 꽃처럼 보이듯 그런 삶을 살았으면 좋겠다.

농담이 희롱을 만났을 때

불덩이로 달구어진 시멘트 바닥을 연이어 굵은 빗줄기가 시원스럽게 뒹굴고 있다.

잎사귀를 늘어뜨리던 가로수가 산뜻하게 일어서서 모처럼의 쌍무지개를 쳐다보며 푸른 환호를 내지른다. 한낮의 소낙비, 무지개 이런 것들이 서로 모여 여름날의 이미지로 자리 잡는 것을 보면 사람살이의 관계도 저런 게 아닐까.

농담은 가까운 이웃끼리, 친한 사이의 벗들끼리 서로에게 유쾌함을 주는 여름날의 소나기 같은 청량제가 된다는 사실을 나는 많은 세월의 강물을 건너고 와서야 알게 되었다.

배움이라는 욕망에 이끌려 어린 나이로 세상 밖을 나선 나로서는 스스로를 지켜 내지 않으면 안 된다는 강박관념에 사로잡혀 한 치의 농담도 허락지 않았다. 그러나 농담이란 내 의지와는 상관없이 새까만 피부의 키 작은 시골뜨기에게 함부로 던져지곤 했다.

나는 아픔과 상처를 원망으로 키웠다. 그 상처 구덩이를 메우기 위해 세상의 모든 규범과 도덕을 끌어안고 깍지 낀 손을 놓지 않았다. 그것이 친구도, 사랑도 만들지 못하고 주변에 사람마저 얼씬거리지 못하게 하는 결벽증 환자가 되어버린 줄을 몰랐다.

상관이랍시고, 어른이랍시고, 나보다 잘났답시고 내뱉는 농담은 희롱으로 굴러와 박히곤 하였다. 남의 아픔과 수치를 건드리며 농담으로 둘러치고 희희낙락 즐기는 그 모습들이 내 생활을 얼마나 단단하게 묶어 놓게 했던지, 희끗한 머리카락이 절반을 넘기는 지금에도 농담의 유쾌함이 생경하게 느껴질 때가 많다.

오래 전 기억의 한 토막이다.

중앙로 부근 지하 커피집에서 생계를 기대고 있을 때 시를 쓴답시고 한껏 폼을 잡고 문틀에 기대어 오는 이, 가는 이를 구경하느라 정신을 팔고 있었다. 기껏해야 초등학교 5~6학년쯤으로 보이는 사내아이가 마주 걸어오던 처녀의 앞가슴을 덮쳤다. 비명을 지르며 그녀는 길에 주저앉았다. 순식간에 벌어진 일이었다. 나는 뛰어가서 그 아이의 멱살을 잡고 지하 계단으로 끌고 가서 흠씬 두들긴 뒤에 훈방하였다. 그러나 이내 그 아인 또래들을 몰고 와서 돌을 던지는 게 아닌가. 순간 겁이 났지만, 얼른 마포 걸레를 들고 나왔다. 완강한 기세에 도망치는 그들을 쫓아 동문 로타리까지 뛰었다. 마포 걸레를 휘두르며 성추행범을 혼내었던 78년 여름의 일이 요즘 들어 새삼 생각이 나는 건 아마도 도지사 성추행 사건이 사회문제화되고 있기 때문일 것이다, 상대방이 원하지 않는 농담은 바로 희롱일 뿐이다.

그 아이도 그때의 일을 담아두고 있을까?

"너희들 도라 짱 아냐?"

아주 오랜 옛날에 코스모스 어머니는 고민을 거듭한 끝에 가을을 택하여 코스모스를 낳았다고 한다. 겨울은 춥고, 여름은 너무 뜨겁고, 봄은 요란스러우니 춥지도 덥지도 않은 신선한 가을날에 고생하지 말고 살라는 뜻에서였다는 전설 같은 이야기를 내 어머니한테서 들었다.

절기는 어김없이 가고 오는데 언제부턴가 개나리는 아예 절기를 잊은 지 오래고, 지난여름에는 땡볕에 코스모스가 핀 걸 보고 나는 몹시 화를 냈던 적이 있다. 이래저래 지조를 잃어가는 세상살이에 너마저 푼수를 떠는구나 싶어 어찌나 화가 치밀던지 며칠이 지나도록 그 화가 풀리지 않았던 기억이 난다. 화나는 일이 어디 한두 가지인가.

탑동 매립 반대를 외치던 이들이 이제는 그 광장에서 부어라 마셔라 소주잔 부딪치고 고성방가를 질러대며 휘청거리는 꼬락서니에는 부아가 치민다.

특별법은 또 어떤가. 숱한 반대와 목숨을 건 저항에도 아랑곳없이 국회를 통과한 제주도개발특별법은 누구를 위한 특별법인지 금방이라도 시행할 것처럼 선포하더니 3년이 지난 지금, 삽질 한번 해보지 않고 또 법 개정을 해야 한다고 서둘고 나선다. 이 무슨 작태들이냐며 어느 촌로는 답답하고 한심해서 못 견디겠다며 분통을 터뜨린다. 주민 의견을 수렴하겠다며 공청회를 열어놓고 뒤에 가서는 몇 놈이 까부는 것쯤으로 여길 뿐, 씨알도 먹혀들지 않는데도 순진한 우리 도민들은 그래도 마이크를 잡고 목울대에 힘주는 걸 보면 자괴심마저 인다.

개인적 출세에 똑똑함은 필요 없다. 한 나라의 의정을 맡은 사람으로서, 지역민의 대표자로서 똑똑함을 우리는 보고 싶은 거다.

부탁하옵건대 제발, 개인적 영달을 버리고 5십만 도민의 장래를 머릿속에 새기며 코스모스 어머니 같은 마음으로 고민해주기를 바란다. 그리고 콧방귀 같은 거 자주 끼는 일 없기를, 미국 시민들의 저 현명한 투표권 행사를 우리 국민도 발휘할 수 있다는 사실을 명심해야 할 것이다. 더 이상 저들이 차려주는 말의 성찬에 속지 않으리란 것도 말이다.

하순으로 접어드는 뉘 집 마당에 피고 있는 제비꽃, 봉선화를 보더라도 심사가 뒤틀리지 않게 하기 위하여 코스모스 전설을 생각하자.

마당 한 켠에 새 먹이로 남겨둔 애기사과 열매가 말라 비틀어진 채 앙상한 나뭇가지에 매달려 있다

이런저런 핑계로 무심히 보내버린 나의 한해들인가 싶어 뼛속 깊이 공명을 울리며 마른 잔디만 꼬옥! 꼬옥! 누르고 다녔다.

우리 집에는 대추, 단감, 모과, 동백, 밀감나무들과 고깔제비, 제비, 층꽃나무, 하늘말나리, 수선화, 모싯대 이외에도 여럿의 풀과 나무들이 가족을 이루며 살고 있다.

봄부터 겨울까지 철 따라 제 몫을 다하여 주는 이들에게 나는 고마움과 감사의 정담을 나눈다. 그러다가도 유난스런 계절을 만나 잔뜩 화가 나 있다.

이른 봄 풀잎보다 먼저 다소곳이 나앉아야 할 남산제비가 화단 여기저기를 휘저으며 허옇게 주저앉은 그 행색이 을씨년스럽기 짝이 없다. 또한 가

을의 문턱을 살포시 내려서던 청보라 모싯대가 뒤란 담 밑에서 저도 제 빛깔에 놀란 듯 시퍼렇게 질린 채 서릿발을 맞고 있는 것도 그렇다.

괜시리 부아가 치밀어 올랐다.

이것들아! 과일은 제철의 것이 제 맛나듯, 꽃들도 제 계절에 가서 만나야 폼 나는 것이야 하고 야단을 쳤다. 그러다가도 그래 하기사 제철을 잃고 어리둥절 하는 꽃들이나, 속절없이 가버린 시간의 뒷덜미를 잡고 허둥대는 나와 무엇이 다르랴.

꽃도 못 피우고 무슨 병에 들었는지 잎조차 오므리고 있는 밀감나무 앞으로 다가갔다

80년 후반 무렵, 아주 오래된 작은 초가집으로 옮겨와서 그 이듬해인가 마당 가득 꽃향기를 쏟아낸 다음 여태껏 제 삶의 목적이 무엇인지 모르는 나무가 되어 버렸다. 그동안 여러 차례 톱날을 들었지만 혹시나 하는 마음에 자르지 못한 것이 십여 년을 넘긴 지금도 살아 있다.

때 없이 피어난 꽃들과 아예 꽃피우는 걸 잊어버린 밀감나무를 보며 "너희들 돌아 짱 아냐?" 하고 소리 지르다가 그 소리가 메아리 되어 나를 때렸다.

그래 이건 너희들의 잘못이 아니야, 자고 나면 달라지는 문명의 변화, 급속한 세태의 흐름 속에서 우리도 우리의 역사를 쌓아볼 겨를 없이 몽매한이 되어 떠내려가고 있지 않은가,

미치지 않고는 살 수 없는 세상인데 사정없이 흔들리는 이 물살에서 어느 누가 자기의 의지를 심고 소신을 살리며 살아갈 재간이 있겠는가.

그토록 고대하던 21세기가 자기만의 단단한 캡슐 안에서 에어컨 히터 바람에 드러누워 퓨전만 외쳐대고, 똥보다 고약한 퓨전 더미에 자연 생태계가

교란되고 지구의 허벅지가 뜯겨져 나가는 줄도 모르고 있는 우리가 도라 짱인지도 모른다.

아무리 새것을 쫓고 아무리 좋은 것을 갖는다 하여도 푸른 숲과 공기가 없이는 사람은 잠시도 살 수가 없다. 조금은 더디 가더라도 자연과 도란도란 함께 간다면 우리들 삶은 한결 부드럽고 따뜻해 질 것이다.

영등할망이 오기도 전에 꽃샘추위가 먼저 지나가고, 그 혹한에도 하얀 꽃받침을 열고 금잔 모양의 노란 꽃송이로 고고하게 뽐을 내던 토종 수선화가 조금씩 따가워지는 햇살에 지친 듯 쓰러지고 있다.

마당의 잔디는 아직 푸른 기미를 전혀 보이고 있지 않은데 어느새 그 많은 준비를 했는지 백작약이 꽃봉오리를 물고 나섰다. 지금은 3월 중순이니 분명 도라 짱은 아닌 것 같다.

착하다 애야! 하고 나는 입맞춤을 해주었다.

아! 지금쯤 절물오름 마른 숲을 흥건히 적시며 꽃바람이 한창이겠다 싶으니 얼음새, 털괭이눈, 개구리발톱, 꿩의바람, 너도바람 꽃이 눈앞에 아른거린다.

나는 여태껏 보일러 방바닥에 전기장판을 깔고 있는데 밖에는 어느 길목을 질러 왔는지 단감나무며 배나무, 자두나무, 모과나무에 연두색 물감이 점점이 번지고 있구나. 계절은 순환의 이치를 어기지 않는데 사람만 도라 짱 같이 호들갑을 떨었는가 보다.

아름다운 광대나물

해가 거듭될수록 날씨를 점칠 수 없을 만큼 기후변화가 심한 것 같다. 그러다보니 계절의 흔들림에 야생초들도 정신을 못 차린다.

봄에 피어야 할 광대나물, 누운주름잎 여름에 피어야 할 큰뱀무 등이 겨울 바람살에 당황스러운 듯 꽃잎을 문 대궁이가 파르르 떨고 있다.

미안하다. 미안하다 풀꽃들아!

모든 것이 우리 사람들로 인해 빚어진 것이니 너무 놀라지 말고 용서해 다오.

우리도 멋모르고 허겁지겁 살다 보니 대기오염의 주범이 되어 있더구나. 너희들과 함께 살 땅을 곡괭이로, 거대한 포크레인 손으로 그도 부족하여 탱크 같은 불도저로 무섭게 깎아내려 바다까지 시뻘겋게 하고 있더구나. 풀꽃과 나무 너희들이 없으면 우리도 못 살고 병들어 죽는다는 것을 이제야 알았단다. 너희들이 필사적으로 살아내고 꽃을 피울 때 우리 사람들은 더러 더러 쉽게 살려고 했었던 것, 잠시라도 호사를 꿈꾸었던 것, 그런 생각들이 다 미안하다고 죄스런 방망이가 되어 마음을 때린다. 때늦은 후회지만 이제라도 같이 살자고 너희들 푸른 힘줄에 우리 눈길을 보태어 상처 입은 땅을 보듬자고 나서는 이가 있으니 그나마 다행한 일 아니냐.

풀꽃들아! 너희들은 우리가 없어도 살지만 우리는 너희들이 뿜어내는 맑은 산소 없이는 살지 못한다는 것을 잘 알고 있단다. 지구는 결코 헛바퀴를 돌지 않는다. 사람만이 제 꼬임에 숨어들어 헛바퀴 돌리는 줄을 모르다가 빈혈을 일으키곤 한단다.

참 우습지. 만물의 영장이라며 멋대로 콧방귀를 뀌고 먹물을 먹었음 네 아는 채 거드름피우면서 제 뱃속에 똥만 가득 들어차 있다는 걸 모르는 게 말이야. 네 발 뒷꿈치도 못 따라오는 것들이 광대라는 네 이름에 킥킥거리기나 하고 잡풀이라 함부로 말하는 가슴 바닥엔 물기라고는 없는 삭막한 존재들, 그들이야말로 뽑아내야 할 이 세상 잡초들인 것을 참말로 모르는 것 같아.

그래도 광대나물 너는 구름송이 같은 이파리를 층층이 올려놓고 귀엽게 웃으며 양 볼에 까만 연지 곤지도 찍을 줄 알고, 또 욕심과 미움으로 응어리진 사람들의 핏덩이를 맑게 풀어주는 힘을 갖고 있다는 것을 나는 알고 있단다. 비록 1년만 살고 끝나는 목숨이지만 밭이나 길가에 서서 겨드랑이마다 붉은 꽃송이를 꽂아 주었지. 배고픈 우리는 그 여린 꽃 대궁 속의 꿀을 쪽쪽 빨아 먹고 자랐다. 이제 와서 그것도 한편은 고맙고 미안하기도 하더라. 힘센 자가 무섭기도 하지만 불쌍하고 가여운 것이 또한 우리가 아닌 힘만 믿고 사는 그들이더라. 고달픈 생애를 짊어지고 가는 우리에겐 세상에서 돈으로 살 수 없는 가장 살뜰한 정의 우물이 있으니 그것으로 족한 것 아니겠느냐.

너희나 우리나 다 같은 한라산 신령의 자손들이니 대대손손 이 땅의 푸르른 힘줄 손 놓지 말자.

꽃아, 꽃아, 광대나물 꽃아! 너야말로 아무도 흉내 낼 수 없는 이 나라 유일의 광대가 아닌가. 부디 때를 놓치지 말고 해마다 너의 그 고운 광대의 웃음을 보여다오.

칡꽃향기

방금 세수를 하고 들어서는 사람의 얼굴같이 가을을 받아 안고 있는 한라산이 상큼하게 시선을 잡아끈다.

깊고 푸른 하늘엔 둥둥둥 수많은 구름조각이 떠다니고 있다. 소슬바람이 목덜미를 꼬집고 가든지 말든지 앞에 펼쳐지는 풍경에 눈길을 얹어 놓은 채 시간을 간섭하려 덤비지 않고 내버려 뒀다. 이내 눈두덩이 뻐근하고 뜨뜻하도록 비집고 흘러드는 감정의 전류는 시리고 아팠다.

생의 절반을 떠메고 오느라 어느 길모퉁이에서 떨어트렸는지도 모를 청춘의 간절한 꿈들이 저렇게 서늘한 가을 하늘을 고단하게 떠돌고 있구나 생각하니 왈칵 눈물이 쏟아졌다.

아! 네게 언제 청춘이란 게 있었던가, 네게 무슨 꿈이란 게 있기나 했던가? 덕지덕지 변명의 언어로 도배되어 있는 지나간 시간들, 이게 무슨 꼴인가 싶었다. 내 사는 모양이 그지없이 서러웠다.

가자! 더는 촌스럽게 보이지 않으려고 발버둥 치지 않아도 되는 곳으로, 더는 쪽팔릴까 봐 유식한 말 끄집어대느라 전전긍긍하지 않아도 좋은 곳. 조금은 허술하고 더러는 비어있는 자신이 들킬까 불안스러워 가면을 쓰고 종종걸음치지 않고도 얼마든지 잘 살 수 있는 땅을 찾아가자. 빈틈없이 산다는 거 그게 어디 사람이 할 짓인가. 비가 오면 비를 맞고 바람이 불면 바람길에 누워도 야생의 꽃들은 자기를 숨기지 않는다. 꽃들의 삶 그게 유토피아라면 사람의 길 또한 이와 다르지 않을 진데.

한여름 땡볕에 털복숭이 이파리 받쳐 들고 땅을 만나면 뿌리를 내려 기어가고, 나무를 만나면 나무를 타고 숲이 되어 흔들리며 저이끼리 얽히고설키어 산기슭을 덮어가는 칡의 끈기와 생명력은 덩굴식물의 제왕이잖은가. 그러면서 꽃은 또 얼마나 순박하고 향기로움을 뿜으며, 몇백 미터를 날아다니는지 모른다. 칡꽃이 필 때면 산과 들에 온통 향수를 뿌린 듯이 칡꽃 향기로 가득하다.

줄기와 잎 사이를 비집고 나와 세상 구경을 즐기려는 듯 사다리꼴로 둥글게 모여 자주색 꽃송이로 피어나는 모습은 청명한 하늘 빛깔과 어찌 그리 잘 어울리는지 가까이 가서 향기를 맡으면 사랑의 마취도 이런 걸까 싶을 정도다.

칡은 일찍부터 사람과 가깝게 지내왔다. 무엇보다도 칡꽃을 보고 있으면 보릿고개를 무사히 넘어가게 해준 칡 떡이 생각난다. 아버지 지게 짐에 무겁게 실려 오던 칡뿌리들, 점심시간을 알리는 종소리와 함께 집으로 달려와 밥을 찾다 보면 밥 대신 소쿠리엔 새카만 칡 떡 두 개뿐이었다. 그것만으론 간에 기별도 가지 않았다. 쌍둥이인 언니와 나는 아버지 팔뚝만 한 칡뿌리를 골라 톱으로 자르고 주머니마다 하나씩 넣고는 생으로 질겅질겅 씹어 삼키며 배를 채웠다. 이제 와서 생각하니 그 많은 칡뿌리를 무슨 힘으로 캐었을까? 아버지의 땀방울이 칡꽃만큼이나 굵고 붉었으리라. 아련한 기억 너머에 계시는 아버지는 지금도 내가 칡 떡이 먹고 싶다고 조르면 한 짐 가득 칡뿌리를 캐 오실 것이다. 그러나 이 들판이 다 젖도록 아버지를 불러도 대답이 없으시고, 아버지의 한량없는 사랑이 뭉게구름처럼 뭉클뭉클 몰려온다.

칡은 버릴게 하나도 없다. 뿌리를 한약에서 갈근, 갈화차라 하여 옛날부터 많이 애용되어 왔던 것을 보면 안다. 이러한 칡은 약물로서만 아니라 떡이나 국수를 만들어 먹으며 식량으로도 손색이 없다. 더군다나 요즘 유행하는 웰빙 음식으로도 제격이다.

꽃은 또 말려서 차로 마시면 숙취에 더없이 좋다고 한다. 이뿐이랴, 생즙은 토혈, 당뇨에 푸른 잎을 태워 뿌리 즙과 함께 마시면 변비에 좋으며 식중독에도 뿌리를 끓여 마신다. 그 외에도 발한, 해열, 치통, 혈변 등 다양한 약리 효능을 갖고 있기도 하다.

그런데 왜 꽃말은 '사랑의 한숨'일까? 아마도 제 모든 걸 다 주어도 고마워하기는 커녕 가치도 몰라주는 데서 오는 섭섭함 때문은 아닐까 추측해본다. 또한, 그토록 오랜 세월 인간의 발아래서 살아오는 동안 그럴듯한 전설이나 설화도 갖지 못하고 스님과 절 창건에 얽힌 이야기가 전부일 뿐이다.

오랜 옛날 천 명의 제자를 거느리고 동래의 범어사 쪽으로 가는 도중 양산군 하북면 중방에 이르자 갑자기 큰 호랑이가 원효대사 앞에 나타나더니 무릎을 꿇고 몸과 꼬리를 흔들어 원적산 쪽을 가리켰다. 이상히 생각한 대사는 지금의 내원암으로 가니 동지섣달 엄동인데도 칡꽃이 두 송이가 피어 있었다.

겨울임에도 꽃이 피는 따뜻한 거기에 집을 짓고 제자를 가르치며 수도하였다. 이로부터 천성산이라 부르고 절을 지어 원효암이라 하였다. 천성산 일대의 칡넝쿨은 지금도 다른 산에 비하여 짧다고 한다. 이것은 제자가 마을로 동냥 갔다 오는 길에 칡넝쿨에 걸려 넘어지면서 쌀을 쏟고 말았다. 이

튼날 그 제자에게 흰 종이 한 장을 주어 그 자리에 가서 버리고 오게 하였다. 그 후부터 칡이 길게 자라지 않는다고 전하여 온다.

그리고 수도암은 경북 금릉군 증산면 수도산의 해발 1,500m 지점에 자리 잡고 있는 절이다. 이 절은 도선국사가 창건했다고 전한다. 특히 이 절은 전국 유수의 불도를 닦는 손꼽히는 곳으로 화강암으로 만들어진 비로나자불은 석굴암의 부처보다 약 80cm 가량 작기는 하나 석굴암 부처에 버금갈만 하다고 한다.

수도암의 비로나자불은 이 절 창건 당시에 경남 거창군 가북면에서 만들어졌다. 이 부처를 어떻게 1,500m나 되는 지점의 수도산까지 운반할 것인가가 문제였다.

어느 날 완성된 부처를 앞에 놓고 모두 이런 걱정을 하고 있는데 노승이 나타나 "무슨 일이라도 있는 겁니까, 왜 가만히들 서 있기만 하는 거예요." 하고 걱정하고 있는 일이 무엇인지를 아는 듯 자신 있게 말을 꺼내는 것이었다.

"예, 그건 다름이 아니라 이 부처를..."

"아, 알겠습니다. 그 부처를 제가 옮겨드리지요." 노승은 부처 앞으로 다가서더니 힘껏 고함을 지른 뒤 부처를 등에 업고 성큼성큼 걸어가기 시작했다. 거기에 모였던 사람들은 모두 그 노승의 법력에 감탄하면서 뒤를 따랐다. 그런데 노승은 절 어귀를 들어서다가 그만 그곳의 칡덩굴에 발이 걸려 넘어지고 말았다. 그러자 노승은 화가 났는지 또다시 큰 고함을 지른 후 산신을 불러 호령하였다.

"앞으로는 이 산에 칡을 자랄 수 없게 하여라."

그 뒤부터 이 산에는 칡이 자라지 않았다고 한다. 사실 칡은 우리나라 어디에서나 잘 자라는 식물이지만 지금도 이 절을 중심으로 약 300m 주위의 지역에서는 칡덩굴을 찾아볼 수 없고 산 능선을 넘어서야만 칡덩굴을 볼 수 있다고 한다.

사랑과 희생의 꽃 쑥부쟁이

30여 평 마당 잔디에 갈색바람을 껴안고 온 낙엽이 조용히 또 하나의 계절 앞에 엎드려있다

자리를 털고 일어나 무작정 지은이 엄마한테 달려갔다.

어디로든 가자고 졸랐다. 골짜기가 있고, 넓은 들판이 있는 거기 작은 소롯 길에 우리도 바람 앞에 유연히 흔들리는 꽃이 되어 보자고 했다.

굳이 꼬드기지 않아도 나보다 더 식물을 사랑하고 깊은 신뢰를 갖고 있는 그녀이기에 늦은 밥상을 차리면서 마음은 벌써 들길을 걷고 있는 것 같았다. 그런 그녀의 가족들은 여간해서 병원이나 약국을 찾지 않는다. 도서관 아니면 산으로 간다. 건강한 몸과 정신을 자연 속에서 배우고 가꾸어야 튼튼해진다는 게 그녀의 지론이다. 또한 가족을 위해서라면 어떠한 고행도 마다하지 않는 태도에서 어머니는 위대하다는 말을 실감한다. 대장장이의 딸 쑥부쟁이의 희생이 거룩한 것처럼 말이다.

"해는 지고/ 땅거미는 몰려들고/ 꽃, 나무, 풀들은 절하고/ 제집으로 가는데/ 조상들은 곡식도 만들고/ 나라를 위해서 싸우는데/ 나는 뭐를 하리/ 물, 빛을 죄다 쓰는데/ 그 후엔/ 뭐가 남을 것인가." (김지은 충혼묘지에서 전문)

초등학교 1학년인 그녀의 막내딸이 수산봉 충혼묘지로 소풍을 다녀와서 쓴 시라며 보여주었다. 아이의 깜찍하고 당돌한 생각에 나는 호되게 얻어맞

은 기분이었다. 자연물은 제각기 제 할 일을 다 하고도 고마웠노라 절하는데 우리는 더 많이 더 좋은 것을 탐하여 무엇이든 부족함 없이 펑펑 쓰고 있는 물질 만능인 세태를 꼬집고 있지 않은가. 뜨끔한 마음을 숨길 수밖에 없었다. 다음엔 쑥부쟁이 곱게 핀 언덕엘 데려가야겠다. 맑고 푸른 하늘을 배경으로 들길에 나 앉아 저희끼리 뭐라 뭐라 조잘거리며 하르르 웃고 있는 쑥부쟁이를 보면 그 아인 또 어떤 생각으로 날 놀라게 할까 궁금해진다.

늦가을 햇살을 보듬어 안고 찬바람에 파르르 떨다가 기어이 연보랏빛 색깔로 꽃잎을 적시는 가을의 천사 쑥부쟁이는 국화과 식물로 자채, 홍관약, 마란, 까실쑥부쟁이, 섬쑥부쟁이, 개쑥부쟁이, 참쑥부쟁이, 갯쑥부쟁이, 가는잎쑥부쟁이, 왜쑥부쟁이 등 무려 15종류가 있으나 전문가 아니면 구별이 어려워 통칭 들국화 또는 쑥부쟁이라 부른다. 구절초나 개미취의 희고 큰 꽃송이에 비하면 쑥부쟁이는 작은 꽃송이에 연한 보라색을 띠고 있다.

봄철에 여린 잎을 나물로 먹기도 하지만 배고프던 시절 춘궁기에는 쑥국 쑥떡으로 채워진 밥상에 무던히도 칭얼거리다 기어이 엄마한테서 숟가락을 뺏기곤 하던 때가 새롭다. 더군다나 배고픈 동생들을 위해 돋아난 쑥부쟁이의 갸륵한 사랑을 뜯어먹는다고 생각하면 지금은 쑥 부침이 고소하고 맛있다.

옛날 어느 마을에 몹시도 가난한 대장장이가 살고 있었다. 그는 11남매나 되는 자녀를 두었기에 아무리 부지런을 떨어도 항상 먹을 것이 부족하였다.

대장장이의 큰딸은 가사 일을 도우며 동생들의 배고픔을 달래주기 위해 산과 들을 돌아다니며 쑥 나물을 부지런히 캐왔다. 이 때문에 동네 사람들은 그녀를 "쑥을 캐러 다니는 불쟁이네 딸"이라는 뜻의 쑥부쟁이라 불렀다.

그러던 어느 날 쑥부쟁이는 산에 올라갔다가 몸에 상처를 입고 쫓기던 노루 한 마리를 숨겨주고 상처까지 치료해 주었다. 노루는 고마워하며 반드시 은혜를 갚겠다는 인사를 남기고 산속으로 사라졌다.

그로부터 얼마 후 산을 내려오는데 "사람 살려요." 하는 소리를 듣고 달려가 보니 멧돼지를 잡는 함정에 빠져 허우적거리는 사람을 구해 주었다. 그는 며칠 전 노루를 쫓던 그 사냥꾼이었다. 쑥부쟁이가 목숨을 구해준 그 사냥꾼은 자신의 신분을 말한 뒤 다음에 꼭 다시 오겠다는 약속을 남기고 떠났다.

쑥부쟁이는 그의 씩씩한 기상에 호감을 갖고 그를 다시 만날 수 있다는 생각에 가슴이 부풀었다. 기다리고 기다리던 가을이 오고 그 사냥꾼을 만났던 산에 매일같이 올라가 나물을 캐며 그가 나타나기를 고대했다. 그러나 애타는 그리움 속에서 몇 번의 가을이 지나갔으나 끝내 나타나지 않았다.

이런 가운데 어머니가 병을 얻어 자리에 눕게 되었다. 하루는 그녀가 산에 올라가 나물을 캐고 있는데 노루 한 마리가 나타났다. 자세히 보니 몇 년 전에 구해줬던 그 노루였다. 노루는 쑥부쟁이에게 노란 구슬 세 개가 담긴 보랏빛 주머니를 건네며 "이 구슬을 하나씩 입에 물고 급한 소원을 말하면 그대로 이루어질 것입니다"하고는 곧 숲 속으로 사라졌다. 그 후 쑥부쟁이는 구슬 하나를 물고 "어머니의 병을 낫게 해주십시오." 말하고 집에 와 보니 움직이지도 못하고 누워있던 어머니가 마당에 나와 있었다.

그해 가을 쑥부쟁이는 다시 산에 올라가 그 사냥꾼을 기다렸다. 기다림에 지친 쑥부쟁이는 또 구슬하나를 물고 "그 사냥꾼이 나타나게 해주십시오." 그러자 바로 나타났다. 그러나 이미 그는 결혼하여 자식을 둔 처지였다. 그는 자신의 잘못을 빌며 쑥부쟁이에게 같이 살자며 돌아갈 생각을 않고 끈질

기게 매달렸다. 이에 쑥부쟁이는 마지막 남은 구슬 하나를 입에 물고 "저이를 착한 아내와 귀여운 아이들이 있는 곳으로 돌려 보내주십시오." 그러자 사냥꾼은 순식간에 사라져버렸다. 그런 어느 날 쑥부쟁이는 산에 올라갔다가 그만 절벽 아래로 굴러떨어져 죽고 말았다.

그로부터 그녀가 잘 다니던 산에는 더욱 많은 나물이 무성하게 자라났다. 동네 사람들은 쑥부쟁이가 죽어서까지 굶주리는 동생들을 걱정하여 많은 나물을 돋게 한 것이라고 믿었다고 한다. 그런데 이 나물들 중에는 이제껏 보지 못하던 것이 생겨났는데 연한 보랏빛 꽃잎과 노란 꽃술은 쑥부쟁이가 늘 지니고 다니던 주머니와 그 속의 구슬과 같은 빛깔이었다. 그래서 사람들은 이 풀을 쑥부쟁이라 부르게 되었다는 설화가 전해지고 있다.

민속식물학자인 송홍선 선생은 쑥부쟁이를 볼 때마다 "나는 과연 누구를 위해 죽을 수 있을 것인가?"를 생각한다고 한다. 그리고 나는 쑥부쟁이를 보면 자기를 버려야 영원히 온전한 자기의 삶을 산다는 것을 알았다.

쑥부쟁이는 쓰고 매운맛에 서늘한 성질이지만 부인병에 좋다고 해서 예전에는 시집가는 딸의 보따리에 챙겨주셨던 어머니의 사랑이 쑥부쟁이로 이어졌던 때가 있었다. 누가 이만한 삶을 일궈낼 수 있으랴!

'공훈' '태만'이라는 꽃말은 어쩌면 국민, 국민 밤낮으로 국민뿐인 이름을 입술에 달고 있으면서도 정작 국민의 자존심을 여지없이 구겨놓고 마는 정치꾼들이 쑥부쟁이를 울린 그 사냥꾼만도 더 못하다. 그러므로 전문가가 아무리 많아도 학자가 아무리 내로라해도 도대체가 믿고 맡기고 기대 볼 어른 없으니 이 땅에 백성은 기가 차서 멍텅구리 텔레비전 상자에 넋이나 담아 놓을 수밖에

필규 언니와 산박하

어깨에 내려와 앉는 햇살이 따끈하게 느껴지는 가을날 오후쯤이었다. 눈길은 자꾸만 하늘로 올라가 둥둥 떠가는 흰 구름에 올라타고 마음은 일손을 뿌리치고 들판으로 달려가 바람이라도 된 듯이 들풀들의 모가지를 간질이고 싶었다.

에잇, 모르겠다. 하고 자리를 박차고 산을 향했다. 어느 마을 공동목장을 들어섰다. 수크렁 씨앗들이 바짓가랑이로 와르르 달라붙는다. 산야에는 이미 갈 것들은 가고 올 것들은 오고 부산스럽다. 그럼에도 결실과 풍요의 산자락에 올라서면 왠지 알 수 없는 쓸쓸한 감정의 저 깊고 아득함에서 피어오르는 안개에 휩싸인다. 때로는 가슴의 언저리에서 찰랑거리는 물소리를 들으며 그 자리에 주저앉아 산의 뾰두락지가 되어 몰려오는 땅거미를 긁어 벌겋게 덧내며 일어서는 걸 잊어버릴 때도 있었다.

좁쌀 알갱이 같은 노란 마타리 꽃이 피었다 간 자리에 오이풀, 미역취들이 늙은 바람의 손을 잡고 산을 내려오고 있다. 산박하 꽃잎들이 쪼르르 모여들어 손뼉을 친다. 꽃 모양이 갓 태어난 병아리 주둥이같이 아래위로 입술이 쫑긋 벌어진 게 앙증맞고 귀여워서 웃음이 저절로 새어나온다. 그러면서 필규 언니가 생각나는 것은 무슨 연유일까.

하늘색보다는 조금 더 깊어 보이는 연보라 색깔로 치장을하고 나와 개구쟁이 같이 뛰노는 산박하 꽃을 볼 때마다 어린 시절 아련한 추억 속으로 미끄러져 간다. 코풀래기 소꿉동무들이 여전히 옷소매가 반들반들하게 코 때 묻은 옷소매를 흔들며 남아! 하고 부른다. 정다운 목소리의 그리운 얼굴들인 형자 영분 순자 창규가 폴짝폴짝 뛰어 나온다. 혀를 반쯤 빼어 물고 오리 궁둥이를 흔들며 필규 언니도 따라온다.

부잣집 딸로 태어났으나 일찍이 계모 슬하에서 시집을 갔고 아이를 하나 낳고 키우다가 겨우 걸음마 시작할 무렵이었다. 무슨 돌림병으로 그 아이 잃고 난 뒤에도 그럭저럭 살더니 남편마저 줄행랑을 쳐버린 빈집에서 일을 남편 삼아 홀로 세월의 문지방을 넘어야 했다.

보리밥은 고사하고 밀가루 죽도 실컷 못 먹어 헐떡거리던 시절, 필규 언니한테 가면 쌀밥을 먹을 수 있었다. 그러나 사람들은 그 집에서 밥 먹기를 꺼려했다. 영문은 알 수 없지만, 한쪽 눈동자는 하얗게 튀어나왔고 항상 힘없이 축 늘어진 혓바닥을 물고 있는 입가에는 침이 흐르고 있었기 때문은 아닌가 싶다. 어쩌면 개미보다 더 잘록한 허리를 끈으로 동여매고 머리에 나뭇단을 이고 가는 뒷모습은 영락없는 오리 궁둥이였다.

짓궂은 어른들은 그녀의 도망간 남편인 서 서방이 온다고 하더라며 헛꿈을 꺼없곤 하였다. 언제나 외톨이인 그녀에게서 내가 유일한 말동무였던 셈이다. 겨울이면 밤마다 모여들어 예배당 놀이며 찬가대회 놀이며, 혹은 창규네 고구마, 순옥이네 무를 훔쳐 먹으며 히히! 헤헤!, 마음껏 떠들고 놀 때도 필규 언니는 소리 내어 웃으며 좋아했다. 그 후 한참 더 세월이 흐른 뒤 마을에서 제일 큰 부자였던 친정집 가세가 기울자 하나 남은 눈동자마저 시력을 잃고 장님이 되었다고 했다. 텅 빈 기와집을 혼자 지키다가 귀신과 싸우느라 밤마다 괴성을 지른다는 소식을 듣고 찾아갔으나 고단한 인생살이에 지쳐서인지 필규 언니는 나를 서먹해하였다. 그것이 나와의 마지막이 되고 말았다.

언니, 언니 부르며 꼬드기면 쌀이든 강냉이든 다 내주기만 하던 필규 언니! 죽어서나마 남편 서 서방을 찾아 전국 각처의 산야를 다시 오리 궁둥이 흔들며 다니는 것 같은 필규 언니의 웃음을 닮은 산박하는 여러해살이풀로서 이름은 박하지만 시원한 박하 향은 나지 않는다. 그리고 들깻잎같이 생겼다 해서 깻잎나물, 또는 깻잎 오리방풀이라는 이름도 있다. 8월에서 10월까지 오랫동안 볼 수 있는 가을꽃이라서 꽃말이 '미덕'인가 보다. 어린잎은 나물로 먹기도 한다.

요즘은 모두가 똑똑하고 모두들 너무나 잘나서 사람이 차라리 무서울 때가 많다. 조금은 부족하고 조금은 어수룩해 보이는 사람이 더 사람답고 더 따뜻하고 마주하고 있으면 편하다. 평생을 계산 한번 두들기지 않고 살다간 필규 언니처럼 살 수는 없을까?

우정을 맹세한 물매화

어느 때보다도 오름에 기대어 그 치마폭을 들추는 바람처럼 살랑거리고 다녔다. 그러다 보니 까맣게 탄 얼굴은 모기들에 물어 뜯겨 마맛자국처럼 되었다. 살기 위한 몸부림은 인간이나 곤충이나 다를 바 없구나 싶어 막막한 삶의 그림자를 밟고 다니는 내가 차라리 부끄러웠다. 그래서 오름이 좋다. 모든 인간사가 다 거기에 있고 마치 현미경으로 보는 듯이 세세히 보여줘서 많은 깨우침과 함께 삶의 용기를 얻어오기 때문이다.

또한 각양각색의 꽃들을 만나 기쁨을 나누고 커다란 위로를 받는다. 비록 작은 꽃일망정 성장을 멈추지 않고 나름의 마케팅 전략을 짜내어 항상 차선책을 준비해 놓는 그 지혜를 사람이라고 다 따라 할 수 있을까? 도망칠 수도 피해 볼 수도 없는 혹독한 환경에서 생명줄을 놓지 않고 스스로를 지켜나가는 힘, 그 풀꽃들 앞에서 감탄과 경외의 마음을 보낸다.

가을 오름은 역경을 이겨낸 자연의 결정체들이 들려주는 거대한 오케스트라다. 풀밭에 가만히 앉아 깊고 은은한 음악에 취하다 보면 어느새 나도 한 포기 풀이되어 붉은 노을에 안겨있다. 세상 아래 이런 가슴 터지는 황홀경을 또 어디에서 맛볼 수 있을까!

서늘한 바람이 언덕을 때리고 지나갈 때도 한들한들 춤을 추는 물매화, 이 꽃의 꽃말은 '순정', '영원한 우정', '지순한 사랑'이다.

오랜 옛날 산골 마을에 두 소녀가 미래를 꿈꾸며 아름다운 우정의 꽃을 피우며 살았다. 소 풀을 캐고 산나물을 뜯을 때도 언제나 붙어 다니며 곱고 고운 우정을 쌓으며 가난하지만 행복하게 살았다. 그러던 어느 날 한 소녀가 산 너머 먼 부잣집에 수양딸로 떠나게 되었다. 시집을 가도 같은 동네로 가자고 약속했던 이들은 뒷산 풀밭에 앉아 이별을 슬퍼하며 부둥켜안고 두 눈이 붓도록 울었다. 그리고는 서로의 꿈이 이루어지는 날 다시 같은 곳에 모여 살자고 손가락을 걸며 다짐을 했다.

부잣집으로 갔으니 자주 오마 던 친구는 강산이 수십 번 바뀌도록 소식이 없었다. 그나마 남아 있던 소녀마저 조그만 포구가 있는 바닷가 마을로 시집을 갔다. 이들의 우정은 그렇게 끝나게 되고 희미해지는 그리움마저 마른 나뭇잎이 되어 떨어지는 세월에 묻혀버리고 말았다. 그리고 그들의 고향 뒷동산 이별의 눈물을 하염없이 뿌렸던 풀밭에서 매화꽃을 닮은 꽃이 피어났다. 이 꽃을 소녀들의 풋풋한 우정이 살아난 것이라 믿으며 물매화라고 불렀다는 설화가 전해지고 있다.

그 후로 우리나라 어느 곳에나 낮은 산을 올라서는 물매화가 피고 있는데 어쩌면 소녀들이 천수를 다해 영혼으로나마 간절하게 친구를 찾아 나선 게 아닌가 하는 상상을 해 보기도 한다. 왜냐하면 이 꽃을 보러 갈 때마다 나는 열아홉 소녀가 되어 감정의 물결에 풍덩 빠져버리기 일쑤였기 때문이다.

매화를 닮아서 고아함이 향기롭고 정결함이 와이계곡 물빛과 같으며 한 장의 푸른 이파리와 하나의 긴 대궁 끝에 하얀 꽃송이를 보고서야 어찌 찬탄을 마다하랴. 고결하면서 순박하고 단아하면서 절제미를 갖춘꽃을 말하라면 단연 물매화가 아닌가. 수술과 암술의 절묘한 조화 영롱한 물방울을 왕관처럼 두른 헛수술의 화려함마저도 초연한 학승의 영혼을 훔쳐보는 것 같은 짜릿함을 준다.

물매화 찬사에 경도되어 따라나선 한희정 시인도 예의 그 바람살에 한들거리는 물매화 풀 섶에 마주앉아 동요 든 가곡이 든 몇 순배 부르고서도 못내 아쉬워 발걸음마다 "오오 내 사랑 물매화아야! 물매화 핀 언~덕에 내 동무 그리워라!" 마구 노래를 흩뿌린다.

시월이 오면 연례행사처럼 물매화 보러 가자고 조르는 벗들에게 나도 한 송이 물매화 같았으면 얼마나 좋을까 은근히 욕심을 부려보곤 한다. 보이는 것마다 앵글에 담고 싶은 마음에 슬그머니 카메라를 들이대면 저도 반갑다는 인사를 하듯 지나가는 바람을 붙들고 하르르 흔들리는 꽃, 물매화.

이 꽃도 예전에는 약용으로 쓰였지만, 무엇보다 그 아름다움 때문에 도체 당하는 일이 빈번히 일어나고 있다. 기껏해야 2년밖에 살지 못하는데도 말이다.

제아무리 아름다운 풍경도 혼자보다는 같이 즐거워할 벗이 있을 때 감동과 기쁨은 배가된다는 사실을 정말 모르는 것일까.

텃새가 그리운 나라

가을이 가을 같지 않다고 투덜거리다가 들길에 나섰다. 부서지는 햇살을 고스란히 받아 억새의 하얀 꽃물결이 파도치고 있었다. 아! 가을이 아직 다 가지 않았구나. 이제야 주머니 속의 동전처럼 마음이 달그락거리며 움직였다.

갑자기 오라동 웃체오름에 용담 꽃이 보고 싶어졌다. 한달음에 닿을 수 있는 길이었다. 그러나 바짓가랑이를 성가시게 하던 수크렁도 마른 채 누워 있었고 나뭇가지를 할퀴는 바람만 머물고 있었다.

철 따라 솜방망이, 마타리, 취나물, 꽃향유로 치장하고 꽃 내음 물씬 풍기던 흙의 맥박은 이미 늙은 가래를 끓이고 있었다.

비 때문에, 바람 때문에 핑계로 주저앉아 있던 나를 가을의 끄트머리까지 기다리며 애를 태웠을 용담 꽃. 나는 그 마른 꽃 대궁 앞에서 오래도록 일어설 수가 없었다. 사람을 만나듯 꽃을 만나고 꽃을 보내듯 사람을 보내며 사는 이 나라 토종들이 그립다.

하기사 수입 식품과 인스턴트에 길들여져 세계화 시대를 살다보니 사람도 서구화가 되어 버리는 것인지, 자지러질 듯 껴안고 호들갑스럽게 손잡고 흔드는 이들을 만나면 왠지 무섭고 부담스러워진다. 본의 아닌 실수도 잘못된 습관도 모르게 덮어주고 묻어줄 것 같지 않아서이다. 하여튼 지나친 표현의 친절을 만나면 정치 철새를 만난 기분이 든다.

3 살 박이 조카가 TV 화면에 넥타이 맨 사람만 보면 요야, 요야 한다. 무슨 뜻인가 싶었더니 정치인이 등장하는 화면에 뉴스를 전하는 아나운서의 여·야가 어쩌고 저쩌고 하는 말을 따라 했던 것이다.

그 후 나는 조카 앞에서 뉴스를 보지 않았다. 그러나 여전히 5천만 백성이 사는 나라에 정치밖에는 보여줄 게 없는 지 그 이야기로 절반을 채우고도 특집이다 뭐다 하면서 백성의 눈과 귀를 틀어쥐려 한다.

유구한 역사의 터에서 이당, 저당 옮겨 가며 정치 철새들만 신이 나서 경제가 짹짹, 문화가 짹짹, 민족이 짹짹, 짹짹짹짹 백성들이 얼마나 창피해하는 줄도 모르고 짖어 댄다. 진정 텃새는 없는 것인가. 텃새가 그리운 나라, 언제까지 철새들이 조잘거리는 거짓말을 들어주고 살아야 하는지 서글프다.

사랑이라는 이름의 폭력

파란 하늘의 따스한 일요일이었다. 실내에서만 있기엔 너무 아까운 날씨여서 조카들에게 눈 구경 가자고 했다. 이 겨울의 마지막 눈 구경이라며 신나게 따라나섰다. 영실 병풍바위가 한눈에 들어오는 1100 도로에는 생각했던 것보다는 훨씬 많은 눈이 쌓여있었다. 유치원 졸업을 앞두고 있는 지환이와 초등학교 3학년이 될 형진이는 내 작은 연인들이다. 썰매를 쌩쌩 타는 것보다 아무도 밟지 않은 눈길에 푹푹 빠지는 것이 더 좋은가 보다.

"구해 주세요, 사람 살려 이모!" 하고 부르면 얼른 가서 벌러덩 누워있는 몸을 일으켜 주기도 하고 또 눈 속에 손을 넣고는 일부러 얼굴로 있는 힘 다 보내어 영차, 영차 다리를 빼내어 주면 그것이 왜 그리도 재미있는지 좋아 죽겠다며 천진한 웃음을 산 가득 쏟아놓는다. 그럴 때면 나도 몇 발자국 물러가서 다리를 눈 속에 묻어놓고 "구해주세요." 하고 부른다. 두 녀석이 쫓아와서 조막손으로 내 옷을 잡고 정말로 있는 힘을 다해 낑낑거릴 때는 그들의 기쁨과 사랑이 가슴 가득 쪼르륵 소리를 내며 스며들어 온다.

그렇게 서로 즐기는 동안 아이들은 속옷까지 흠뻑 젖어있었다. 그래도 더 놀겠다며 일어서지 않는 아이들에게 어리목 가서 따뜻한 컵라면으로 감기바이러스를 물리치고 난 뒤에 또 놀자며 겨우 달래어 차에 태웠다. 어리목엔 햇살이 차가운 산그늘에 밀려나 있었고 김수열 선생가족이 산행에서 내려와 차를 기다리고 있었다. 조카들의 장난스러운 인사로 무안함을 참아내고 그 분들이 내리고 난 후 나는 기다렸다는 듯이 훈계를 시작했다.

너희의 바르지 못한 언동으로 창피했고 사람이 서로 예의를 갖추지 않았을 때 상대방이 불쾌함을 같게 된다는 것을 꼼꼼히 설명하였다. 그러나 여전히 장난을 치며 내 말엔 안중에도 없었다. 화가 치밀었다. 도로 한 쪽으로 차를 세우고 밖으로 나오라고 했다. 손에 쥔 몽둥이를 보고서야 상황을 알아차렸는지 울기부터 했다.

그러나 고함을 지르며 눈을 부릅뜨고 무서운 기세로 엉덩이며, 다리며 전에 없던 매질이 가해졌다.

마음은 금방 후회로 쇠파리 들끓듯 하였다. 눈물을 닦아주며 사랑한다는 말과 함께 꼬옥 안아주었으나 며칠이 지나도 아픈 마음이 가라앉지를 않았다. 평소에 동생을 잘 때리는 형에게 힘센 사람이 자기보다 약한 사람을 때리는 것은 비열한 행동이라고 말하였다. 그런 내가 아무 저항력 없는 아이에게 감정의 무게를 보태가며 때린 것이다.

아무도 없는 산중에서 이모의 부릅뜬 눈과 고함소리와 굵은 몽둥이 앞에서 그 애들은 얼마나 공포에 떨었을까? 사랑의 이름으로 휘둘러진 폭력! 내 마음은 아직도 아프고 부끄럽다.

친절이냐 굴종이냐

한라산 숲 속에 산도채비 꽃이 자지러지게 피어나듯 한반도에는 온통 축구가 내 뿜는 열기로 가득하다.

그럴 만도 하다. 월드컵에 출전할 수 있는 것만으로도 영광이던 시절을 뛰어넘어 꿈에도 그리던 4강에 올랐으니 어찌 아니 기쁘랴. 마음껏 기뻐하고 마음껏 춤을 춰도 이 기쁨의 감격은 다 표현할 수가 없다. 이럴 때 나는 왜 오페라 「명성황후」의 마지막 장면 “일어나라 백성아”가 생각나는지 모르겠다.

우리가 감격과 환희에 취해서 감정을 추스리지 못하는 사이에 일각에서는 예의 또 그 퍼주기 식 과잉친절이 고개를 휘젓고 있기 때문인가.

히딩크 그는 분명 우리에게 말할 수 없는 큰 선물을 안겨 주었다. IMF 후유증으로 의기소침한 국가 분위기에 한줄기 소나기 같은 활력과 함께 우리도 해낼 수 있다는 자신감의 에너지를 불어넣어 주었기 때문이다. 그는 국민적 찬사와 사랑을 한몸에 받으며 대한민국의 영웅으로 부각되고 있다. 그를 존경하고 그의 탁월한 능력과 의지 앞에 우리 모두는 아낌없는 찬사를 쏟아놓는다 해도 하나 이상할 게 없다. 그러나 지금 보도에 의하면 50억에 가까운 부와 명예를 한꺼번에 거머쥔 그에게 또다시 국가 훈장이다, 명예박사 학위다. 그도 모자라 대한항공에서는 앞으로 4년간 1등석 무료 탑승 제공. 또 어느 기업체에서는 10억 원짜리 종신보험에 들어준다.

너도나도 지역마다 히딩크 거리, 히딩크 하우스, 히딩크 동상을 세운다는 등 선물 공세가 봇물 터지듯 하고 있다. 모르면 몰라도 이건 분명 도가 지나친 선물 공세인 듯싶다. 최선을 다해 뛰었고 승리의 기쁨을 안겨준 사람에게 포상과 함께 아낌없는 박수를 보내는데 이이를 달 사람은 없을 것이다.

그러나 우리의 과잉 친절에 그는 어쩜 속으로 어리둥절해하고 있을지도 모른다는 생각이 들어 오히려 창피한 마음이 들어 어디 쥐구멍에라도 숨고 싶은 심정이다.

지나친 친절은 굴종이나 다름없다. 하루를 힘겹게 살아가는 우리 서민들에게 또 다른 위화감을 주고 있는 건 아닌지. 승리의 아름다움을 히딩크와 우리 국민모두가 오래오래 즐길 수 있었으면 좋겠다.

이변이란 없다

슛, 골인! 드디어 해냈다. 꿈같은 일이다.

나라 안이 온통 붉은 함성으로 출렁이며 주체할 수 없는 감격으로 심장이 터질 것만 같다. 5천 년 이 역사에 누가 무엇이 이 작열하는 격정의 환희를 가져다준 적이 있었던가, 사실 나는 16강을 외칠 때만 해도 어림없는 꿈을 꾼다고 생각했다.

백성들에게 또 헛된 바람을 넣고 있다는 생각에 화가 치밀기도 했다. 폴란드를 꺾었을 때는 주최국의 체면을 살려 주려는 것이겠거니, 건방진 미국의 콧대를 납작하게 꺾어 버리고 포르투갈과의 격전을 지켜보면서 참 잘했다 였지, 승리를 축하하려 들지 않았다. 다만 힘없는 이 나라 백성들이 길거리를 메우며 대한민국을 외치고 오! 필승 코리아의 함성에 북받치는 설움인 양 울컥울컥 목이 메었고 4,700만 백성이 하나 되는 저 아름다운 힘, 저 순수한 열정의 불꽃을 떨리는 가슴으로 들이마셨다. 그 어느 정치력도 그 어느 식자들의 선동도 아닌 백성들 스스로가 주최국의 긍지와 자부심을 만들어 내었던 것이다.

우리도 모르게 만들어 놓은 길거리 응원 문화는 세계 이목을 흥분시키며 우리 스스로도 놀라워 자랑스러움에 겨워 흐느낀다. 우리는 난생처음 열광의 축제를 한껏 만끽하고 있다. 세계열강들의 횡포에 우리는 얼마나 많은 피눈물을 흘리며 울분을 삭여야 했던가 미국의 슈퍼 301조, 일본의 교과서 왜곡, 중국의 영사관 난입 등 무수한 수모와 굴욕들이 그것이다. 이와 함께 상처받은 백성들의 자존심을 통쾌한 슛! 골인 한방으로 씻어준 태극전사들에게 그 어떤 찬사를 다 내주어도 아깝지 않다. 오늘의 승리는 결코 우연이나 요행으로 된 것이 아니란 걸 알기 때문이다.

삼백여 억 원이란 투자와 선수들의 지옥 같은 훈련, 그리고 12번째의 선수가 되어준 온 백성의 열화와 같은 응원이 한 덩어리로 뛰었기에 우리는 세계 축구 역사를 다시 쓰게 할 수 있었던 것이다. 세계의 눈들이 경의와 찬사를 보내는 것을 보면서 지금 우리 정치인들은 무엇을 생각하고 있을까 궁금해진다. 엄청난 대가를 치러 내면서 겨우 펼쳐놓은 백성들의 자존심을 또다시 구겨놓을까 봐 걱정이 앞선다.

우리가 월드컵 8강, 4강에 오르는 것은 결코 이변이 아니다. 온갖 술수와 비리로 나라의 살을 파먹고 있는 정치인에 신물이 난 백성들이 어쩌면 히딩크를 대통령으로! 라는 구호를 외치며 국회의원도 외국에서 영입해 오자고 할 날이 올지도 모른다.

우리가 촛농으로 내려앉는다면

12장 달력이 다 뜯겨져 나가고 마지막 한 장이 작은 바람에도 문풍지처럼 파르르 떨고 있다.

돌아보면 열한 달 하고도 반을 훌쩍 넘긴 오늘까지 한 편의 시도 쓰지 못했다. 계획도 목표도 일 년 내내 질척거리는 빗물에 허우적거리고 만 것이다. 시인으로서의 부끄러움과 반성이 온 밤을 하얗게 물어뜯었다. 시간은 날 위해 기다려 주지 않고, 부른다고 따라와 주지 않는다. 내가 시간 속을 걸어 들어가야 하고, 한발 앞서 시간을 당겨가야겠다고 다짐하면서도 이런 저런 핑계를 대어가며 주저앉아 세월의 뒤꿈치에 허망한 마음을 매달아 놓고 말았다. 이맘때면 언제나 자성과 다짐을 동시에 품게 된다.

그러던 지난 14일에 이어 21일 시청 어울림 마당에서 효순이 미선이 추모 촛불 행진에 참가하면서 하염없이 쏟아지는 눈물을 누르지 못했다. 솔직히 그들을 위해 울었다기보다는 북받치는 제 설움에 더욱 울었던 것 같다. 함께 간 김명숙 동화작가도 그 아이들의 목숨이 너무나 아까워서 주권 없는 이 나라가 가여워서, 나보다 더 깊게 울고 보다 더 크게 시를 낭송하였다.

저마다 자기 삶의 바퀴에 매달려 살다 보면 어지럽기도 하고 때론 아프기도 하며 주권이니 이웃이니 돌아볼 겨를이 없을 때가 많다. 그러나 너와 내가 우리가 되고 우리가 바로 너와 나인 개체가 된다는 것을 알면서 잊어버리기도 하고 더러는 모른 체 저만의 당위성을 찾아 돌아서 버리기 일쑤다.

시청에서 동문 로터리, 산지천까지 세 살부터 초중고학생, 그리고 지팡이를 짚은 노인과 촛불을 들고 걸었다. 걸으면서 고향의 봄, 아침이슬, 아리랑을 부를 때는 새삼 내 나라 내 겨레의 따뜻한 숨결이 가슴이 벅차도록 출렁거렸다. 참으로 오랜만에 조국이란 이름으로 함께 모여 외쳐본 감동에 눈시울이 빼근하였다. 이유 불문하고 교통사고 사망을 무죄라 하는 곳이 세계 그 어느 나라에 있었던가, 자국을 위해 조직한 군대의 지휘권 없는 나라가 또 어디에 있던가.

미국이 더 이상 북한을 벼랑으로 몰아가지 말아야 우리의 평화통일이 앞당겨질 수 있다는 생각이 자꾸만 든다. 무소불위의 오만은 스스로 깨어질 수밖에 없는 독소를 필연적으로 갖고 있다.

남북을 통틀어 통일을 원하지 않는 국민이 어디 있으랴 다만 전쟁만은 아무도 원하지 않는다. 북한이 무례하고 어거지를 쓴다 하더라도 우는 아이 떡 하나 더 주듯이 여유가 있는 우리가 양보하고 인내하며 기다려 줘야 한다. 아무리 가난하고 배운 게 없어도 사람은 기본적으로 자존심이란 게 있다. 누구나 자존심을 건드리면 공격적으로 돌변하여 그것이 최선의 방어수단인양 대응한다. 하물며 국가와 국가 간의 교류에서야 더 말해 무엇하랴. 이웃집이 어려움을 겪고 있을 때 예전에 우리 어머니께서는 당신 아이들 끼니도 배불리지 못하면서 아주 조심스럽게 그것도 몰래 그 집 부엌에 때 거리를 갖다놓곤 하셨다, 자존심을 상하지 않게 하려는 배려에서였다. 반공이나 안보가 어찌 통치자만의 전유물일 수가 있겠는가. 우리 국민은 생각보다 훨씬 똑똑하고 사리 분별력이 분명한 식견을 가지고 있다. 그래서 통일조국의 평화를, 주권국으로서의 자존을 지키는 데 앞장서는 일을 주저하지 않는다는 것을 알아야 한다.

미국의 오만불손과 독선을 태우기 위해서 내가 이 작은 촛불의 심지가 되고 네가 촛불의 눈물이 되어 중앙로 아스팔트를 흘러내릴 때, 무참하게 쓰러져 간 효순이와 미선이의 영혼이 구호를 외치는 옆 사람의 눈동자에 일렁이며 웃고 있는 것을 보았다. 이게 우리다. 이것이 대한민국이다

정 때문에 울고 웃는 따뜻한 이웃사촌, 예부터 경조사에 농사일에 품앗이하며 공동체를 이어온 아름다운 미덕 상부상조의 정신을 후세에까지 배달해야 할 의무를 누가 감히 잊고 싶겠는가.

꽃 같이 어여쁜 인간 방패들

전농로 왕벚나무에 꽃봉오리가 봉긋봉긋 이슬처럼 맺히기 시작하고 길가에 쪼르르 모여 앉아 파란 하늘을 내려놓고 있는 개불알풀 꽃들이 봄을 만들어 내고 있다.

유채꽃을 비롯하여 왕벚꽃, 미나리아재비 등 제주의 토종 꽃들은 철 따라 다소곳이 피어났다가 바람처럼 꽃잎을 흩날려 사라져 버리는 특성을 갖고 있다.

쭈글쭈글한 꽃잎에 검버섯을 피우며 목숨에 매달리지 않는 이 땅의 야생꽃들은 그래서 더욱 아름답다. 제 삶의 계절에 절개를 지키다가 가야할 때가 되면 망설임 없이 훌쩍 일어서는 그 꼿꼿한 자존이 바로 이 땅을 살아가고 있는 대다수 서민들의 삶의 모습이요, 정체성이 아니던가.

3월이 중순을 넘어서고 있는데도 꽃샘추위다, 북 핵이다, 경기침체다 하여 사람들의 마음을 어둡게 하고 웅크리게 하는 동안 계절의 순환은 언제나 조용히 순리를 찾아가는데 유독 미국행정부만이 전쟁광이 되어 아집과 욕심으로 순리를 외면하고 있다.

부자나라, 힘이 센 나라, 민주주의가 잘 되어있는 나라라고 한때는 그 힘을 부러워했었고 그 속에 들어가 살고 싶은 꿈을 가졌던 적이 있었다. 이제와서는 그게 부끄럽기까지 하다.

몇 일 전 TV에서 이라크에 도착한 평화주의자들의 전쟁반대 인간방패들의 활동을 다큐멘터리로 보여주었다. 퇴역한 미국인 여교사는 어린이를 지키겠다며 학교로 가고 머리카락이 허연 노 시인은 유전발전소를, 팔팔한 젊은이들은 이라크 중요 전력발전소로 간다고 했다. 전쟁이 났을 때 맨 먼저 폭격을 가할 곳을 선택한 것이다. 얼굴 가득 그렁그렁한 눈물을 머금었지만, 그들에게선 비장함이 엿보였다. 평화를 사랑하는 사람 사이엔 타인을 위협할 정도의 힘은 결코 자랑이 될 수 없다는 걸 온몸으로 말해 주는 것 같았다. 프랑스도, 독일도, 러시아도 미국의 전쟁 도발을 반대하고 있다. 또한, 전 지구촌 사람들이 평화를 외치는데도 막강한 군사력을 보유한 미국은 유엔 결의도 무시하려는 작태는 인류의 이름으로 단죄하여야 마땅하다.

정말로 죽을지도 모르는데, 살기 위해 도망쳐 나오는 곳으로 담요 하나 달랑 매고 들어가는 인간방패들을 보며 사람이 꽃으로 필수도 있구나! 저 꽃 같은 사람을 위해 나는 뭘 할 수 있을까! 이라크 모래언덕에 수백 개의 미사일이 퍼부어지면 중국의 모래먼지보다 더 캄캄한 황사 길을 걸어야 할지도 모른다.

포화 속에 사라진 인류의 문화유산

한라산 북벽의 잔설을 뒤로하고 물찻오름 가는 숲길에는 난장으로 쏟아져 나온 꽃들의 웃음소리로 가득하였다.

남산제비, 흰제비, 흰털제비의분홍색, 콩제비, 고깔제비, 노랑제비 등 온갖 종류의 제비꽃들이 전시장을 이루고 좀현호색도 뒤질세라 갖가지 색깔을 보태고 있었다. 소박한 꽃 잔치에 섞여 있으니 지끈거리던 두통도 사라지고 한결 가뿐한 몸으로 시내에 들어서니 바그다드가 함락되었다는 소식이다.

메소포타미아 4대 문명 중의 하나인 이라크는 바벨탑, 공중정원. 함무라비 법전 등 인류의 귀중한 문화유산의 보고이기에 가장 가보고 싶은 나라였다.

전 세계에서 울려 퍼지는 반전의 목소리가 무색하게도 미국은 "충격과 공포라"는 유례 없는 작전명을 붙이고, 수십억짜리 미사일 탄두를 동전 한 주먹 버리듯 쏟아 부으며 이라크를 침공하였다. 10여 년이 넘게 고립된 피폐한 사람들에게 밥 대신 폭탄을 던지다니, 무수한 생명들이 생다지 죽어 가는 것을 그저 바라볼 수밖에 없는 우리가 미안하기만 하다.

일류 문명의 기원을 밝혀주던 최초의 문화유물들이 전쟁의 참화 속에 부서지고 약탈당하는 꼴을 TV 화면을 통해 보면서 남의 일 같지가 않았다. 프랑스 루브르 박물관에 있는 직지심경(규장각 보물)이나 미국 기록 보존소에 갇혀있는 우리의 비통한 역사의 신음소리는 열강들이 각축을 벌이는 혼란의 틈바구니에서 찬탈해간 것들이다.

그들은 우리의 주목나무 등 식물들을 가져다가 저들의 것으로 변종 시켜 다시 우리에게 팔아먹고 있다. 또한 일제 36년의 억압은 고려청자, 조선백자 등 수없이 많은 국보급유물들을 몰래 도적질해 갔다.

이 나라 박물관에서 자랑스럽게 빛나고 있어야 할 유물들이 미국으로, 프랑스로, 일본으로 흩어져 간 애초의 원인은 역시 전쟁과 강자의 침탈이 아니었던가.

그뿐인가 삼촌 괸당 모여들어 수눌음하며 살던 섬 땅에 총소리 요란하던 4·3사태 그때는 또 어땠는가. 공비를 토벌한답시고 이 마을 저 마을을 통째로 불살랐을 때 얼마나 많은 양서와 유물들이 한 줌의 재로 사라져 버렸던가.

인류의 가장 흉악범은 전쟁이다. 어떤 명분으로라도 전쟁을 용서해서는 안 된다.

유전을 찬탈하기 위하여 혈안이 된 부시 정부, 그들은 이 세계의 군주가 아니다. 전쟁을 일으킨 전범으로 인류의 문화유산을 파괴한 범죄자로서 가중처벌을 받아야 한다. 이라크 국민이여 힘을 모으시라! 알라 종파에서 이제 해방을 보시라! 그리하여 인류의 진정한 평화와 정의로 저 극악무도한 미국을 인도하시라!

섬집아기 노래비, 세운다고요?

K 선생님!

오는 계절마다 빗속에 떠밀려 질퍽거리더니 기어이 해를 다 보내고 마려나 봅니다. 연일 캄캄한 구름이 하늘을 덮고 있는 걸 보면 말입니다.

계절이야 그렇게 가고 나면 그만이겠지만 우리네 삶이야 어디 그렇습디까. 그날그날을 살다 보면 한 번의 실수와 잘못으로 인하여 신의를 잃고 소외당하고 그런 일들이 허다하지요.

그로 해서 두고두고 가슴 두들겼던 경험 또한 누구나 한 번쯤 있었으리라 짐작합니다. 그러기에 사람들은 저마다의 정신적 지조와 도덕성을 무장하고도 긴장을 늦추지 않으려고 애면글면 사는 거겠지요.

생존과 삶의 가치 앞에 대치하노라면 때때로 힘 부치고 고통스러울 때가 더 많습디다. 그럴 때 지성과 도덕성을 갖춘 어른이 우리 옆에 있다면 얼마나 큰 위안이고 힘이 되겠습니까. 허나 며칠 전 아침 신문에 선생님의 글을 보고 너무나 곤혹스러웠습니다.

평소에 온화한 성품의 모습을 비춰볼 때 동정심을 발휘할 수도 있었겠지요. 그러나 이 지역 문학예술에 투신하고 있는 작가로서의 역사관이 겨우 그 정도뿐일까 하는 의구심을 떨쳐 버릴 수가 없습니다.

민족문학의 길을 함께 가자는 분이 그 동료들을 향하여 “남의 허물을 집

요하게 물고 늘어지는 일부 병적인 지식인들"이라뇨! 착잡한 심사를 달랠 길이 없습니다. 선생님도 잘 아시죠. 아픈 환부는 빨리 도려내고 치료를 해야만 완쾌된다는 것을 말입니다.

K 선생님! 저는 질곡의 역사 속에서 꽃뱀처럼 숨어 있는 왜곡된 종기들을 너무 오래 방치해 두었던 것이 차라리 부끄럽기 그지없습니다.

용서! 좋지요. 그러나 나라를 빼앗기고 수탈당하는 동포들에게 "아세아 천지에 신생의 광명이 비치니 새로운 역사의 여명을 노래하자"며 앞장서 지휘를 하였고, 학생들이 친일 행위를 하도록 동원시킨 이흥렬에게는 가당치 않은 말입니다.

이 나라 신지식인으로서, 피아니스트로, 작곡가로, 지휘자로 거기에 또 음악교육자로서 그가 보여준 행위는 차마 다 열거할 수 없을 만큼 개인적 역사적으로 너무도 큰 오욕을 숨겨온 인물이라는 것을 누가 알았겠습니까.

황국신민임을 자랑스럽게 연주하고 다니다가 해방이 되고는 반공, 반탁 음악의 전사로 둔갑하고 군사정권하에서 군가 교육을 담당한 이흥렬, 그는 시대가 바뀔 때마다 결코 변방에 내몰린 한 개인이 아닙니다.

그러기에 그의 선율이 곱다 하여 우리의 정서를 기만한 죄를 면할 수 없으며 더욱이 반민족적 행태를 덮어 버릴 수 없는 이유가 거기에 있습니다.

K 선생님! 그 시대에 이흥렬이 문교부 교육정책 심의위원이 아니었다면, 교육음악 위원이 아니었다면 그래서 「섬집아기」가 교과서에 실리지 않았더라도 "세대 차를 넘어 누구나 좋아하는 최고의 동요"가 되었을까요? 그래도 "도회인에게 노스탤지어를" 안겨줬을까요? 일방적으로 주입되고 학습된 노래가 될 수 없었더라도 말입니다.

시대의 고비마다 나라와 동포를 배신하고 개인의 안위와 영달을 쫓아 온 그가 우리의 정서를 담아냈다고는 생각지 않습니다. 선생님과 저, 우리 모두는 그의 천부적인 변신에 속았던 것이지요. 섬집아기 이흥렬, 그는 분명 "사무친 허물"을 깨물며 회오에 흠뻑 젖었을 때 그때야 용서라는 말을 쓸 수가 있는 것입니다.

K 선생님!

일찍이 청산하지 못한 역사 때문에 5천 년 배달민족의 정체성이 찢어진 채로 우리 앞에 나뒹굴고 있습니다.

이흥렬의 음악동료인 홍난파는 이 나라 음악의 선구자라는 추앙을 받았으면서도 친일행각이 드러나 고향땅에서 마저 그의 기념관 건립을 취소당하였습니다.

또한 근대 문학의 시성으로 일컫는 서정주는 교과서에서 그의 작품을 몰수당하였습니다. 왜 그랬겠습니까. 그것은 나라의 중심에 서 있는 지식인으로서의 책무를 져버렸기 때문입니다. 그래서 양심 있는 지식인들과 문학인, 국회의원들이 정부의 역사 바로 세우기 정책에 동참하면서 친일행적 인물을 찾아 나서고 그 명단을 공표하기도 하였습니다.

이러한 시대적 요청과 소명의식을 져버리고 기어이 그 "섬집아기" 노래비를 세워야 옳겠습니까. 하필 해녀 항일투쟁의 진원지였던, 바로 거기에 도민의 혈세인 1억 5천을 빼내어 거대한 노래비를 세워도 좋다고 주장하시다니요. 그것도 민족문학의 정체성을 함께 도모해 가자는 선생님께서 말입니다.

선생님의 사견에 병적으로 매달릴 생각은 추호도 없습니다. 그러나 이후 모든 편견을 놓으시고 작가로서의 맑은 눈으로 역사의 질곡과 오욕을 들어가 보십시오. 4·3은 물론 일제의 무자비한 총칼에 목숨으로 맞섰던 독립투사들, 제국주의 미 군정의 반공, 반탁 통치에 통일의 깃발을 흔들며 일어섰던 지식인과 예술가들. 그리고 군사독재에 항거하며 자유 민주주의를 부르짖다 사라져간 그 수많은 양심수와 열사들의 목소리를 듣고, 무엇이 민족이고 반민족인지 진지하게 들어보세요. 그런 다음에 좋아하는 차 한잔시키듯 저를 불러 꾸짖어 주십시오.

아! 이흥렬 선생님

시월의 마지막 길 위를 낙엽이 뒹굴고 있다. 마치 숙제를 끝내고 나온 아이들처럼 나무는 제 나이의 두께만큼 꼭 그만큼 만의 잎을 떨어트린다.

나무들은 돌아서야 할 때를 알고 버릴 줄을 알기에 소슬바람을 미워하지 않는다. 사람만이 욕심에 발목이 잡히고 미련에 주춤거릴 때가 많다. 그래서 가을은 수많은 사람들을 쓸쓸하게 만들기도 하고 먼지 쌓인 발자국을 보며 전율에 흔들리기도 한다.

푸르고 싱싱한 잎사귀를 고운 무늬로 다듬고 색칠하여 발아래 내려놓는 나무들처럼 그렇게 산 이들이야 이 가을이 얼마나 뿌듯하고 풍성하겠는가. 그런 행복한 삶을 위해 사람이 버려야 할 것은 너무 많다. 산다는 게 그리 노긋노긋한 게 아니라서 이상은 너무 멀리 있고 현실은 코앞에서 앙탈을 부린다. 그래서 오르지 말아야 할 나무와 가지 말아야 할 길을 뿌리치지 못했을 때 그것을 물리친 이에게 존경과 경의를 보낸다.

오래전 일이다. 당대에 내로라하는 문필가가 제주에 내려와 잠시 살았다. 그는 문화운동이라는 산소를 공급해 주며 잠들어 있는 우리의 정체성을 깨우는 데 큰 힘을 보태고 있어 그를 가까이서 보는 것만으로도 황송하던 터였기에 그에게서 받은 실망 또한 그만큼 컸었다.

그 후 다시는 그의 작품을 내 눈에 담는 일이 없게 되었다. 더러는 눈앞의 삶에 급급하다 보면 자신이 어디에 와있는지 어디로 가야 하는지 혼돈 속에 갇혀 헤맬 때가 있다. 그럴 때 그 시대를 앞장서서 걷는 사람이 바로 지식인이라고 믿고 있다.

그런데 이 땅의 이름난 지식인들은 희망은커녕 실망만 안겨주고 있다.

어버이날 한라산 골짜기에 숨어들어 하모니카로 「어머님 은혜」를 부르며 눈물범벅이게 해주던 이흥렬, 별도봉 소나무 아래에서 「바위고개」로 힘 부친 삶을 날리게 해주던 이흥렬, 혹은 「섬집아기」로 아련한 동심의 바닷가에 앉혀주던 이흥렬, 한국의 슈베르트 한국 가곡사의 큰 별이라 추앙받고 있는 이흥렬, 나라를 잃고 헤매는 백성들의 편에서 역사의 궤도를 바로 잡아야 할 그가 일제 식민지배를 고무하는 데 앞장을 섰다니.

나의 노래를 빼앗아 간 그에게 도에서는 노래비를 세워 주겠다고 저리 우격다짐하고 있다. 종달리, 거기가 어디인가 해녀 항일운동의 발원지가 아닌가. 역사는 아무리 죽여도 죽지 않는다.

역사가 스스로 장님이 되었던 적은 없었다. 눈감고 있다고 생각한 그들만이 언제나 시퍼렇게 뜨고 있는 역사의 눈을 바로 보지 못하였을 뿐이다.

이흥렬, 그도 이제는 역사의 눈 속에 기록되어 있는 자신의 행각을 보아야 한다.

그래서 이흥렬이란 한 개인이 아닌 예술가로서 사회지도층에 우뚝 서 있는 지식인으로서의 이흥렬을 역사는 단죄하지 않으면 안 된다.

무엇보다도 그토록 좋아하고 즐겨 부르던 노래를 잃어버렸다는 사실이 너무도 아쉽고 안타깝다.

멀지 않아서 역사의 책갈피가 바르게 세워지고, 다시 이흥렬의 노래를 맛나게 부를 수 있기를 기대해 본다.

오름과 나의 문학

책 속에서 마음의 양식을 얻고 진리를 찾듯이 나는 산에서 또는 오름을 오르면서 삶의 이치를 터득한다.

맑은 날이면 오름 풀밭에 누워 둥둥 떠가는 흰 구름에 부질없는 생각을 실어 보내고, 비 오는 날이면 풀잎에 또르르 굴러다니는 천진난만한 물방울을 만나기 위해 또 밀짚모자를 눌러쓰고 찾아간다. 그래서 오름은 내 삶의 위로이며 내 문학의 지평을 안내해 주는 길잡이이기도 하다. 그러나 무엇보다도 오름은 지역민의 삶의 궤적과 체취가 묻어 있기에 더욱 살뜰한 정감에 이끌리는 것인지도 모른다.

이웃과 이웃 마을과 마을들, 여기 섬사람들에게는 도대체 남이 없다. 모두가 삼촌이요 괸당이다. 서로가 살붙이로 여기며 살았던 그 의식은 어디에서 만들어졌을까? 거치른 바다와 화산회토의 척박한 땅을 숙명처럼 껴안고서도 서로를 아끼고 도우며 사는 수눌음의 그 아름다운 정신은 또 어디에서 온 힘의 원천이었을까?

오름에서 살다가 오름에 묻힌 사람들의 숨결이나, 처절했던 4·3의 이야기를 오름이 들려줄 것만 같다. 책에서 혹은 구술로 들었던 아픈 역사의 맥박을 느껴보기 위한 장소로서 오름은 최적이다. 그뿐인가 아름다운 풍경으로도 더할 나위 없다.

아주 오랜 옛날부터 한라산을 숭배하고 섬기며 목축을 생업으로 삼고 오름에서 살았기에 제주에서 오름은 곧 마을이나 다름없다 해도 과언이 아니다.

오름의 왕국 제주도. 한라산을 중심으로 368개의 봉긋봉긋 솟아오른 오름들이 바닷가까지 흩어져 있다. 이는 이탈리아 아트나 산보다 168개가 더 많은 세계 최대의 오름 군락으로 손꼽힌다.

해발 1,950m의 남한 최고봉인 한라산 정상 바로 아래 북서쪽의 장구목을 시작해서 남쪽의 윗세오름, 방아오름, 북쪽의 삼각봉과 왕관능 동쪽으로 사라오름 등 골고루 산을 둘러싸고 내려오면서 일출봉, 송악산, 수월봉이 바닷가까지 분포되어있다. 동서남북 어디를 가나 푸른 바다와 함께 오름을 만날 수 있다.

천혜의 자연환경을 자원으로 갖추고 있는 제주의 오름을 제대로 이해하려면 한라산을 먼저 알아야 한다. 왜냐하면 오름을 낳은 어미가 한라산이기 때문이다.

한라산 생성은 25만 년을 전후해서 백록담을 중심으로 여러 단계의 화산활동에 의해 수백 번의 용암이 흐르고 쌓이면서 만들어졌다.

처음 제주도는 한반도와 중국, 일본과 육로로 연결된 환경이었으나 빙하기에 대륙의 동식물이 유입됐다가 간빙기 때 섬에 갇히게 되는 과정을 겪으면서 단절된 섬임에도 불구하고 다양한 동식물이 자리 잡게 되었으며 아열대와 온난대성 기후조건에 따라 고유한 특종식물들도 자생하고 있다.

한반도에서 멀리 남쪽 바다 한가운데 떨어져 앉게 된 섬 한라산에는 태고의 원시로움 그대로를 간직한 특성을 지니고 있다. 삿갓형의 완만한 겉보기와는 달리 고도에 따라 갖가지 다양한 식물들이 울창한 숲을 이루고 있어 여름에 숲에 들어가면 하늘이 안 보일 정도여서 방향을 읽고 헤매기 십상이다. 난대성 양치식물이라든가 한대성 고산식물, 한라산의 허파라 할 곶자왈과 더불어 계곡이 잘 발달하여 사철 푸른 천연림을 볼 수 있는 것만으로도 행복한 일이다. 또한 다양한 기후 조건에 따라 아열대성 파초일엽 같은 식물이나 상록활엽수종인 종가시나무, 굴거리나무 등과 함께 때죽나무, 비목 같은 낙엽활엽수가 한라산을 계절에 맞춰 더욱 아름답게 한다. 그리고 온대성 식물인 십자고사리, 관중 등이 폭넓게 자라고 있어 마치 열대지방의 어느 밀림을 걷는 듯한 느낌을 주기도 한다.

이와 함께 물부추 같은 세계적인 희귀종과 시로미, 한라구절초, 제주달구지풀, 한라솜다리, 등 수많은 특산종의 식물들이 제집 가꾸듯 산을 지키며 살고 있다. 이처럼 지리적 여건과 환경에 의해 1,800여 종이 넘는 식물들이 한라산을 가득 채우고 있어 가히 식물의 보고로서 나는 이 보물창고를 드나들 때마다 시라는 귀한 보석을 한 알씩 줍곤 한다. 제주도를 창조한 거대한 여신 설문대할망과 오랑캐로부터 제주를 지킨 오백장군 이야기 등 수많은 설화와 전설을 간직하고 있는 한라산은 제주주민들에게 있어서 신성한 장소로 정신적 지주로, 삶을 견디게 해주는 뿌리였었다.

섬이라는 고립된 지역에서 한라산은 제주인들에게 생명의 젖줄이었듯이 내게도 절망의 강보에 갇혀있는 나를 살려냈고 또한 내 문학에 거침없이 젖꼭지를 물려주었다.

살갗을 더듬으며

잠들 수 있는 날을 생각하는 동안
또 하나의 빛이 탄생하는
한라산
자궁을 흘러내리는 생의 원천이
나뭇가지 어디에나
순수한 불꽃으로 눈부시었다.

나무와 돌과 안개의 미소들은
더 없는 위안이고 충족함
오! 정적 고요의 어머니
어머니의 향기여

졸시「눈 덮인 한라산」전문이다. 비가 오면 밀짚모자를 눌러쓰고 들어가면 나뭇잎 위를 톡톡 뛰어다니는 물방울이 친구가 되어 산길을 함께 걸었고, 미친년처럼 머리카락을 휘갈기는 폭풍이 몰아칠 때에도 숲 속을 찾아가면 바람이 어디 있었냐는 듯 고즈넉한데 풀꽃들이 쪼르르 나앉아 생명의 그윽한 음악 소리를 들려주었다. 그뿐인가 천지가 눈보라에 휩싸인 영하의 기온에 나무란 나무들은 온통 하얀 옥양목으로 갈아입은 영실계곡 어디쯤에서라면 한 봉지로 하루를 입막음하고, 눈을 끌어다 이불 삼아 드러누우면 어머니의 품속인 양 그토록 포근하고 따뜻할 수가 없었다. 그렇게 한동안 계절 없이 눈만 뜨면 산에 엉겨 붙어살았다.

산에 오면
아늑한 눈물 같은 것을 만난다.
어둠이 내리고
강물이 서러운 사람은
청춘의 간절한 기도를 듣는다.
나뭇잎에 스미는 바람
세계의 혼란을 적시며
핏빛으로 물든다.
산에 오면
젊은 날의 시 같은
눈빛이 있다

졸시 「산에 오면」 전문이다. 위대한 철학자가 되겠다는 뜻을 품었지만 산간벽지 가난한 농사에 목을 매달고 사는 부모님의 도움을 받기란 어림 반푼어치도 없었던 시절. 그리하여 어린 나이에 가출을 하게 되고 갖은 수모와 멸시 속에서 독일 유학의 꿈을 이루는 길은 오직 국비장학생이 되어야 한다는 일념뿐이었다. 그러나 세상은 그리 녹록하지 않았다. 잠자는 게 아까워 며칠에 한두 시간을 때우고, 끼니도 건너 뛰어가며 18살에 대학 2년 과정 동안 베르그송의 철학에 영향을 받았고 가톨릭 신학자들의 이론에 잠시 머물다가 엘리아데 무속학이 그나마 약간의 숨통을 트이게 하였다. 지구상에 흩어져있는 모든 종교를 하나로 통합하여 인간 정신의 유토피아를 만들겠다며 겁 없이 덤벼들었던 학문적 욕망은 결국 신체의 극심한 두통에 의해 꿈을 접어야 했다. 그리하여 나는 그저 한때의 부질없는 개똥철학으로 전락하며 괜한 서러움에 북받쳤다. 급기야는 자신과 가족을 위해 하루빨리 지상에서 영원으로 사라져주는 것이 최선이란 생각에서 약국을 전전하며 수면제를 사 모았다. 그리고는 가장 순수하고 깨끗한 한라산에 열아홉의 곱다란 육신을 맡기기로 결심하고 1971년 5월 제주행 비행기에 올랐다. 그러나 한라산은 지치고 고달픈 한 어린 생명을 신비롭고 그윽한 목소리로 일으켜 세웠다. 동양철학의 무위와 무아가 유유자적하는 명상의 세계로 들여보내더니 결국 신과 인간의 경계, 혹은 삶과 죽음의 경계는 없는 것이며 모든 것은 오직 '나'라는 존재에 의해서 생성되고 소멸하는 것일 뿐이라는 사실을 불교 철학을 통해서 깨우치게 되었다. 그렇게 한라산은 나에게 도시에서의 나만 있고 너는 없는, 아는 사람에게는 너그럽고 친절하다가도 모르는 이에겐 물 한 모금 거저 주려하지 않는, 매몰차고 인정머리 없는 객지 생활마저 스스로 용서하는 힘을 채워 주었다. 뿐만 아니라 따뜻한 사람냄새를 풀꽃과 나무와 마른 이끼의 바위를 통해 얻는 법을 가르쳐 주기도 하였으며, 이들을 친구로 가족으로 혹은 어머니로 껴안으면서 새롭게 삶을 바라보는 시선과 사람을 사랑하는 방법들을 배우게 된 것이다. 또한, 내가 그토록 갈구하던 철학의 모든 학문을 그 속에서 섭취할 수 있었다. 이와 같이 한라산은 나를 구휼하고 가르친 스승으로서 아주 특별한 존재이기에 자연스럽게 그 산에 기대어 살고 있는 사람과 역사마저 남다른 애정이 쏠렸다.

눈물난다
너를 보고 있으면

태평양 끝자락 어디쯤
이어도 하나 묻어 놓고
숨비소리에 젖가슴 몽글던
순덕아,

알드르 웃드르
오름을 휘어 차면
풀 먹은 갈중의에
와삭와삭 강알에 불이 붙어도
조랑말 실팍한 놈과 눈 마주칠 때는
조팝도 꿀맛이더라는
말테우리 윤하르방

비바람이 대수냐
눈보라가 무신 것고
살아서 못 나온다는
개미목 근처 큰 드르왓도
길 아닌 길 없더라는
쇠테우리 조뱅이 아저씨
눈물난다
너를 보고 있으면
깎이고 씻겨지고 부서지는

쓰라린 풍화의 세월을 따비 틀고 앉은
저 단단함
저 앙큼한 자존

우리가 끝끝내 껴안고 돌아갈
노래였구나.

졸시 「먹 돌은 더 이상 수석이 아니야」는 제주시 앞바다에 있는 먹돌을 보면서 쓴 것이다. 백록담을 두르고 있는 서 북벽 바위에서 떨어져 나왔을 돌덩이가 용진각을 거쳐 탐라계곡, 제주시 한천을 지나 바닷가에 다다르기까지 깨지고 뜯기면서 얼마나 자신을 옥죄고 움켜잡았을까? 버릴 것 다 버린 이의 정신의 결정체는 저리도 단단하게 빛날 수 있는 거구나 싶었다. 그것은 곧 바다 일을 천직으로 아는 순덕 씨(해녀)였고, 봉개동에서 만난 살아있는 마지막 말몰이 윤 할아버지와 사평부락에서 평생을 남의 소 봐주는 일로 한라산을 제집인 양 살았던 조뱅이 아저씨(별명)였다. 이분들의 삶의 역정이 바로 우리의 역사고 우리가 지켜야 할 자존인데, 한낱 수석의 상품적 가치로 치부되는 것에 화가 나서 썼던 시다. 적어도 내게 있어서는 이 땅에 있는 모든 것, 돌 하나 풀 한 포기 까지도 함부로 해서는 안 된다는 강한 자의식을 갖고 있다. 이러한 사고는 아무래도 한라산이 곧 제주도이며 제주도가 곧 한라산이었기에 30년이 훨씬 넘는 세월 동안 제주인의 삶 속으로 동화되면서 저도 몰래 자연스럽게 뿌리내린 게 아닌가 싶다

일엽편주에 몸을 실은 뿌리들의 삶이란 오직 견뎌 내는 것만이 미덕일

수밖에 없는 더 무엇이 있었으랴. 시퍼런 물갈퀴만 밤낮없이 일어서는 바다 한가운데 떠 있는 작은 섬, 언제나 바람에 휘둘리며 부박한 땅덩이를 일구어야 살 수 있는 혹독한 환경 속에서 그나마 사시사철 푸르고 아름다운 풍광의 한라산이 주민들에겐 평화와 안식을 꿈꾸게 했을지도 모른다. 그 꿈의 실현으로 백록담에 흰 사슴을 타고 노는 신선이기도 하고, 거대한 여신 설문대할망을 탄생시키지 않았던가. 그리하여 한라산 정상을 베개로 누워 제주시 앞바다에 있는 관탈섬에 다리를 얹고 노는 설문대할망의 힘을 빌어 바다 위에 다리를 놓게 하여 내륙과의 이동을 용이하게 하려는 희망이 오늘날의 아름다운 오름 왕국의 신화를 만들어놓았던 것은 아니었을까.

오름은 여러 차례의 화산 활동에 의해 분출된 용암석으로 만들어진 단성화산이다. 그러므로 산, 악, 봉, 오름 어느 것이나 뜻은 같으나 오름은 제주에서 사용하는 토박이 어다. 무엇보다도 제주 오름에는 설문대할망이 다리를 놓기 위해 흙을 나를 때 찢어진 치마폭에서 새나온 것이 오름으로 만들어 졌다는 탄생 신화가 깃들어 있어 더욱 다감한 느낌이 일어난다. 이렇게 만들어진 368개의 오름 중에 국립공원 안에 40여 개가 울창한 숲을 이룬 채 태초의 원형을 지닌 곳도 있으나 중산간 지대를 벗어난 방목장이나 초지, 들판에 있는 것들은 순전히 잔디로만 덮여 있어 제주 특유의 풍경을 보여주고 있다.

하릴없이 맑은 날, 별도봉에 올라가 동남쪽을 향해 시선을 놓고 보면 봉긋봉긋 선과 선을 이어가며 파노라마처럼 펼쳐져 있는 오름은 그지없이 평화로운 모습으로 다가선다. 하지만 내 눈에는 오늘 저 오름 그늘을 덮고 있는 평화의 녹색 바다 너머에는 역사의 봉홧불이 꺼질 듯이 가라앉으며 가물거리고 있었다.

캄캄한 세월로도
지울 수 없는 거기 누가
별 숲으로 와다오
삼백예순 오름마다
봉화의 붉은 넋 켜지고
억새꽃 활활 풀어
울고 있는 저 들녘을
바다는
그리움의 푸른 물살로
일어서는데
무엇으로 나는
이 세상 뜨겁게 비비다 가랴

「별도봉」 전문. 별도봉은 죽음에 이르는 비탈진 길을 안내하는 자살바위로 더 유명한 작은 오름이다. '장수로'라는 운동코스로 개발되기 전까지만 해도 사람들은 무섭다고 외면했을 때부터 나는 여기를 밤낮없이 즐겨 찾았다. 한적한 풀 언덕에 몸을 기대고 앉으면 동남쪽의 즐비한 오름들과 남서쪽으로 제주 시가지가 한눈에 들어왔다. 그때 시야에 비친 평화스러움은 울컥 눈물이 쏟아질 만큼의 적요함이랄까, 막막한 청춘의 무수한 고뇌를 쥐어뜯으며 설움에 겨워 눈물을 흘리던 내 마음의 여정이 묻혀 있는 무덤이기도 하다.

제주 섬 어디를 가나 오름이 있다. 그 오름에 기대어 살다가 오름으로 돌아가는 사람들의 유순한 성품을 닮아서일까? 완만하고 부드러운 오름의 능선은 하나같이 정겨운 형태의 지형이어서 찾는 이의 마음을 편안하게 해준다. 그 많은 오름들은 어느 것 하나도 성깔을 부리거나 까탈스러운 데가 없다. 하나하나 가까이 가서 보면 모양새가 다르고 풍기는 기품도 다 다르다. 열 번을 가도 열 번 다 새롭다. 언제나 말끔하게 단장을 하고 호감을 자아내는 사람 같다.

20여 년을 줄 창 한라산 숲 그늘을 뱀처럼 기어 다니다가 오름에 눈 돌린 것은 지금은 고인이 된 오름 나그네 김종철 선생님 덕분이다. 그러나 선생님처럼 그 수많은 오름들을 일일이 다 가보진 못했다.

천의 얼굴을 가졌다는 용눈이 오름은 해마다 봄부터 가을까지 줄기차게 쫓아다녔지만, 아직도 그 오름을 다 알지 못한다. 여전히 봄에는 솜방망이 꽃으로 노란 봉우리가 되었다가 여름에는 꿀풀에 덮여 연보라색으로 채색하여 불더위를 이기고, 가을에는 물매화 하얀 꽃물결에 바람도 주저앉게 만들면서 싸늘한 겨울의 치맛바람이 악다구니 치며 물어뜯을 때까지 꽃향유가 일제히 돌아앉아 오름을 불사른다. 이것이 용눈이오름의 사계라는 것 밖에 나무 한 그루 없는 초지에 아늑한 굼부리를 가운데 두고 오르락내리락 정상을 한 바퀴 돌다 보면 탁 트인 시야가 정신의 묵은 때까지 씻어주는 느낌이 든다. 끊임없이 꽃바람으로 살랑거리는 용눈이 오름은 부드러운 능선의 곡선미가 “고깔 춤”에 비할 만큼 아름다운 외모로도 오름 중에 으뜸이다. 헤아릴 수 없을 만큼 찾아다녔건만 정작 오름을 빛내줄 시다운 시 한 편 만들지 못했다, 어쩌면 오름 자체가 그대로 한편의 아름다운 시이기에 더 엄두가 나지 않았던 것인지도 모르겠다. 그러나 오름은 산자의 고향임과 동시에 죽은 자의 고향이기도 하다. 오름 따라 고난의 삶을 살아낸 이들의 아프고 괴로웠던 이야기가 고스란히 녹아있고, 여전히 내 삶 속에 질퍽거리고 돌아다니는 사랑과 연민, 그들의 슬프도록 따뜻한 피까지도 오름의 체취인 꽃을 통해서나마 음미하고 싶었다.

짚 줄로 동여맨
아담한 초가집 처마 밑으로
물동이 져 나르더니

보리밭 이랑마다
엉덩이 흙 마를 날 없이 살더니

누가
이만한 사랑을 거둘 수 있는지
이른 봄 날 마른 풀밭을
포시시 털어내고 있는
솜방망이 꽃
어머니 고운 웃음으로
피었습니다.

용눈이오름에 무릎 세워
멀리 일출봉 아랫도리 적시며
파도를 딛고서는 하얀 물보라도
솜방망이 꽃바람에
노릇노릇 익어가고 있습니다.

용눈이오름에서 만난 졸시 「솜방방이꽃」이다. 이른 봄 들이나 오름에서나 지천으로 피어나는 이 꽃을 행여 다칠세라 조심스럽게 그 옆에 무릎을 세우고 같이 앉아보았다. 잎에도 꽃대에도 하얀 솜털 보송보송 덮으며 노란 꽃송이를 활짝 열고는 오름을 오르듯이 온통 노랗게 핀 걸 보았을 때 나는 마치 물동이를 이고 가는 어머니의 뒷모습처럼 보였다. 지금은 겨우 문지방에 기대앉아 흘러가는 흰 구름에 딸의 얼굴을 그려 넣으며 애태우고 계실 어머니의 마음 바로 그것이었다. 그 마음이 어느새 멀리 일출봉이 보이는 성산포 앞 바닷물을 간절한 그리움으로 물들이고 있는 것이었다.

오름은 사람의 마음을 환하게 해주기도 하지만 소주 한 모금 들이켰을 때 온몸을 짜르르하게 더듬어가는 알코올의 느낌과 같은 그런 눈물 꽃을 피우기도 한다. 그 눈물이 꽃이 되고 시가 되어 후여후여 다랑쉬오름 속새풀 사이를 소슬바람으로 엎드린다.

다랑쉬 가파른 언덕 속살이
패도록 꼿꼿이 서서
해종일 종달리 바다만 바라본다.

빌레왓 고망으로
연기와 따발총이 고득 메와져 왐신디
코 막고 귀 막을 저를 이서시냐
넋 먼저 돌아 나부렀주
오십여 년 만에
4·3 진상규명 운동하는 사람들
꽃상여 맹글아 보젠 호단
뻐마저 불 살라불곡
다랑쉬굴은 시멘트로 막아 불멍
희엇뜩한 정보분가, 경찰은
무싱거 경 모수와 하는지 모르켜
놈인 혼 번 죽어지기도 힘 드는데
우린 숨 못 쉬어 죽어신디
뻐태우멍 또 죽은 거십주
춘봉이 어멍, 덕삼이 아방, 석삼이 삼춘,
예닐곱 먹은 그 꼬맹이 꺼정
어느 빌레왓딜 곱앙 뎅겸신지?
이디 옆이 와 져시민 좋으켜 마는
죽어도 죽은 것이 아니라서
저 싸늘한 역사의 강을 깨고나와
두루 두루 안부를 묻는데
이제는, 아무도

비통해 하지 않는 꽃송이를 안고
이 가을 고샃길을
발그레 문지른다.

졸시 「산비장이」 전문이다. 수시로 찾아가는 다랑쉬오름에서 만난 산비장이란 꽃을 보고 다랑쉬굴에서 죽어간 넋이려니 생각하며 쓴 것이다.

시대의 환란을 맨손으로 받아 안을 수밖에 없었던 통한의 다랑쉬오름을 증언자로 불러내어 아직도 갇혀 있는 역사의 말문을 열고자 한다.

이처럼 무수한 목숨들이 생으로 구겨진 채 오름에 처박혀 오도 가도 못하고 죽어간 넋들의 이름을 부르며 섬사람들은 한을 한으로 묻어두지 않는다. “살암시민 살아진다”는 삶의 철학으로 오름에 새로운 생명의 꿈을 심는다. 그것이 꽃으로 다시 태어난다.

바닷가나 오름이나 계곡이나 어디에든 지천으로 피어나는 꽃, 그 꽃들이 바로 제주인의 삶이요 꿈이며 정체성이다. 신용만 사진작가는 일찌감치 사물과 자신을 일체감으로 다가간 사람이다. 그는 일터도 산이고 쉬는 곳도 산이다. 그는 사진을 찍기 위해 산에 들어가는 게 아니다. 산의 생명으로 살기 위해 앵글을 맞춘다. 그이만큼 산을 아끼고 산의 숨소리인 식물을 사랑하는 이도 드물다. 움직이는 한라산이며 걸어 다니는 식물도감이라 해도 과언이 아닐 것이다. 그럼에도 오만하게 굴지 않는 사람, 그처럼 나 또한 자연물과 사람을 따로 놓고 보지 않는다.

지금쯤 구름체꽃이 피었을라나 생각하고 다랑쉬오름을 찾았던 가을 어느 날 정상을 채 절반을 두고 가쁜 숨을 고르기 위해 앉았다. 고개를 들어보니 가파른 비탈에 탁구공만 한 청색 꽃송이가 나와 있었다. 잎이나 줄기는 분명 엉겅퀴인데 꽃의 모양이나 색깔이 달랐다. 카메라를 꺼내어 앵글을 맞추고 들여다보는데 이건 영락없이 신용만 선생의 선한 눈빛의 삶 그것이었다. 항상 내가 먼저 전화 걸고 귀찮게 쫓아다녔는데 여기 다랑쉬오름에서 만나다니? 사진을 찍고 난 뒤에 그 옆에 앉아 산지기의 생활이 고단하지만 결코 피곤하지 않게 사는 선생을 「절굿대」란 꽃송이에 담아 보았다. 아래의 시가 바로 그것이다

그대가 부르지 않아도
나는 간다.

땀 벼락에 펄펄 끓는 맥박이
순하게 바늘가시로 돋는
꽃송이를 위하여
다랑쉬오름 숨 가픈 언덕이나
족은드레왓, 허허로운 벌판 어디쯤
그대의 앵글 속에 갇히고 싶다.

눈 뜨고 바라보면 흔들리는 세상도
지그시 반쪽 눈 닫고 보면
어찌 알았으랴
어느 간이역에서 마주친 온갖

실망과 분노와 멸시까지도
청보라 깊은 색칠로
단꿈 피워 얹어 놓을 줄을

길가에 흔하게 밟히는 '괭이밥' 꽃말이 '빛나는 마음'이듯 절굿대의 꽃말은 '고마워요.'다. 우리 야생초에는 꽃말과 전설이 담겨있을 뿐만 아니라 몸에 좋은 훌륭한 약초들이기도 하다 짚신나물은 '감사'란 꽃말처럼 영양이 풍부한 풀이고 닭의장풀 꽃말은 '짧았던 즐거움'이지만 모기에 물렸을 때 잎이나 줄기를 뜯어서 비벼 바르면 금방 가려움이 사라진다. 이같이 꽃과 잎의 모양이나 색깔 성격 꽃말 전설 기후 생태환경조건 또는 약초의 효능 등 한편의 시를 쓰기까지 중요한 모티브가 된다.

백 가지 약초가 자라고 있다 해서 이름이 된 백약이오름, 완만한 능선을 짚고 오르다 보면 죽도록 먹기 싫었던 좁쌀같이 생긴 노란 마타리 꽃이 보인다. 이 꽃만 보면 그냥 지나치지 못하고 옆에 살그머니 앉게 된다. 그러면 어느새 기억의 먼먼 저편에서 에돌아 나온 어린 시절의 내 동무들이 "남아! 놀자!"하고 부르는 소리가 들린다. 이가 북적거리는 머리를 긁으며 코를 훌쩍이는 형자랑 영분이랑 창규랑 순자, 그립고 그리운 동무들의 얼굴을 만져본다. 부러운 듯 바람마저 살랑살랑 내 겨드랑이 속 땀까지 씻어준다. 그 때의 동무들을 놓치고 싶지 않은 마음을 시 속에 담아두고 싶었다. 「마타리」다.

골풀로 만든 조리에/ 개구리밥 얹어지고/ 물달개비 야릿한 소꿉놀이였었지/

마타리 노란 꽃송이로 좁쌀 밥을 지어서/ 사금파리 그릇에 소복이 담아 놓고/

형자는 언제나 단골 각시가 되어/ 예쁘게, 예쁘게/ 여보! 밥 잡수이소/

영분이는 조막손 가득 괭이밥풀을 따서/ 아부지요! 술 받아 왔니더/ 나는 언제나 아버지가 되어/ 어흠 어흠 영감기침에/ 콧수염 닦는 흉내를 어찌나 잘 내었던지

꿈처럼 바람처럼/ 유년의 맑은 강물 소리를 듣네.

오름은 내게 때로는 이렇게 유년의 간절한 시간을 불러 주기도 한다.

이처럼 오름에서는 각양각색의 꽃 모양과 색깔과 향기 그리고 생태환경에 따라 내 삶의 기쁨과 슬픔을 함께 해주는 가족과 친구 이웃들과 마주치고, 더러는 시대의 횡포에 시달렸던 역사 속 민초들의 영혼을 호젓하게 만날 수 있어 더욱 좋아한다.

좌보미오름이나 높은 오름에서는 볼 수 없는 절굿대, 구름체, 며느리밥풀꽃이 다랑쉬오름에는 무리 지어 군락을 이루고 있다. 이것들을 보려고 땀 좔좔 흘리며 가파른 오름을 한철에 몇 번이고 기어오른다. 이뿐이랴 도너리오름엔 보라별꽃이 분화구 맨살을 호호 불고 있어 해마다 궁금한 안부를 쥐고 찾아가곤 한다.

이같이 오름들은 계절을 가리지 않고 갖가지 식생을 거느린 만큼 또한 사람의 애달픈 설움이 배어 있다, 그러기에 제주의 오름은 인간의 역사와 함께 호흡하는 오묘한 자연물로서 내게 있어서는 적어도 오름, 그 자체가 사람의 삶이고 정신이 된다. 그러므로 제주의 오름들은 자연이 인간에게 선

물한 가장 빛나는 서사시로서 한라산이 식물의 보물창고라면 오름은 삶과 역사의 기록보관소라 할 수 있다.

그러므로 오름이 갖고 있는 생태적 미학을 통하여 내 문학의 진정성이 성취될 수 있다면 더없는 기쁨이요 영광이겠다.

한라산 그 특별한 야성의 텃밭

어디에 있든 산은 그 나름의 아름다움과 생명력으로 존재의 가치가 충분하다.

한때 그토록 산이 좋아 무작정 산에 들어가서 온종일 있어도 지루하기는 커녕 어두워 돌아올 때는 늘 미련과 아쉬움이 뒷덜미를 잡아끌곤 했었다.

그리하여 산은 내게 있어 언제나 흠모의 대상이었다. 호젓한 숲길이나 골짜기에서 털사철란, 혹은 바위떡풀 꽃송이를 내보이며 들려주는 산의 이야기는 삶의 찬가와도 같은 것이었다. 때로는 베토벤의 "월광"이나 차이코프스키의 "비창"같기도 하고 또 어느 때는 드보르작의 "아메리카"를 듣고 있는 착각에 젖을 때 나는 한라산의 가장 완벽한 오르가즘에 빠져든다.

80년 후반쯤으로 기억한다. 20일간 내륙의 산행길에서 얻은 여러 형태의 모양과 빛깔의 산들은 여태껏 두고 곱씹어도 여전히 금방 찍은 사진을 들여다보는 듯이 알싸함과 상큼함 같은 게 묻어난다.

조각품을 전시해 놓은 양 아기자기하게 솟은 바위 봉우리들로 가득한 설악산, 반듯한 시대정신이 날카롭게 빛나던 고정희 시인을 훔쳐간 지리산, 그리고 선비의 기품이 추상같이 벼르고 있는 것처럼 느껴지던 오대산과 태백산, 학문의 깊고 그윽한 도량을 빼 닮은 주왕산 등 모두가 저만의 고유한 품성과 매력을 지니고 한솥밥의 식솔인 양 반갑고 다감하였다. 이런 신선한 만남에 취하여 더러 욕심낸 것이 발가락 사이가 부르트기도 하였지만 분명한 건 책으로만 역사를 읽는 게 아님을 산들은 오감으로 말한다는 사실을 깨달았다.

거기에 반하여 중국의 천자산 자연보호구나 화산은 우선 기골이 장대하고 그 화려함에 압도당하여 넋을 잃고 기가 막혔다. 그러다 보니 산은 기껏 산으로만 보일 뿐 사람에게는 너무나 멀어 유령이 아닌가 싶을 정도였다. 그 신비스러움과 화려함의 극치를 이루는 풍경에 아! 하고 터져 나오는 탄성마저 천 길 낭떠러지에 곤두박질쳐버릴 만큼 하늘을 찌를 듯한 봉우리의 기세에 메아리 같은 건 아예 얼씬도 못 할 지경이었다.

신기에 가까운 풍광에 질겁한 채 하루해가 다 넘어가도록 산속에 있었건만 무엇을 주고받고 나누었는지 도무지 잡히는 것이 없었다. 협박에 가까울 만큼 치솟은 봉우리들은 너무도 도도하고 위압적인 자세로 서서 마치 나는 있어도 너는 없고, 너는 있는데 나는 없어 깎아지른 벼랑만 있고 소통을 이어주는 능선은 없었다. 그런 게 무슨 산이야, 산의 생명을 느낄 수 없고 산의 숨소리를 들려주지 못하는 산은 유령의 산이랄 수밖에 없을 것이다.

일탈에서 자신의 길이 보이듯 이 땅을 벗어나서 돌아보니 내가 살 부비고 살고 있는 우리의 산은 얼마나 인간적이던가? 또한 얼마나 살갑게 등 내어주고 사람이 그 등에 기대어 평안을 꿈꾸게 하였던 가가 눈에 들어왔다. 새삼 이 나라 이 땅의 크고 작은 산들이 코끝이 짜안해지도록 미덥고 고마웠다.

더군다나 조석으로 드나들어 성가시게 하여도 항상 어머니의 가슴에 안긴 듯 포근함을 주고 때로는 부산한 삶에 치여 거칠어진 맥박을 끌고 가면 애처로이 쓰다듬어주는 한라산은 산중에 산이요, 산중의 어머니가 아니던가. 그 외형도 풍만하고 부드러워 일찍부터 어머니와 같은 산이라 일컬었다.

겉보기엔 드러내 놓을 것 없는 밋밋한 능선 하나밖에 없는 것처럼 보이지만 한라산만큼 풍부하고 다양한 식생을 거느리고 있는 산은 없을 것이다. 적어도 내가 보아온 한라산은 다른 어느 지역, 세계 어느 나라에서도 보여주지 못하는 각양각색의 나무와 풀꽃들이 오밀조밀 어깨를 맞대며 생장하고 있는 아주 특별한 야성의 텃밭을 가지고 있다. 그것은 식물의 보물창고라 불릴 정도로 사시사철 푸르고 싱싱한 숲 파도와 꽃바람 꽃물결로 환희의 꽃노래를 타고 들어가보면 안다. 이런 순수 야성의 생명체들은 다 어떻게 이 조그만 섬으로 건너올 수 있었을까? 한라산 고유의 특산종은 어떻게 무슨 꽃으로 피고 있는 것일까? 얼마만큼의 꽃 가족을 번성시키고 또 어떤 희귀종을 낳아서 숨겨놓고 있는지, 그 내력을 지금도 고스란히 껴안고 있는 것 또한 한라산의 특별한 매력이다.

천혜의 자연경관은 호들갑스럽지 않고 꿈길처럼 잔잔한 아름다움으로 펼쳐진 제주도는 전체면적 1,829km에 타원형으로 섬 중앙에 해발 1,950m의 한라산이 삿갓 모양으로 솟아있다. 정상 분화구 백록담을 중심으로 368개의 오름들이 해안까지 봉긋봉긋 솟아있으며 각기의 독립체로서 기생화산이 아니라고 전문가들은 말한다. 화산활동에 의해 한라산이 30만 년에서 20만 년 사이에 형성되고 뒤이어 20만 년에서 25만 년 전 사이에 오름이 태어났으며 30여 회에 걸친 용암분출로 제주의 지질 표층은 대부분 현무암으로 덮이게 된 것이었다. 그 후 오랜 세월 동안 갖은 풍상을 이겨내고 열대, 온대, 아고산대 등 다양한 기후조건에 영향을 받으며 한라산은 구상나무와 좀고채나무, 분단나무, 종가시나무 등과 가시엉겅퀴, 한라구절초, 한란 등 특산식물과 온갖 야생초들을 품어 안고 오늘의 싱싱하고 푸른 산으로 가꾸어진 것이다.

그러나 무엇보다도 한라산과 오름은 사람과 살을 맞닿으며 애틋한 역사를 함께 해왔다.

곤고한 삶 속에서 구차히 바느질 당한 아픈 역사의 맥박을 느껴보는 데는 야생초 꽃 말고 또 있으랴 싶다. 그뿐인가 아름다운 풍경으로도 더할 나위 없다.

처음 제주도는 한반도와 중국, 일본과 육로로 연결된 환경이었으나 빙하기에 대륙의 동식물이 유입됐다가 간빙기 때 섬에 갇히게 되는 과정을 겪으면서 단절된 섬임에도 불구하고 다양한 동식물이 자리 잡게 되었으며 아열대와 온·난대성 기후조건에 따라 희귀한 특종식물인 한란, 돌매화나무, 한라솜다리, 물부추, 한라장구채 등이 분포하고 있다.

이와 함께 물부추 같은 세계적인 희귀종과 시로미, 한라구절초, 제주달구지풀, 제주황기 등의 특산식물 같은 다양한 종류의 식물들이 2,000여 종이 넘는 식물들이 한라산 고지를 따라 분포하고 있다.

와흘 어디 농원 길
어머니의 다리품 절뚝이며 가는 길
내 밟아보기 전에는
흔들리지 않으리.

사는 게 만만치안아
가슴 저미는
떼 바람이 몰려와도
싱겁게 드러눕지 않으리.

저 혼자 메아리 울리는
달빛을 움켜쥐고
아흔아홉 골 '말없는 사원'을 걸어가기 까지는
더 이상 내려서지 않으리.

- 돌매화 전문 -

설한풍 휘몰아치는 북벽 끄트머리 바위에 붙어사는 "돌매화"는 우리 조상들의 삶에 대한 애정과 정신문화의 정체성을 보는 것 같아 마음이 숙연해지는 꽃이다. 더욱이 환경부지정 법정보호 식물로서 멸절의 위기에 놓여 있는 한란, 나도풍란, 지네발란, 죽백란, 대홍란, 풍란, 어름난초, 등은 그 이름만 들어도 가슴이 아프다. 이들이 사라지는 건 기후변화 때문만은 아닐 것 같아 부끄럽기 그지없다.

언제부터 우리 인간은 이들을 학대하고 폭행을 일삼으며 그도 부족하여 마구 뽑아다 팔아넘기는 행태를 부리며 배반의 등을 돌렸단 말인가.

한라산 고도를 따라 난대상록활엽수림대를 차지하고 있는 동백아, 굴거리야, 구실잣밤나무와 그 외 90여 종들아 무슨 일 있어도 그 자리에 버티고 살아야 한다. 그리고 온대 낙엽활엽수인 졸참나무, 개서어나무, 가막살나무.

제주조릿대, 신갈나무들아 800~900m 그 터에서 꼼짝 말고 살아라. 또한 아한대(아고산대) 구상나무 군락들아! 빨간 열매 달콤한 주목 침엽수야 함께 추위를 마주하더라도 절대로 내려오면 안 된다. 관목들한테도 알려라. 눈향나무, 산철쭉나무, 진달래, 시로미야 똘똘 뭉친 군집에서 밀리면 다 죽는다, 한발도 물러서지 말아야 한다. 악착같이 살아라. 외래종 개민들레 무지막지하게 올라가고 있더라. 제주도민들 한자리에 다 모여 목청이 찢어지도록 고함을 지른다면 너희들을 살릴 수 있을까? 하다가도 아무 것 도할 수 없는 내가 한심해지기도 한다.

한편 한라산 천연보호구역을 비롯한 제주 전역에 걸쳐 분포하고 있는 양치식물, 피자식물, 나자식물 등 모두를 합하면 총 167과에 770속 1,849종과 변종 121에 50품종까지 1,990종에 이른다. 그중에도 78종 69변종은 한라산 특산식물이다. 해안에서부터 한라산 정상까지 수직으로 분포하는 특징을 보이는 이들 식물군에서 붉가시나무, 후박나무 교목과 검은재나무, 황칠나무, 붓순나무 등의 아교목, 관목 등 기타 희귀 수종들은 울창한 천연림을 형성하여 자연경관에도 큰 몫을 다하고 있다.

이와 더불어 식용, 약용, 관상용으로 개발가치가 충분히 있는 식물들에게서 미래 제주의 경제발전에 커다란 자원으로 활용할 수 있는 비전을 발견할 수 있다. 특히 고란초 새우란 초령목 등 희귀 멸종위기의 식물과 담팔수, 소귀나무, 돈나무, 참가시나무들이 고르게 분포하고 있는 한라산은 생물권 보전지역으로서 가장 잘 보존된 난대상록활엽수의 원형을 관찰할 수 있는 유일한 텃밭임과 동시에 살아있는 교과서라 할 만큼 우리나라 식생연구의 보고라 하겠다.

무엇보다도 제주도가 유일한 것으로 자생하고 있는 제주고사리삼 뿐만 아니라 제주감자란, 약란, 새우란류들이 자라고 있는 곶자왈은 한라산의 허파라고 불릴 만큼 중요한 부분이다. 용암과 용암의 틈새 또는 암괴와 뒤엉킨 바위 위에 형성된 습지로서 오랫동안 인간의 간섭을 받지 않고 생태 환경이 잘 발달되어 있다. 이들 곶자왈은 한라산 동서남북에 걸쳐 동백동산 또는 김녕 곶자왈과 저지곶, 청수곶, 서광곶이라 불리며 이들 지역에서는 풍부한 생물 종이 생태적 다양성을 연출하고 있음을 볼 수 있다.

구상나무는 세계적으로 한라산이 가장 많은 분포의 군락을 형성하고 있으며 좀고채목과 나도옥잠화 등과 함께 한라산 아고산대의 대표적 식물이다. 그리고 눈 속에서 고고하게 피어난다는 "에델바이스"로 안 한라솜다리는 한때, 등반 기념품으로 채취되는 수난을 겪게 되면서 지금은 멸종위기에 놓여 환경부지정 보호식물로 그 명맥을 유지하고 있다. 이와 함께 한라개승마, 한라송이풀, 애기솔나물, 섬바위장대 등이 고산화원 선작지왓을 더욱 아름답게 꾸미고 있으며 백록담 맑은 물에 발을 담그고 청아한 생애를 유숙하고 있는 한라돌창포, 한라부추, 김의 털, 한라사초 등도 한라산만의 특산물로 빼놓을 수 없는 귀한 식물들이다.

찬 이슬 또르르 굴리며
한 아름 바람 꺾어들고
산을 내려 왔지

버릴 것 다 버리고

여든일곱 내 어머니의
아릿한 눈빛너머
흰 옷의 신부로 있고 싶었지

아스팔트 위를 황량하게 떠도는
자동차 바퀴들을
순하디 순한 꽃잎의 이름으로
덮어주고 싶었지

- 한라구절초 전문 -

한라산 신령님이 기거하시는 영실계곡 병풍바위 꼭대기에서 큰수리취의 호위를 받으며 낮은 키로 바람을 뚝뚝 꺾고 있는 한라구절초는 처음엔 그냥 쑥부쟁이인 줄로만 여겼던 때가 있었다. 또 한편 탐라계곡을 지나다 만난 설앵초는 마치 물망초가 제 설움에 울다 지쳐 빨갛게 변한 게 아닌가 할 만큼 곱고 고운 꽃이었다.

마음은 이미
수만 말의 콩을 볶았다지요.

사랑도 미움도
전농로 왕벚나무 아얀 꽃비 날리 듯

지우고 나면
그대 마음에 깊은 강물로
흐르고 싶었다지요.

그래요
탐라계곡 푸른 이끼를 딛고 서는
작은 꽃잎의
발그레한 외로움도 괜찮지요
그런 호사도 어디에요

그만하면
내 영원한 잠마저 흔들어 깨워
오라동 웃체오름 언덕을
기꺼워 내려서겠습니다.

- 설앵초 전문 -

누구에게 주려는지 '행운의 열쇠' 또는 '행복의 계단'이란 꽃말을 들고 나온 설앵초가 어두운 나무그늘 아래서 당당하게 서있다. 물망초와 닮았지만, 그보다는 작은 꽃 모양새가 자신의 존재를 강조하려는 언어처럼 새빨간 꽃송이를 기다란 초록 꽃대 위에 올려놓은 것이 앙증맞고 귀엽다.

이같이 그늘을 화사하게 밝혀주는 꽃들이 있어 한라산에는 피부역할을

하는 푸르고 싱싱한 나뭇잎과 더불어 속살 격인 풀꽃들이 산의 맥박처럼 팔딱거리며 꼭꼭 채우고 있다

한라산에는 지리적 여건과 환경으로 인하여 독특하고 고유한 식물분자가 나타나면서 제주 특종식물인 좀처녀이끼를 비롯하여 구름체, 섬잔대, 한라고들빼기 등 42과 69속 87종 3변종 3품종이 한라산의 포근한 가슴살을 헤집으며 연한 실핏줄을 이어가고 있다. 뿐만 아니라 한라산 천연보호구역은 그 면적에 비하여 제주산버들, 섬매발톱나무, 좀향유, 두메대극, 등 특산종이 많다는 점은 우선 고산식물로서 빙하기 유존종이 장기간에 걸친 격리와 기후변동 등 특수한 환경적 요인으로 인한 종 분화의 전이가 활발하게 일어난 때문이며 제주 섬의 연륙설을 증거 하는 중요한 자료가 되기도 한다고 식물학자들은 말한다.

특히 한라산에 자생하는 고산식물의 특징은 간빙기에 고립되어 살아남은 종들이 안정된 집단을 유지하고 있는 것은 갇혀있는 환경에서 기후변화의 영향을 받으며 상당한 변이 량을 거쳤기 때문으로 학자들은 밝히고 있다.

그러나 안타깝게도 이들 자생 특산식물들은 대부분 인간의 폭력적 간섭에 의해 멸종되거나 절멸의 위기를 맞은 것들이 대다수여서 이름으로나마 불러모아 보는 것으로 만족할 수밖에 없다.

현재 한라산에 분포하고 있는 멸종위기 1급의 법정보호식물로 지정된 돌매화나무, 만년콩, 한란, 죽백란, 나도풍란, 풍란 6종이고, 2급의 한라솜다리, 순채, 으름난초, 죽절초, 자주땅귀개, 파초일엽, 지네발란, 제주고사리삼, 삼백초, 물부추, 갯대추, 솔잎란, 개가시나무, 대흥란, 갯대추, 무주나무, 백운란, 박달목서, 17종 그중에서 나도풍란은 이미 생육을 확인할 수 없는

정도가 되고 말았다.

이 외에도 특산 희귀식물로서 피뿌리풀, 실꽃풀, 소귀나무, 겨울딸기, 검은딸기, 왕초피나무, 백서향, 산호수, 검은재나무, 머리꽃나무, 갯취, 한라돌쩌귀, 섬개벚나무, 구상난풀, 덩굴용담, 한라돌창포, 가는범꼬리, 섬매발톱나무, 흰땃딸기, 시로미, 들쭉나무, 설앵초, 한라송이풀, 좀민들레 등 22과 32종이 한라산에만 있는 야생식물들이다. 단일지역에 이만큼 다양한 식물군을 거느리고 있는 곳은 없다. 그야말로 천혜의 자연자원의 혜택을 누리고 있는 우리는 이제 보다 적극적으로 자연자원의 가치를 미래의 비전으로 인식하여야 한다

이들 중에는 시베리아나 몽골 중국대륙의 극고산지대를 탈출하여 기어이 한라산 자락에 뿌리내리면서 새롭게 고유한 종을 번식시켜 울울창창한 세상을 바다 위에 띄우고 더불어 사람과 흥망성쇠를 함께해온 생명체들이다. 그러기에 한라산은 인간의 생활에서 아주 특별한 야성의 텃밭인 것이다.

현대문명과 문학의 역할

"미국은 한국의 독립과 자유를 보장해 주는 힘이다. 그러니 한국이 동북아 균형자론을 자처하고 나서는 건 어불성설이며 모든 아시아국은 미국의 관리하에 놓여야 한다. 그러므로 한국은 나서지 말고 미국과의 동맹이나 더욱 강화하는데 힘쓰라 그러지 않으면 한국인들은 과거에 우범지대에 살고 있었던 때로 되돌려질 것이다.

동맹국임을 강조하는 미국의 힐 국무차관보의 이런 논조의 발언은 참으로 건방지기 짝이 없다.

강자의 횡포를 가책도 없이 마구 휘두른 전형을 보여준 것이다. 사사건건 간섭하고 통제하려 드는 거대한 힘 앞에서 우리는 언제까지나 "음메 기죽어" 납작 엎드려야만 한단 말인가?

이라크에서 대량살상무기를 찾아내겠다며 기만과 선제공격으로 전 세계를 속인 철면피니, 또다시 북핵을 빌미로 대한민국을 윽박지르고 속이는 일은 식은 죽 먹기일 것이다.

어제는 북한이 핵실험을 하였다고 호들갑이더니, 오늘은 오보라고 둘러댄다. 어이없는 해프닝을 눈도 깜짝 않고 만들어 내는 것이 백악관 사람들이다. 그야말로 북핵을 빙자해서 남한의 경제성장을 와해시켜 말 잘 듣는 똥개로 묶어두려는 속셈을 노골적으로 드러내는 것에 다름 아니다.

지금 우리는 내부로는 실업과 물가 불안에 시달리고, 외부로부터는 주변 강대국들이 우리의 주권을 침탈하려는 야욕을 품고 도전해 오고 있는 현실에 직면해있다.

중국이 우리의 재산인 고구려 역사를 강탈해 가고, 일본은 교과서 왜곡과 독도를 뺏으려 온갖 망동을 저지르는데, 우리 정부와 국회는 뭐 하나 구체적으로 해결해 놓는 것이 없다.

매스컴은 며칠 와! 와! 하더니 어느 귀퉁이에도 문제가 어떻게 어디쯤 가고 있는지 전혀 관심이 없다.

도대체 국가의 중차대한 영토와 외교 문제들을 어디에 내동댕이쳐버렸는지, 여야는 연일 잿밥 싸움에 밤낮을 쏟아 부으며 삿대질하기에 바쁘고, 국가의 미래는 안중에도 없으니 어찌 이 나라 백성이 고개 들고 바깥출입을 할 수 있겠는가.

참으로 한심하기 이를 데 없다. 냉정을 잃고 부나비처럼 권력과 금력의 눈치 보기에 급급하여 소심하고 가볍기 짝이 없다. 언론 매체 또한 이와 다를 바 없어 올바른 비판을 기대할 수 없으니, 나라 걱정으로 손에 손에 촛불을 켜 들고 거리로 나앉은 저 의로운 백성들의 외침 소리를 어느 올곧은 정신이 있어 위로해 주랴.

식민지 때 잃은 것보다 얻은 게 많다며. 오늘의 미국과 어제의 일본을 은인으로 보는 보수 지배층의 '변함없는 효심'이 이 땅의 백성들을 더욱 혼란스럽게 흔들어도, 여당은 여당답지 못하고 야당은 야당답지 않으니 통탄할 노릇이다. 보수는 부패로 망하고 진보는 분열로 무너진다 했던가. 나라 꼴이 말이 아니다.

민족문학이여 무기를 들라.

우리에게 이보다 더 다급하고 큰 문제는 없다. 갈겨라. 펜 똥이 글자를 덮을 때까지라도 좋다. 그러므로 오발탄, 겨울공화국, 금수회의록, 부주전상서 같은 당대의 신랄한 비판 문학이 오늘 이 시대에도 유효하다.

문학이란 그 시대의 양심과 정신에 의해서 피어나는 꽃이기에 더더욱 그러하다.

오늘날 물질추구의 생활태도가 문학의 양심을 짓밟고, 인터넷 매체의 가공할 위력 속에서 문학의 역할은 역시 사람의 가슴을 따뜻하게 지피는 장작이 되어야 한다.

미디어 환경의 급속한 변화에서 공동체 생활의 고유한 정서를 담아내는 문학의 역할이야말로 우리 앞에 다가서는 범 지구화 시대 문학인의 확고한 역사의식과 튼튼한 정신의 무장으로 부응해야 한다.

이미 지난날이 되어버린 민주화를 이루어 냈다는 성취감에 안주하여 자기욕망의 단단한 캡슐에 들앉아 문학을 빙자한 문학을 파먹고 있지 않은지, 진정 내부로부터의 반성과 민족문학의 정체성을 다시금 곱씹으며 찬찬히 뜯어 볼 일이다.

이러한 시대적 요구에 제주작가는 행동하는 문학으로서 진정 삶에 대한 따뜻한 이해로 다가갔는지를 끊임없이 물으며, 항쟁 57주년을 맞은 4.3예술제 행사와 더불어 제 14회 전국민족문학인 제주대회를 치러 내면서 제주작가회의의 역량을 확인하는 계기가 되어 뿌듯한 감흥을 맛보기도 하였다.

"을사늑약 100년, 을유 해방 60년, 그 질곡의 세월 넘어 한라에서 백두까지"라는 기치 아래 전국에서 모여든 민족문학 작가들은 4·3유적지를 돌아보며 새롭게 역사의식을 고취시켰으며 특히 범아시아 문학 연대의 꿈을 곱게 받아 안았을 것으로 믿는다.

작은 섬 땅에서 만난 자카리아 모하메드 이라크 시인과 M, 아부 하쉬하쉬 팔레스타인 시인의 시낭송과 전쟁의 참혹함을 시인의 육성으로 생생하게 들을 수 있었던 것 또한 잊을 수 없는 경험이 되었기을 것이다.

우리는 그동안 이 사회가 안고 있는 어떤 부당한 힘이나 모순들을 비판하는 데 있어서 얼마나 능동적이었나를 되물음으로 제주작가회의의 또 다른 자기 혁신을 꾀하자. 그리하여 정직하고 올바른 문학의 눈으로 항상 깨어있을 것을 다짐한다.

들꽃 속에 숨어있는 삶의 이야기

- 자연생태와 나의 문학 -

나는 식물에 대하여 학문적 지식을 갖고 있지는 못하다. 다만 풀 한 포기, 꽃 한 송이 그 자체로 보고 듣고 찾는 재미에 급급해 감성적 접근에 머물러 있음을 고백하지 않을 수 없다. 그러므로 자연 생태계의 깊은 이해나 통찰 없이 극히 개인적인 체험을 바탕으로 자연환경이 어떻게 문학 속으로 들어와 앉았는지를 말할 수밖에 없다.

“꽃이 아름다워서 지켜주어야 할 생명이 아니라 풀꽃들의 삶 속에는 자연에 순응하는 자연 그대로의 모습이 있기 때문인 것”처럼, 사람들은 자연을 닮은 사람에게는 아름다운 향기를 맡으며 들꽃 같은 사람이라 부르기도 한다.

때로는 길을 걷다가 우연히 풀꽃과 마주쳐 발목이 잡히면 반가움이 가슴을 짜르르하게 흔드는 것을 맛본다. 그것은 필자가 산골 태생인데다 어린 날을 그들 속에서 자랐기 때문일 것이다.

뿌리를 내리지 못하고 물살 따라 떠 있는 생이가래처럼 고단한 삶의 여정에서 그래도 풀꽃들로 가득 찬 유년이란 들판이 있었기에 가끔은 아름다운 기억으로 뛰놀 때가 있다.

6·25가 끝난 직후에 맞은 내 유년은 허기를 채우기 위해 산으로 들로 강

으로 쏘다니던 피폐한 삶이었다. 그러나 그 환경은 갖가지 풀꽃들이 지순한 빛깔로 물들여 놓았다.

청운의 꿈을 품고 도시로 나온 나는 풀꽃들의 위로를 잊어버렸다. 희미한 가로등 아래 푸석거리는 시멘트 담벼락에 볼을 비벼대고, 도회 속을 배회하면서 삶의 비속함에 진저리를 쳤다. 그때마다 사람이 없는 산속을 찾았다. 계곡이나 숲 속에 몸을 놓으면 한라산은 드문드문 풀꽃을 내밀며 말을 걸어왔다.

남몰래 초경을 앓고 있는 소녀의 젖꼭지 같은 하얀 은난초나, 성숙한 처녀가 설레는 꿈을 모두고 앉아 있는 모습의 노란색 금난초 꽃망울들, 혹은 계곡의 바위틈에서 목숨을 하얗게 피워 올리는 한라개승마, 은은한 연분홍 빛깔이 말할 수 없이 고운 노루오줌 등의 이야기를 열심히 들려주었지만 그저 막연한 위로였을 뿐, 특별한 관심이나 애정을 품지는 못하였다.

삶의 바퀴에 치여 오직 자기 아픔밖에 느끼지 못하는 경직된 마음을 무던히도 애를 쓰며 지켜주려 했던 그 풀꽃들 덕분일까.

마치 아기가 '메롱!' 하고 혓바닥을 빼어 문 옥잠난초 꽃잎의 앙증스러운 모양에 매료되었다. 마침내 눈은 열리고 어둡고 차가운 세상을 빠져나와 자연의 순연한 향기와 생명의 빛나는 맥박을 보기 시작했다.

때마침 한라산 식물생태계에 지대한 관심을 쏟고 있는 신용만 사진작가의 '한라산의 꽃'을 주제로 한 사진전 감상을 계기로 야생화라는 풀꽃들이 새롭게 다가왔다. 식물이 자연의 조건에 적응하며 여러 가지 형태를 만들어내듯이, 갖가지 풀꽃의 이름으로 살아가는 사람의 얼굴이 묻어나오는 것이었다. 그러면서 내 문학에서 꽃은 이제 더 이상 단순한 꽃이 아니었다.

권력과 법으로부터 외면당하는 이 땅의 말 없는 민초들, 그러나 식물들이 신비스러운 방법으로 자신이 필요한 것을 찾아내거나 그 방향으로 나아갈 수 있듯이, 아무도 봐주지 않는 척박한 환경에서 경쟁 대신 공존의 지혜로 사는 모습을 들꽃들을 통하여 들여다보고자 했다.

꽃가루를 날라다 주는 곤충의 특징에 맞게 화려한 색깔이나 향기로 유혹한다거나 좋아하는 꿀을 만들어준다든가 곤충들과 공생을 유지하며 사는 풀꽃들, 이를테면 '하늘말라리' 같은 식물이 있다.

줄 게 없어도/ 자꾸만 줄 것을 찾아내다가/ 주근깨만 얼굴 가득/ 피워내는 사람아/뜨거운 햇살이 차마 부끄러운/ 들녘에서/ 그대 사람이 타고 있는 것을/ 보네.(졸시 하늘말나리 전문)

이질풀, 닭의장풀, 마농꽃(흰꽃나도사프란), 물매화, 변산바람꽃, 꿩의다리, 며느리밥풀, 광대나물, 개불알풀꽃, 조뱅이, 솜방망이, 산비장이, 쇠별꽃, 함박꽃, 까치수영, 꿀풀, 쑥부쟁이, 술패랭이, 절굿대 등의 풀꽃 이름을 부르며 저 혼자 피어 있을 그들을 찾아다녔다.

들판의 약간 굴렁진 곳이나 길가의 마른 도랑 같은 데서 큰뱀무가 노랗게 목을 돌리고, 물봉선이 저희끼리 줄기를 타넘으며 빠알갛게 무리를 지어 바람에 한들거린다. 아버지의 헛기침과 함께 장작불이 따닥따닥 타는 소리를 내고 있는 것 같은 짚신나물이 노랗게 들길을 오르면 원추리가 나팔을 불며 내려온다. 달맞이 꽃대처럼 키를 세우고 물레나물 꽃이 여름 한낮의 햇살을 식히려는 듯 그 여린 꽃잎 끝을 꺾어 노랗게 물레를 돌리면 수박풀 꽃잎이 검붉은 아랫도리를 감추며 하얗게 큰소리로 웃고 앉는다.

이렇게 우리가 살고 있는 아스팔트를 조금만 벗어나면 식물들은 감정이 있는 생물체로서 인간과의 교감을 기다리고 있는 것이다.

어떤 식물학자는 "인간의 상상을 초월한 차원의 보이지 않는 지성적 존재와 대화를 나눈다는 생각은 식물에 있어서 더 이상 억지가 아니다"고 했다. 그리고 "식물들은 한번 어떤 특정인과 유대를 갖게 도면, 그가 어디에 있더라도 그리고 아무리 많은 인파 속에 있더라도 그 사람과 계속 유대를 갖는 것으로 보인다."고도 했다. 이 얼마나 놀라운 일인가!

그런가 하면 "식물은 단순히 살아 숨 쉴 뿐만 아니라 상호 교감도 나눌 수 있는 존재로서, 학대에 대한 격렬한 반발과 친절에 대한 진지한 경의를 분명히 보여준다."고, 피터 톰킨스와 크리스토프 버드는 「식물의 신비 생활」에서 적고 있다.

그렇다면 이들 식물이야말로 진정한 우주적 존재가 아닌가. 무기질의 세계였던 태고의 지구를 생명이 살기에 적합한 곳으로 바꿔놓기까지 그들이 벌인 재능은 거의 완벽했다. 그들의 처절한 노력이 없었다면 과연 이 지구에 우리 인간이 살 수 있었을까? 그러고도 또한 그들은 인간이 위급할 때 생명을 구해주고, 상처를 다스리는 약이 되어주기도 한다.

예를 든다면, 노란색 꽃송이는 작고 예쁜데 줄기를 꺾어보면 애기의 설사똥 같은 노란 유액이 나와서 애기똥풀이라는 이름을 달게 된 애기똥풀은 독성이 강하다. 그러나 식물 전체를 말려서 감초를 놓고 달여 먹으면 효능이 있다. 또는 사마귀에 즙을 붙여 치료하고, 만성 위장염, 십이지장궤양, 담낭염으로 인한 통증에 효과를 보여주는 약용풀이다. 쓴맛 때문에 붙은 이름의

'씀바귀'는 그 쓴맛으로 봄철의 입맛을 돋우는 나물이기도 하다. 그런가 하면, 6월부터 9월까지 연한 홍자색 꽃이 잎겨드랑이마다 원을 그리며 층을 이루고 피어나는 꿀풀과의 익모초는, 어린이 배앓이에 효과가 있고 이름 그대로 "엄마에게 좋은 풀"로서 부인병에는 물론 습진, 가려움증에도 효능을 보여 예전부터 민간요법으로 많이 활용되어왔다.

그 이외에도 관목이나 풀꽃이 농경사회 이전의 인간생활에서 생명을 유지시키는 음식물이었다는 것을 풀꽃 속을 하나하나 들어가면서 알게 되었다.

5월에 노란색의 꽃을 피우는 괭이밥은 잎을 따서 씹으면 새콤한 신맛이 입안 가득 침을 돌게 한다. 어린 날 소꿉놀이할 때 술 역할로 많이 쓰였던 풀이기도 한데, 종기와 버짐, 타박상에 찧어 바르면 좋단다. 제비꽃은 피부병이나 뱀에 물렸을 때 찧어 바르고, 맹장염에도 효과가 있는 것으로 알려져 있다.

우리 주변에 흔하게 자라고 있어 잡초로 취급받으며 학대하는 풀꽃들이, 농약을 뿌리고 비료를 주며 애써 키우는 농산물만큼이나 유익한 먹거리가 될 수 있는 것이다.

자연농법을 쓰고 있는 윤구병 박사는 농사를 짓고 살면서 "잡초는 없다"고 한다. 그는 흔히 농사를 망친다고 하는 바랭이나, 쇠비름, 광대나물 등을 버리는 일 없이 나물로 거두거나 효소를 만들어 이웃들과 나누어 먹는다고 한다.

이처럼 자연생태는 이 땅의 곳곳에 붙박고 함께 살자고 우리에게 다가오지만, 아직도 그들의 진정한 의미를 알아차리는 이가 일부 식물학자나, 관심 있는 몇몇을 제외하고는 매우 드문 상태다.

봄, 여름, 가을, 겨울 사계절에 두루 걸쳐서 갖가지 꽃들을 피워내고 있는 곳은 전 세계적으로 우리나라밖에 없다고 한다.

천혜의 자연환경에서 살아온 우리의 옛 조상들은 풀 포기 하나라도 귀히 여기며 나름의 화목한 공동체를 이루며 살아왔기 때문은 아닐까. 그와 함께 아플 때는 약용 풀로, 배고플 때는 식용 풀로써 인간이 슬플 때나 기쁠 때는 노래가 되고 이야기가 되었던 이 땅의 야생풀들은 스스로 사람에게 다가갔던 것이다.

꽃잎이 하나로 된 누운주름잎이나 진보라색의 금창초, 닭똥 냄새를 풍기는 통꽃 모양의 계요등, 냉이, 쥐오줌 색깔의 쥐오줌풀, 그들이 들려주는 이야기를 어찌 다 옮겨놓을 수 있을까.

애초에/ 머리 위 햇살이 무거웠네./ 너무나 잘 나버려서/ 곱게 낮추기로 했을 뿐/ 이 땅의 숨소리는 결코/ 숨어 다니진 않는다네./ 저 기록되지 않은 목숨들이/ 우리를 생생히 지키고 있는지/ 눈 크게 뜨고/ 이 푸르름이 깊어지는/ 빛깔의 무게를 보시게 -「금창초」 전문

마른 땅이면 잎을 키우고 젖은 땅이면 줄기를 길게 한다든지, 바람 잦은 언덕이면 키를 낮추고, 춥고 높은 고산지대에서는 잔털을 꺼내 덮는 등 저마다의 자연환경에 적응하며 생살을 도려 문 듯 꽃을 피워내고 있는 것들, 이들은 누구의 도움 없이도 태양 빛을 이용하여 필요한 유기물을 만들고 아름다움이나 향기, 또는 독특한 모양새로 제 식구들을 늘려가기도 한다.

이러한 조그만 식물들의 생존전략은 인간의 다양한 삶의 방식만큼이나 치열하다.

햇빛을 많이 받기 위해 잎을 둥글고 넓게 하나로 펼쳐서 긴 대를 가느다랗게 세운 자세에서 하얀 꽃송이를 별같이 올려놓은 바위떡풀에서는 4·3때 혼비백산한 영혼들을 보기도 했다.

인적 없이도 살 것은 살아/ 음험한 시간 속이었지/ 갯내음 그리워 이 산 저 산 목 놓아 부르다가/ 마른 돌이끼에 붙어살았지/ 찬바람이 계곡을 쓸어올 때/ 한숨 쉬듯 풀어놓은 하얀 바위떡풀/ 그의 그렁그렁한 눈물 속을/ 차마 짐승의 걸음으로는 갈 수 없어/ 짐승의 소리를 내며 가는 사람/ 우리들/ 너무나 가벼운 존재들, 부끄러워라/ 아! 부끄러워라/ 일만 팔천 신을 속이고 또 속여도/ 한 방울 저 세찬 눈물은 덮을 수 없네.

습한 그늘 속에서 투구 모양의 청보라 꽃송이를 무겁게 내려쓰고 있는 한라돌쩌귀를 보면 임종을 지켜드리지 못한 아버지를 만나 선 것처럼 가슴이 시퍼렇게 출렁인다. 또한 좁쌀을 쏟아놓은 듯한 노란 마타리 꽃망울들 속에서는 어릴 때 같이 놀던 동무가 산 노루처럼 풀 섶을 뛰고 있는 것을 본다.

이렇게 이름 하나씩 성품 하나씩 알게 되고 정을 붙이노라면 풀꽃들에게 어떤 신성성을 느끼기도 한다. 누군가 "신성(神性)이란 죽어 있는 것에서가 아니라 살아 있는 것에서 찾아볼 수 있다. 그것은 정형화되고 고정된 것이 아닌, 발전과 변화의 과정에 있는 모든 것 안에 존재한다"라고 말한 것은 인간이 자연과 협력만 잘한다면 이 지구상에서 못 얻을 게 없다는 뜻일 게다.

사람이 어둠 속에서 목소리로 서로를 분간하듯이 풀꽃들은 향기로서 서로를 분간한다고 한다. "식물이 다른 물질로부터 자신을 해할 것인지 좋아할 것인지를 알고 잎의 파장으로 보여 준다"는 어느 식물학자의 말을 이즈음에 와서 더욱 실감하게 된다. 삶의 가치구현을 지향하는 모색 과정에서 자연물을 통하여 오늘의 환부를 들추어내고 닦아주는 몫을 문학이 앞장서야 하는 당위성을 여기에서 찾아본다.

바닷가에 피는 풀꽃들은 또 여지없이 바다 사람을 닮은 꽃을 피우고 있었다. 갯장구채는 등대의 고동 소리를 내며 바윗돌에 서 있고, 해녀가 물비늘을 뚝뚝 흘리듯 갯기름나물이 허옇게 바윗덩이를 적시고, 번행초와 땅채송화가 저마다의 속성을 간직하고서 하얀 파도를 쓰다듬고 있었다. 더러는 순비기꽃이 입술이 시퍼렇도록 슬픔을 게워 여름 하늘을 태우기도 하지만, 제주의 산과 바다를 따뜻하게 보듬고 있는 모든 풀꽃들이 우리 삶의 기쁨과 슬픔을 너무도 흡사하게 닮아 있는 것을 깨달았다.

여름철 모래밭이 뜨겁다 해도/ 마른 밭의 쇠비름 제 아무리 질긴들/ 혓바닥 갈라지도록 숨비소리 부르다보면/ 사는 것도 잊은 채 살아왔지요.

따개비 돌아앉은/ 그대 사랑과 눈물의 뱃길은/ 오직 빗창 하나뿐이었지요.

물비늘 뚝뚝 흘리며/ 돌아오는 길은 회색빛 은은한 푸른 입술이/ 하늘만큼 두텁고 맑아/ 이 세상 사람이 아닐 줄 알았지요. - 순비기꽃 전문 -

마치 부부가 함께 오래 살면 얼굴이 닮는 것 같이, 가만히 꽃들을 들여다보고 있으면 이 산하에 피고 지는 모든 풀꽃들이 갖가지 형태의 사람을 닮아 있다. 풀꽃들은 내 부모 형제와 친구들 그리고 나를 둘러싸고 있는 이웃들

더 나아가서 인류의 공동체적인 모습까지도 보여주는 것이다.

그러나 안타깝게도 인간중심의 문명은 이기적으로 발달한 까닭에 산을 깎고, 들을 갈아엎으며 무서운 속도로 풀꽃들을 소멸시키고 있다. 해마다 나만 몰래 가서 향기를 맛보던 석곡이 마른 바위에 붙어살면서 하얀 꽃잎을 깨끗하게 피워내더니 지난해부터는 그 자리가 비어 있었다. 마치 연인을 잃은 것처럼 허전하고 슬펐다.

관광위락 시설이 그렇고, 골프장 시설이 그렇다. 해안도로가 곳곳에 이어지면서 해안경관이 무너져 내렸고, 포구가 매립되고 중산간 도로가 개설되고, 기존의 도로가 확장에 확장을 거듭하면서 많은 생물과 식물들의 서식처를 송두리째 빼앗아버렸다.

일례로, 동쪽 일주도로변에 금잔옥대가 군락으로 화단을 이루고 있었으나 도로 확장공사로 인해 그대로 매몰 되어 버렸다. 금잔옥대는 수선화과로서 제주 토종 수선화다. 여섯 개의 하얀 꽃받침 속에 노랗게 반짝이는 황금 잔 모양의 꽃잎이 앉아 있어 금잔옥대라는 이름을 붙인 것이며, 우리가 흔히 볼 수 있는 수선화는 개량된 겹수선화다.

개발이 제아무리 인간생활의 편리와 부가가치를 가져다준다 하여도 인간의 생명은 물론 지구상의 모든 생명을 부양하고 있는 식물의 역할과 바꿀 수 있는 것은 아무것도 없다. 한 문화가 파괴될 때마다 수 세기 동안 누적되어 온 지식이 말살되고 불가피하게 갈등과 사회 붕괴가 뒤따르는 것을 우리는 경험해 왔다.

공동체 삶의 고유한 문화를 버리고 아무런 고민도 하지 않은 채 소위 선진화라는 구호에 '얼씨구' 따라나섰던 오늘, 우리 모습은 어떠한가.

자연생태를 무시한 개발과 질 낮은 문화에 쓸려 "너 죽고 나 살자"는 팽창된 경쟁의식이 만연한 사회에서 우리의 고유한 정서가 고갈되어 가고 있지 않은가. "식물이 곧 우리 인간의 생명이나 다름없다"는 것은 식물과 공존관계를 유지해야 하는 당위성을 안고 있다는 뜻이기도 하다.

"인간과 자연 사이의 윤리가 회복되어야만 진리가 머물고 있는 이 광막한 우주라는 거주지에서 동물이나 식물들 각기의 문이 달린 수많은 통로를 이용할 수 있고, 비로소 건강한 인류의 삶이 유지될 것"이라고 식물학자들은 말하고 있다.

"인간의 삶은 성숙한 생태계가 제공하는 보호 울타리가 필요하며, 그런 보호 울타리 안에서 우리는 문화생활을 추구할 수 있고, 생물과 경관의 다양성이 없이는 정신적 문화적인 다양성이 보장될 수 없다"는 어느 식물학자의 말처럼 굳이 문학적 상상력을 동원하지 않더라도 식물과 인간의 삶에서 문학은 충분히 영향력을 발휘할 수 있는 것이다. 그리고 "문학이란 과학의 변방이 아니라 바로 그 중심에 불가사의하게 위치한 일종의 엔트로피로서 인식되기 시작했다"는 말에서 알 수 있듯이 일상생활에서 인간은 식물과 함께 있을 때 행복감과 편안한 기분을 느낀다. 그것은 "영적인 충만감에 젖어 있는 식물들의 심미적 진동을 인간이 본능적으로 느끼기 때문"이다.

꽃은 출생 때나 잔치 때, 혹은 타인을 기쁘게 하고 싶을 때 선물한다. 꽃은 감성과 감정에 호소하는 상징적인 기호인 것이다. 그런 의미에서 풀꽃이 인간생활과 함께 문학에 끼치는 영향은 지대한 것이다. 그것은 이미 오래 전부터 철학자의 깊은 통찰에 의해 우리가 알지 못하는 새로운 세계로 향하는 통로였고, 많은 시인들의 직관에 의해 문학적인 모티브 안에서 텃밭을 일구며 의인화된 삶을 살고 있었던 것이다.

"주관적인 감각이 없다 뿐이지 식물에게도 영혼이 있다"고 한 아리스토텔레스의 말에 전적으로 동의하며 그들 식물들을 인물화 하기에 더욱 심혈을 기울이며 뛰어다닐 것이다.

평화의 바람은 불고 있는가

- 오키나와 평화기념공원을 다녀와서 -

국제자유도시, 평화의 섬에 대한 전망이 여기저기서 분단장하고 쏟아져 나올 때마다 우리 역사의 질곡과 화해의 바탕은 어디를 유랑하고 있을까 생각했다. 4.3의 처절한 상흔을 딛고 있는 이 사회가 반드시 해결해야 할 문제의 당위가 바로 화해와 상생일 거라는 생각을 안고 오키나와 섬에 발을 내려놓았다.

독자적 방언과 오랜 전통문화 등 17세기까지 평화를 사랑하며 류큐 왕국을 지켰던 슈리성 정문 앞에 섰다. 정문 이름이 "손님은 기꺼이 환영한다"는 뜻의 환희문을 지나자 "예의를 지킨다"는 수례문도 있었다. 그래서 예전부터 류큐를 수례지방이라 하는 것도 평화적 개방과 교류의 역사를 뜻한다는 것이다. 국시가 평화교류를 통한 번영이었고, 문명을 전수받은 조선을 배반할 수 없다하여 임진왜란 때 일본 정국이 배정한 전쟁 분담금을 거부한 대가로, 후일 사쯔마번에 의해 400년 역사의 왕국은 무너지고 전쟁의 아비규환 속으로 빠지고 말았다는 것이다.

제주도 보다 조금 작은 땅, 평화스러운 오키나와 섬에 전쟁의 바람이 불어 닥친 것은 1945년 3월 23일 미국의 육 해 공군의 연합 상륙작전으로 태평양 전쟁의 최대 격전지가 되면서이다. 90일 전쟁에서 무려 20여만 명이 희생되었고 한 달에만 인구 한 명 당 52발의 탄환이 쏟아졌으니 어찌 "죽음의 방황"과 "자살의 벽"을 넘어 바다로 몸을 던지지 않을 수 있었겠는가

일본군 구 해군사령부 진지동굴은 빗물에 깎아진 산자락을 시멘트로 발라놓은 듯 묵직하게 보이는 것이 동굴 입구라고 했다. 길이 2km의 이토카츠 호에는 의료실을 비롯 막료실, 발전실, 비상구, 취사장, 작전 신호실 등이 배치되어 마치 미로처럼 되어있는데 아직도 사령관실 나무의자는 역사의 증거물인 양 그대로 놓여 있었다. 또한 둘러보는 곳곳에 당시를 보여주는 전황과 토굴작업 사진이 놓여 있었다. 이 음습한 동굴에서 오키나와 토박이들이 방언으로 대화하면 일본군은 스파이로 오인 처형하였다고 한다. 남부에서 철수할 때 버리고 간 200명의 중환자들은 칠흑 같은 어둠에 갇혀 아우성친 죽음들이 동굴 벽을 스산하게 기어 다니는 것 같아 소름이 돋았다.

어디 이뿐인가 오키나와를 대표하는 명소가 또 하나 있다. 히메유리(백합과 유사한꽃)탑이 있는 장소, 전쟁 당시 굴속에서 환자를 돌보던 여학교 간호사들이었다. 미군의 진격에 놀라 항복하러 나가는 학생을 일본군이 쏴 죽이고, 남은 이는 미군의 총격으로 죽고, 또 자결하여 190명의 소녀들이 몰살당한 현장이다. 사랑하는 친구들의 죽음, 암흑과 공포가 생생하게 기록된 메모장들이 전시되어 있는데 백합 같은 소녀들의 경악하는 눈망울을 보는 듯 마음이 짜르르 전율을 일으켰다.

제2차 대전의 격전지로 섬 전체가 잔혹한 참상이 훑고 간 전쟁유적지라 해야 할 오키나와, 아니 현재도 하루 수십 대의 전투기가 굉음을 지르며 뜨고 내리는 미군 부대가 도시 한복판에 떡하니 버티고 있는 그 오키나와에서 평화의 바람이 파도 타고 있다는 평화기념 공원을 찾았다.

외국 관료와의 약속이라 더욱 서둘렀지만, 도로사정에 의해 여지없이 코리안 타임이 되어 버리고 말았다. 시키나 노보루(부관장)씨는 자료관 현관에 서서 30분이나 기다리고 있었다. 그럼에도 앞장서서 자료실 내부와 바깥 기념비까지 친절하게 안내해 주었다.

오키나와 남단의 조그만 기안 곶. 고메스 해한, 마부니의 언덕 모두가 오키나와 전쟁 유적 공원으로 지정하고 평화기념 공원으로 조성하여 년 중 40만 명의 관람객이 발길을 머문다고 한다.

부지 47 헥타에 건평 1만 2천 평 47억을 투자하여 2000년 4월 1일 개원한 공원 안에는 평화의 주춧돌, 평화의 광장, 평화의 불꽃, 한국인 위령비, 평화기념자료관으로 구분되어 있었으며 자료관에는 종합평가지처럼 일목요연하게 각종 자료들이 전시되어 있다.

입구에는 전사자 추도와 평화의 기원, 전쟁교훈과 계승, 안락과 배움의 장소 등 건립 이념이 요약돼 있고 2번째 방은 철의 폭풍 그야말로 쑥대밭이 되어버린 당시 상황을 사진과 지도 등으로 애써 보여주려는 흔적이 돋보였다. 전시실은 지옥의 전장 등으로 표현되어 가마 속의 피난민, 야전병원, 곳곳에 널브러져 있는 피투성이의 시체사진들로 처참했던 순간들을 전해주고 있다 아이러니한 것은 이 모든 증거사진은 미군에 의해 기록되어 졌다는 것이다.

특히 4번째 증언의 방까지 주민 입장과 평화의 시각으로 전시되고 245명의 증언 자료를 영상으로 또는 주제별로 분류하여 책으로 묶어서 관람자가 직접 읽거나 들을 수 있게 오디오 시설도 갖춰져 있었다. 가마 안에는 민군이 함께 살았기에 총 들고 서 있는 군인 앞에서 아기의 입을 틀어막고 있는 어머니의 모습을 밀랍인형으로 재구성한 장면에서는 내 살점이 오그라드는 현상을 느꼈다. 증언에 의하면 일본군은 한국에서뿐만 아니라 오키나와 원주민들에게도 개명을 강요하였고 우유에 청산가리를 섞어 죽였다 한다.

폐허의 땅에서 고등 법문관인 미군 장교 한사람 손에 사법 입법 행정이 다스려지고 본토 출입도 여권이 있어야 가능할 만큼 철저하게 주민들의 생활을 탄압하였다.

산천을 초토와 시키고 인권마저 유린해버린 전쟁의 막다른 골목에서 미국은 또 다른 전쟁을 준비하고 있었다. 베트남 전장을 가기 위한 미군전용 상점이 줄줄이 들어서고 새로운 전쟁이 준비되고 있었다고 부관장은 귀띔한다.

총성과 비명 온갖 원귀들이 뒷덜미를 잡아당기는 자료관을 돌아 나오는 마지막 벽면에 시 같은 액자 하나가 눈길을 끌었다. "전쟁을 일으키는 것은 확실히 인간이지만 그 이상으로 전쟁을 막는 것 또한 우리들 인간이 아닌가." 당연한 말이다. 고개를 끄덕이며 전쟁의 참혹한 교과서를 빠져나와 계단을 올라섰다. 거대한 통유리 너머로 태평양 쪽빛 바다가 한꺼번에 와르르 쏟아져 들어왔다. 전시관에서 받은 무겁고 참담한 기분을 일순 확 씻기는 게 기막힌 공간 배치였다.

관람객에 대한 세심한 배려라니 그렇게 미래관이 기다리고 있다. 세계 18개국 아이들 사진과 그 아이의 미래를 직접들을 수 있는 영상이 장치되어있었다. 독수리를 어깨에 앉힌 한국 아이의 버튼을 눌렀다, 서울 미포초교 4학년 이윤형이라고 자기소개를 한다. 생기 발랄한 아이의 목소리를 들으니 마음이 뿌듯해졌다. 한국 수학공부방을 지나 한센(문둥병)병 사진 자료실을 끝으로 130개 지붕이 나선형으로 평화의 "주춧돌"을 감싸 안은 듯 설계되었다.

단애의 절벽에서 해안선을 한눈에 바라볼 수 있는 곳에 자리 잡고 있는 평화의 주춧돌은 아군, 적군을 불문하고 전몰자 236.095명의 이름을 새겨 평화의 물결을 이루며 세계로 나간다는 뜻을 표현했다고 한다. 물결모양의 검은 대리석 비가 국가별로 세워져 있다. 우리나라는 왼쪽 넷째 칸에 배치되어있었다. 341(북한 82)명중 우선 몇 분의 이름에 손을 얹고 머리를 숙였다. 북한영령 이름에도 그렇게 했다.

1만여 명이 연행되어왔다지만 대부분 명단과 생사여부는 알 길이 없단다. 원형 분수대의 출렁이는 물결 밑바닥에는 세계지도와 더불어 “평화의 물결 영원하여라”(Everlastng Waves of Peace)가 새겨져 있고 그 한가운데 평화의 불이 6월 23일 일출 방향으로 서 있다. 6월 23일을 기린 것은 일본군 우시지마 사령관이 할복한 날임과 동시에 공식적으로 전쟁이 끝난 날이기 때문이라고 한다. 매해 6월 23일 위령제가 열리는 날에 불꽃이 밖으로 나와 한국. 일본 등으로 평화의 불을 보낸다고 한다.

가해자 일본인과 같은 장소에 이름조차 놓이기를 거부한 이들도 있어 마침내는 별도의 한국인 위령탑이 공원 뒤쪽에 세워져 있다. 한국에서 가져온 돌로 무덤을 만들고 영혼을 조국으로 인도하는 한반도 방향으로 화살이 표시돼 있다. 60년 세월이 흘러가는 동안 아직도 우리는 일제의 잔재를 청산하지 못하고, 군국주의의 망동에 휘둘리고 있는 마당에 이국땅에서 방황하는 영혼들이 과연 이 화살표를 믿고 따라와 줄는지...

하나의 낯선 섬이었던 오키나와, 들여다볼수록 제주의 역사와 닮은 부분이 많았다. 그중에 평화기념공원 기본설계는 일본 전국공모에서 뽑았으며 특히 민관 합동위원회가 설치되어 철저한 검증과 관리를 하였다는 것에 내심

부러웠다. 4·3 위령공원 조성이 한창인 우리에게 시사 하는 바가 크기 때문이다.

오키나와 동, 서 어디를 가나 전쟁 평화 생명 등 제주의 미래와 과거가 꿈틀거리는 모습을 발견할 수 있었다. 무엇보다 우리가 가진 특유의 문화와 역사를 살피고 넓혀서 차원 높은 문화를 구가할 수 있는 토대를 닦는 것이야말로 바로 도민을 위한 냉철한 비전이 아닌가 한다.

천자산 자연보호구

"사람이 태어나서 장가계에 가보지 않고는 백 세를 살았어도 어찌 늙었다 할 수 있으랴"라는 중국 속담도, 도연명이 넋을 잃은 "동양의 유토피아"란 탄성도 다 천자산 자연보호구에 있는 풍경구를 극찬한 표현들이다.

중국대륙에서도 산수의 아름다움이 극치를 이루고 있는 장가계시 국가삼림공원인 천자산 자연 보호구는 무릉원의 서쪽에 위치해 있으며 총면적 65㎢에 해발 1,250㎞, 천문산, 황석채, 원가계와 함께 유네스코 세계자연유산에 등재되어 있다. 이로 인해 하루 1만 명의 관람객이 찾는 가운데 한국인 여행객은 한해에 무려 50만 명이 다녀간다고 한다. 그중에 나도 한목 보태며 모노레일을 타고 "십리화랑"을 감상한다. 십 리나 되는 협곡 양쪽에 수풀과도 같은 기이한 봉우리와 바위들이 각양각색으로 늘어서서 마치 거대한 산수화 병풍을 펼쳐놓은 것 같았다. 심지봉, 가족바위, 3자매가 애기를 업고 있는 형상과 약초 캐는 할아버지 등짐에 한그루 작은 소나무가 자라는 모습 등 하나라도 놓칠세라 고개를 뒤로 젖혀가며 눈을 굴려도 그 많은 형상들을 다 담기에는 두 눈으론 역부족이었다.

"금편계곡"에서는 눈이 아닌 마음으로 담아 봐야지 생각했다. 서쪽으로 비파계와 동쪽으로 삭계욕 들어가는 깊고 고요한 협곡, 어디가 하늘이고 산인지 분간할 수 없는 금편계곡 작은 길을 얼마 가지 않아서 가운데 우뚝 서 있는 천연 그대로의 거대한 돌기둥과 마주쳤다. 하늘로 치솟은 끄트머리를 확인하기 위해서는 차라리 드러누워야만 했다. 같이 걷던 오시열 선생이 입을 막으며 웃었다. 이 멋들어진 계곡에선 노래가 제격이라며 이동호 선생께서 전통 옷으로 곱게 단장하고 서 있는 토가족 아가씨들에게 노래를 청했다. 역시 오케스트라 지휘자다운 감각적인 제안이었다. 청중은 오직 우리들뿐, 흥을 돋우며 양경식(화가), 김준곤(음악감독) 선생이 각기 천 원짜리 팁을 주자 전통 민요를 옥구슬 굴리듯 하던 아가씨들은 더욱 신이 나서 아리랑으로 화답하여 모두들 박수와 함께 기념촬영까지 하고는 서둘러 다음 코스를 향해 셔틀버스로 걸음을 재촉했다. 어느 곳에서나 버스에 타고 내리다보면 잘도 알고 “아줌마 천원!, 아저씨 천원!”하고 상인들이 몰려들었다. 어느새 내 얼굴이 박힌 사진을 내밀며 2천원을 달란다. 그때 나도 “아저씨 천원'하며 흥정 아닌 흥정을 하다 기어코 천원에 낙찰받는 기분은 중국 여행의 또 다른 맛이었다.

천자산 정상으로 가는 길은 도보로 3시간이지만 셔틀버스 10분, 케이블카로 8분이면 가뿐하다. 케이블카가 막 도착지에 다다랐을 때 한 아가씨가 손을 흔들었다. 반가움에 나도 손을 흔들어 주었다. 그런데 땅에 발을 딛고 나오는 순간 손을 흔들며 웃고 있는 내 모습의 사진을 내밀었다. 앗! 또 속았구나. 기분 상할 사이 없이 정상에 올라서니 동, 서, 남 3면을 뾰족뾰족한 돌산이 마치 하늘을 허리에 차고 구름을 목에 두른 듯이 서 있다. 선계가 바로 이것이었구나 싶었다. 그 오묘하고 아름다운 풍광은 그대로 눈을 타고 흘러들어 가슴을 마비시키고 장대한 풍광에 찔린 눈을 비비며 한 곳을 응시하니 붓을 거꾸로 꽂아 놓은 모양의 어필봉 허리춤에 소나무가 보인다. 전하는 말에 의하면 전쟁에서 진 항왕천자가 쓰던 붓을 던진 것이 땅에 떨어져 만들어진 봉우리라 하여 어필봉이라 부른다고 한다.

손님을 맞이하여 꽃을 뿌리는 광경과 흡사하다는 "선녀산화" 그리고 돌기둥 같은 봉우리들이 바다를 이루고 있다는 "천대서해"등 기기묘묘한 돌봉우리 숲에서는 세월도 떠날 줄 모르고 주저앉아버린 걸까? 절묘한 천연화폭에 감탄의 소리마저 숨이 막혀 나오질 않는다. 산 밑에 하늘이고 하늘아래 구름이 잠겼으니 여의주를 타고 노니는 삼장법사와 손오공이 금방이라도 나타날 것만 같았다 천자산 삭계욕, 원가계 등 세 개의 풍경구를 둘러보는 동안 신비에 가까운 아름다움과 웅장함은 천 길 낭떠러지에 발을 숨기고 인간의 눈으로는 범접하지 못할 깊이에 뿌리를 두고 있었다.

아침에 버스 안에서 해준 안내원의 말이 생각났다. 천자산 자연 보호구에 가면 처음엔 우와!, 두 번째는 아!, 마지막엔 악! 이 세 마디 감탄사만 던지고 오게 된다고 하더니 정말 그랬다. 우리 눈에 비친 천자산 자연 보호구는 그 웅장한 규모와 화려함의 극치는 대한민국 최고의 관광지에서 살고 있는 우리를 충분히 주눅 들게 하였다. 이 아름다운 자연풍광 앞에서 얄궂게도 사대주의의 원형이 떠오르는 것을 보면 말이다. 하지만 내 마음 저 깊은 곳에서 기죽지 말라는 가느다란 속삭임이 새어나왔다. 하늘을 찌를 듯이 우후죽순으로 솟아있는 저 신비로운 바위기둥의 풍광은 꿈과 같아서 함께 호흡할 수 없고 기댈 수 없으니 헛것이야.

비록 작지만 아기자기하여 눈길 더듬으며 다가갈 수 있고, 뜨거운 입맞춤을 허락하는 한라산이 더 살갑고, 정겹고, 포근해서 좋은 거잖니.

견주지 마.

인간과 자연의 변주곡 제주돌문화공원

돌의 섬에서 자연과 인간의 역사를 보여주기 위해 1만 5천 점의 갖가지 형상의 돌이 한자리에 모였다. 바로 제주돌문화공원이다. 거기에는 바농오름, 늡서리 오름, 큰지그리, 족은지그리오름, 곶자왈까지 천혜의 울창한 자연 수림을 두르고 돌과 인간이 나누는 생명의 물기로 오케스트라의 하모니처럼 아름답게 흐르고 있었다.

제주 섬을 탄생시킨 여신 설문대할망과 그 아들 오백장군의 전설을 테마로 돌과 흙과 나무와 쇠, 물까지 제주의 혼불을 밝혀 들고 있었다. 용암이 빚어놓은 자연석은 물론 인간이 사용했던 돌바퀴, 돗통시디딜팡, 돌래 등의 민속품에서는 새삼 찡한 감동이 일어났다. 돌 틈에서 나고 자라서 돌 틈으로 돌아간 우리들 할머니의 할머니, 할아버지의 할아버지들 체취가 물씬 풍겨나고 있었기 때문이다.

전 세계를 통틀어 유일무이한 돌문화공원은 100만 평의 넓은 부지에 제주 돌의 모든 것이 있을 뿐만 아니라 선사인의 생활민속품까지 총 망라되어 있다. 그래서 단순한 돌전시장이 아니라 돌 미술관이요, 돌문화박물관이다. 또한 돌의 문화와 예술, 민속과 삶의 역사를 담고 한라산 백록담까지 옮겨놓았을 만큼 제주돌문화공원에서 제주의 모든 것을 보여주고 있다.

이러한 제주도의 역사는 언제부터였을까. 처음부터 섬이었던 게 아니다.

1만 5천 년 전 신생대 4기에 와서 화산활동에 의해 제주도가 만들어졌다고 하는데 오늘날과 같은 섬으로서의 환경을 갖추게 된 것은 마지막 빙하기가 물러난 1만 년 전 무렵이다. 제주도는 본래 한반도는 물론 일본, 중국까지 이어지는 대륙이었던 것이 간빙기에 와서 바다에 갇히는 섬이 되었다. 서귀포시 남성리 앞 바다 절개지에 이를 증명하는 서귀포층패류화석이 그대로 속살을 드러내 있는데 천연기념물 제195호로 지정 보호되고 있을 만큼 지질학을 연구하는 데 중요한 자료가 되고 있다. 내륙 다른 지역에 비해 지질학적 나이가 젊은 제주도는 화산, 지질연구의 교과서라 할 만큼 관계 학자들의 많은 관심을 받고 있는 섬이다.

선사인들은 화산 활동에 의해 만들어진 섬의 지형과 자연환경에 따라 바위그늘이나 동굴을 주거공간으로 삼고, 수렵생활에 필수라 할 화살촉이나 화살촉을 만들기 위한 숫돌 또는 사냥해온 동물을 자르기에 편리한 돌칼 등 이때부터 돌을 이용한 도구를 사용하면서 돌문화의 역사가 시작되었던 것이다. 학설에 따르면 어음리 빌레못동굴 유적에서 나온 돌칼, 톱니날, 긁개를 비롯해서 동물 뼈 등이 약 4만 년 전후의 중기 구석기시대의 것으로 추정되는 105점의 석기들이 발견되면서 제주도 고고학의 획기적인 전기를 맞는 계기가 되었다. 여기서 나온 석기들은 이 섬에서 살았던 선사인들이 최초로 만들어 사용한 유물로 제주에서 가장 오래된 것으로 밝혀지고 있다. 이와 더불어 섬과 내륙의 연륙설을 뒷받침하는 증거물로서 그 가치와 중요성이 인정되어 국가지정 천연기념 342호로 지정되고 있다. 또 하나 놓칠 수 없는 신석기시대의 고산리 유적은 사냥용 무기를 대량으로 제작하였던 장소였을 것으로 유추하며 첨두기, 돌화살촉, 돌망치, 등 10만여 점의 석기유물이

출토되었다. 이곳의 석기들은 구성이나 제작기법 면에서 식물 줄기를 혼합하여 만든 한반도 최고의 원시 형 섬유질 토기를 생산했던 가장 앞선 토기 문화를 보여주고 있다.

기원전 1만 년~7천 년 경으로 제주 섬의 사회, 경제를 살펴보는 고고학적 자료뿐만 아니라 한민족의 이동 경로와 동북아시아의 주변국과의 문화전파를 찾아볼 수 있는 중요한 유적으로 현재 국가사적 제412호로 지정되어 있다. 또한 북촌리 바위그늘집자리, 천지연바위그늘집자리, 탐라시대의 것으로 김녕리 궤내기동굴 유적 등은 육지부에서 이미 사라진 주거문화 유적으로서 구석기시대부터 신석기, 청동기, 철기, 탐라시대를 거쳐 고려, 조선시대에 이어지고 있었음이 고고학 유적 유물을 통해 밝혀지고 있다. 고립무언의 독특한 자연환경인 섬 속에서 순상화산체인 한라산을 무대로 야생 열매를 따먹기도 하고 광활한 초원지대를 누비며 사냥도 했을 것이다.

이같이 돌 문화는 수렵과 어로, 농경시대를 거쳐 선사인들의 생활변천에 따라 다양한 쓰임새로 확대 발전되어 제주 현무암의 독특하고 고유한 돌 문화를 창출해 놓은 것이다.

제주도는 용암분출물인 현무암 위에 삶의 기반을 두고 휘몰아 오는 태풍의 길목에서 낮고 단단한 돌담 집을 짓고 외부의 침략을 막기 위해 돌 성을 쌓았으며 모진 환경 속에서 격랑의 세월을 견뎌내기 위한 방편으로 석상을 세워 돌은 때때로 신앙의 대상으로 섬겨지기도 했다. 그것이 복신미륵을 대표하는 돌하르방이고 액막이 방사탑과 자연석을 모셔놓은 신당이다. 신들의 땅이라 부를 정도로 1만 8천의 많은 신을 모시고 의지해야 했던 것은 그만큼의 혹독한 풍토의 환경을 살았던 선인들의 모진 생활상을 대변해주는 것이다.

제주의 선인들이 지리적 거친 풍토를 이겨낸 흔적은 지금도 동서남북 어디를 가나 쉽게 만날 수 있다. 그 대표적인 것이 돌담이다.

돌담으로는 최초로 무덤을 구분 짓는 경계 석렬인 용담동 분묘유적에 있으나, 보다 적극적이고 폭넓게 돌담을 쌓기 시작한 것은 고려 고종 때 시기이다. 당시만 해도 애써 지어놓은 농사가 해풍에 시달려 망쳐지는 경우가 허다하였다. 제주판관으로 부임한 김구 목사(1211~1278)가 이를 안타깝게 생각하던 중 주민들에게 밭담을 쌓게 하였던 것이 계기가 되어 제주 전역을 돌아가며 경작지마다 돌담을 쌓게 되었다. 돌담의 효율성은 바람을 막아주는 외에도 밭과 밭의 경계표시는 물론 짐승의 출입을 막는 역할까지도 하였다.

뿐만 아니라 경작지 외에도 방목지를 구분하는데 이용되어 중산간 산림 깊숙이까지 잣성으로 남아 굳건히 제주 땅을 지키고 있는 것을 볼 수 있다.

제주목장의 기원은 몽골에 의해 지배되던 100년 동안에 말 160마리와 목축 전문가인 목호가 들어온 때부터이나 조선시대 중앙왕조의 대규모 국영목장 건설에 따라 10소장 즉 구좌읍 1소장, 조천읍 2소장, 제주시 3~4소장, 애월읍 5소장, 한림읍 6소장, 안덕면 7소장, 서귀포시 중문, 대포, 회수, 하원, 도순 일대, 9소장은 남원, 표선지역, 10소장은 성읍 일대로 목장 구역을 말한다. 이는 한라산이 통째로 목장지가 되어 70년대만 해도 한라산 백록담에서 풀을 뜯는 마소들을 종종 볼 수 있었다. 이처럼 절대왕조의 목축산업이 활발하게 전개되면서 오름과 오름, 계곡과 숲 등 엄청난 규모의 잣성이 축조되었다. '잣'은 성을 의미하는 고어인데 지금은 잣이라고도 하고 잣담이라 부르기도 한다. 잣성 또한 목장의 경계구분과 마소들의 경작지 침입을 막는 담의 기능이지만 6백 리에 6백 년 역사가 쌓여있는 검은 현무암의 돌담은 이제 단순한 돌담이 아닌 제주도만의 독특한 문화유산이라 하겠다.

이와 더불어서 13세기 후반 고려와 몽골 연합군과 김통정 장군이 이끄는 삼별초가 벌인 최후의 격전지가 되었던 역사의 흔적이 '항파두리성'이다. 이때 삼별초 군사들이 활 쏘는 과녁으로 이용했다는 전설이 담긴 살 맞은 돌이 있는데 40년 전까지만 해도 화살촉이 박혀있어 숨 막히는 격전의 현장을 전해주고 있다.

총 265Km의 섬 둘레 해안을 거의 절반에 이르도록 현무암으로 에워싼 '환해장성'은 처음 고려군에 의해 시작된 후 삼별초가 방어선을 구축하면서 계속되었다. 이러한 맥락에서 환해장성이 축성된 시기는 고려에서 조선후기까지 6백 년 역사를 이어 완성되었다는 학설이다. 환해장성과 함께 제주읍성, 정의현성, 대정현성 3읍성과 아홉 군데의 군주둔지를 9진이라 하고, 연기와 봉홧불을 통신수단으로 사용했던 25봉수, 38연대 등 방어시설물도 모두 돌로 축조된 제주민속자료로 지정 보호되고 있는 역사적인 돌문화재들이다.

제주 전역에 걸쳐 끝없이 이어지는 검은 현무암으로 된 돌담과 환해장성을 두고 "흑룡만리"라 했던가. 갖은 풍파에 맞서서 위태위태하면서도 쓰러지지 않는 돌담의 힘은 바로 서로가 서로를 받치고 있기에 더욱 그 자연스러움과 예술적 멋스러움을 어찌 중국의 만리장성에 비하랴.

미명의 시대를 살면서 외적을 막기 위해 환해장성을 쌓고 통신 수단으로는 봉화 봉수대를 만들면서도 돌을 이용한 선인들의 지혜가 탐라국 천 년을 지켜내지 않았던가. 돌과 함께 태어나 돌과 함께 살았기에 죽어서도 영혼의 집을 지키는데 돌을 이용하였으며 하귀 바닷가 고인돌, 동일리 고인돌, 신예리 고인돌을 비롯해서 석곽묘와 지석묘 등 형태도 다양하다.

돌 많고 바람 많은 섬에서 살다간 이들의 영혼을 저 돌의 무덤에서 찾아본다. 이와 더불어 오름 자락에 무수히 누워있는 무덤들 그 둘레를 흑기사들인 양 지키고 있는 돌담은 특별히 '산담'이라 해서 함부로 손을 대지 않거니와 방화와 마소로부터 묘지를 보호하기 위해 쌓은 것이다. 지금은 제주의 또 다른 볼거리 문화풍경으로 환영받고 있지만, 한때는 관광객들의 시선에 거슬린다 해서 일주도로변에 있던 무덤들을 모두 이장시켜버리는 웃지 못 할 일들이 벌어졌던 사실도 이제는 모두 까마득한 옛일이 되어버렸다. 또한 바다를 생활무대로 풍랑과 파도와 싸워온 선인들의 지혜를 이어받은 제주여성들은 바닷가에 돌담을 둘러 '불턱'이라는 공간을 만들었다. 불턱은 잠수작업 때 탈의장 역할과 함께 추운 몸을 녹이는 화톳불이기도 했다. 삶의 질곡을 한 몸에 짊어진 제주여성들은 이 불턱에서 삶의 어려움을 함께 녹이며 단단한 공동체 생활의 평화를 다졌으리라.

이렇듯 척박한 땅을 일구며 삶의 터전을 닦아온 사람들에게 언제 닥칠지 모르는 자연재해로부터 생명을 지키고 심신을 위로할 신앙의 힘이 필요로 했던 것일까? 제주도는 당오백절오백이라 할 만큼 민간신앙이 그 어느 지역보다 활발했던 것을 보면 말이다. 그리하여 신령이 깃든 신당의 성역을 돌담이 맡았을 뿐만 아니라 마을 어귀나 마을의 지형으로 볼 때 허한 곳에 돌탑을 쌓아서 마을로 들어오는 잡귀를 막았다. 이때 돌탑 속에 솥과 주걱을 숨겨 두었는데 이는 기아로부터 풍요를 바라는 민심을 담았다고나 할까, 방사탑은 다방면에서 수호신 역할을 담당했다.

또한 재미있는 것은 제주 민속자료 1호의 복신미륵에 얽힌 이야기가 있다. 제작연대는 알 수 없으나 탐라국 시대의 것으로 추정되는 서복신과 동쪽의 동복신 두기의 복신미륵 숱한 애환과 전설이 스며있어 지금도 용담동에 가면 본래의 모습 그대로를 볼 수 있다. 기자신앙의 대상으로서 이 미륵들에 치성을 드리면 아들을 낳게 된다는 주민들의 한결같은 믿음이 실제로 보았거나 들었다는 것이다. 다행히 치성한 효험으로 아들을 낳은 여인들은 이 미륵을 '조상'이라고 까지 여기며 극성스러울 만큼 극진히 섬겨왔다고 한다.

이와 더불어 돌의 신앙을 아주 폭넓게 보여주고 있는 돌하르방은 마을을 지키는 수호신과 복을 기원하는 주술적 기능 외에도 경계표시를 알리는 역할까지 담당했었다. 제주의 돌하르방은 여타지방에서는 느껴 볼 수 없는 특유의 조형미를 담고 있으며 오늘날까지도 제주도를 표상하는 상징물처럼 잘 알려져 있다. 그중 옛것으로 남아있는 45기는 제주도 민속자료 2호로 지정 보호되고 있다. 돌은 조상의 묘역에서 영혼을 지켜주는 동자석으로 만들어져 돌하르방과 함께 제주인들의 품성과 고유한 미의식을 나타내 주고 있다.

바람의 땅 외딴 섬에서 화산 분출에 의한 지질학적 특성으로 비롯된 척박한 자연환경을 이기며 나름의 생존방식을 터득하고 일상생활에 편리한 용구를 돌에서 만들었다.

그중에도 특징적인 돌 세면기에 낯을 씻고 솟덕에 밥을 지어, 돌풍로에서 뽀글뽀글 끓어오르는 찌개를, 등경돌에 불 밝히고 온 가족이 둘러앉으면 돌화로에서 나오는 따뜻한 온기만큼이나 평화로웠을 것이다. 제주인들은 그렇게 돌과 함께 숨 쉬고 돌 속에 삶의 역사를 새겼던 것이다.

뿐만 아니라 생활용품에서부터 곡식을 찧을 때 쓰는 돌방아, 연자매, 물을 길어다 나를 때 사용하는 허벅을 놓아두는 물팡돌, 또는 가벼운 화산회토가 바람에 날려가지 않게 씨앗을 뿌리고 땅을 단단하게 하거나 밭거죽을

고를 때 쓰는 돌태, 탈곡할 때 섶돌, 소 여물통으로 구시 등의 민속품들은 선조들의 생활과학이나 다름없다할 것이다.

제주의 돌문화는 일일이 다 열거할 수 없을 정도로 많으며 어쩌면 돌 그 자체가 문화고 역사라 해도 과언이 아니다. 전통적인 초가부터가 전부 돌담을 쌓아 지어진 집으로 아무리 거센 태풍에도 끄떡없이 견딜 만큼 견고하다. 울타리도 돌담이요 '올래' 안 돌에 3개의 구멍을 내고 세운 '정주석'에 긴 나무막대를 꽂아 놓은 것을 '정낭'이라 하여 제주만의 독특한 대문이다 이 대문에 걸쳐있는 세 개의 정낭은 집주인의 부재를 알리는 통신수단, 요즘으로 말하면 전화기의 자동응답기 역할을 했을 뿐만 아니라 도둑 없고, 대문 없고, 거지 없는 삼무정신의 미풍양속을 만들어 내었다. 이것은 지구상에서 찾아볼 수 없는 제주만의 공동체 사회로서 서로를 의지하며 지켜주는 '조냥'과 '수눌음'의 질서로 평화롭게 공존한 사례로 제주의 정신이자 미덕이라 하겠다.

정직과 부지런함을 미덕으로 여기며 인고의 돌밭을 걸어온 제주인들의 생활 역사는 두말할 것 없이 돌문화 유물 속에 고스란히 새겨져 옛 생활문화를 이해하는데 커다란 도움을 주고 있다.

이렇듯 제주도의 돌문화는 섬의 형성과정에서부터 선사시대, 탐라시대, 고려시대, 조선시대에 이르기까지 그 용도와 기능에 따라 주거공간인 바위그늘 집자리에서 고인돌이나 석관묘에 이른 무덤까지, 또는 사냥이나 석탑, 어로도구와 성곽, 혹은 신앙생활에 의한 조형물에까지 섬사람들의 역사 속에서 격동을 함께 해왔다.

이같이 역사적이고도 예술적가치가 높은 민속 돌 문화들이 과학과 문명의 이기에 훼손되고 잊혀지고 묻히는 것을 내내 마음 졸이며 안타까워하는 이가 바로 "탐라목석원"의 백운철 원장이었다.

40여 년간 발로 뛰고도 모자라 목석원 운영에서 나오는 수입을 죄다 털어 넣으며 사들이고 모아놓은 자연석과 민속품 등 1만 5천여 점에 가까운 유물을 고스란히 내놓겠다는 결심을 하고부터다. 그런 소리를 들은 사람들은 마치 미치광이 취급을 했다. 그러나 귀하고 소중한 문화유산들을 혼자 다 차지하고 있기에는 너무 아깝고 버거웠기에 이것들을 잘 보관하고 관리할 박물관이 필요했다.

수차례의 편지와 설득 끝에 신철주 북제주군수가 이를 받아들이면서 제주 돌문화공원이 시작된 것이다. 두 분이 손을 맞잡고 의기투합했을 때 주위환경은 만만치 않았다. 백 원장에게는 따가운 시선이 신 군수에게는 무모하다는 힐난이 쏟아졌다. 그럼에도 역사적인 유물들을 후손들에게 고이 물려줄 공원을 만들겠다는 두 분의 순수한 열정과 신념을 돌려세우지는 못하였다,

1998년 7월 탐라목석원이 제출한 돌문화박물관 사업계획이 확정되고 뒤이어 9월에는 조천읍 교래리 산 119번지 백만 평의 부지가 선정되면서 1999년 북제주군과 탐라목석원과의 협약체결이 이루어진다.

시작이 반이라고 했던가, 처음엔 단순히 돌문화박물관을 생각했으나 우여곡절의 과정을 겪으면서 30만 평이 백만 평 되고, 돌문화박물관이 돌문화공원으로 명칭이 바뀌면서 사업의 규모가 확대조정 되어 명실공히 제주돌문화공원이라는 전례 없는 세계적인 공원을 만들게 된 것이다.

제주돌문화공원은 천혜의 자연자원을 바탕으로 100만 평의 드넓은 대지에

30만 평을 1단계 공사완료로 우선 개원을 하고, 2020년에 최종완공을 목표로 잡고 있다. 이처럼 20년에 걸친 대역사를 일개인과 군 단위의 관청이 직접 운영한다는 것은 의례적인 것으로 결코 쉬운 일이 아니다.

그럼에도 흔히 외부 발주시공에서 보아왔던 자연환경의 피해를 우려해서 직접 사업을 택하였다.

광활한 자연의 품에서 가장 자연에 어울리는 공원을 조성하기 위해 탐라목석원과 북제주군이 합동으로 제주돌문화공원 사업추진기획단을 구성하고 직영체제로 공사를 발주하고 있는 것도 여기에 있다. 이리하여 사업에서 기획까지 총괄책임을 맡은 백운철 원장이 현장에서 진두지휘하고, 행정 및 재정적 뒷받침을 신철주 군수가 책임지면서 2001년 제주돌문화공원 조성의 첫 삽을 뜨게 되었다. 그 후 7년간의 공사 끝에 2006년 6월 3일 드디어 개원을 보게 되었다.

정월 대보름 오름 하나를 다 태우는 "들불축제"를 만들고 도민은 물론 국내외 관광객들에게 인기를 끌고 있는 제주의 대표적인 축제의 반열에 올려놓기도 한 신 군수는 "문화군수"로 알려질 만큼 문화 예술에 대한 관심이 남다르다. 필자가 돌문화공원을 찾았을 때 백운철 기획총괄장은 인터뷰를 사양하며 "문화군수를 아시나요? 그분을 인터뷰하세요." 라고 말했다. 순간 당황스러운 마음을 감추고 "아니 그분은 이제 고인이신데" 하였더니 "그러니까 더욱 그분을 하셔야지!" 라면서 그와 함께했었던 사업에 관한 이야기며 개인적으로 느꼈던 성품까지 술술 쏟아내기 시작했다.

조상의 체취와 맥박이 그대로 살아있는 유물을 후손들에게 물려줄 좋은 공간을 만든다는 자부심과 일념으로 필생의 사력을 다하고 있는 백운철 기획총괄장은 눈물로 신 군수의 죽음을 아파한다. 어느 누구보다도 그의 뜻을 알아주고 의도를 이해하며 전폭적인 지지로 힘을 실어주었기에 신 군수를 잃은 상실감은 그만큼 더 큰 것이다. "신 군수님이나 저나 둘 중 어느 한 사람도 개인적 욕심이 숨어있었다면 돌 문화공원사업은 실패했을 것"이라고 말한다. 나 먼저 배부르고 보자는 이기가 만연한 사회적 관행 속에서 민관이 함께 합작한 사업의 성공률이 그만큼 어렵고 힘들기 때문이다.

백 원장이 수십 년간 애지중지 모아온 자연석과 민속품들은 값으로 환산하기에는 천문학적 숫자가 될 것이고, 가치로 따지자면 목숨과도 바꿀 수 없는 귀중한 유산들이다. 그럼에도 어떠한 지분도 바라지 않고 그대로 다 기증한다고 했을 때 사시의 따가운 눈초리를 받는 것이 가장 마음 답답했다고 한다.

무엇보다 신의 와 성실을 최우선에 두고 협약하였으며 그 바탕 위에서 모든 것이 이루어졌다. 민관이 사심 없이 결탁한 사업이 7년 만에 1단계 15만 평 사업이 성공적으로 마무리 되어 6월 3일 개원으로 드러난 결과물이 가장 자랑스럽다. 제주돌문화공원은 오로지 진실과 정직의 순수한 열정이 이루어낸 결정체였기에 백운철 기획총괄장의 감회가 남다르다 할 수 있다.

일반적으로 기본계획 설계는 전문용역업체에 맡기는 게 상식이나 이를 뒤집고 직접 걸어 다니면서 지형을 살피고 식생을 관찰하며 설계도를 그려 나갔다. 우마가 다니던 길을 적극 활용하므로 생태환경의 손상을 줄이는데 모든 공사에 최우선을 두고 직접 공사장을 다니며 감시를 하다 보니, 인부들의 일손이 배가 되었던 게 미안할 따름이라고 했다. 공원 내에 있는 오름 네 개를 활용하여 인간의 손으로 가장아름답고 자연친화적인 공원을 만들어

내는데 필생의 사업으로 뛰었다 그러나 백운철 기획총괄장의 예술적 감각과 높은 식견에서 나오는 생소한 아이디어들은 설계와 시공 담당자들도 이해하지 못하여 여러 사람이 바뀌게 되는 어려움을 겪었다.

다행히 탐라대 홍종현 교수의 도움으로 많은 비용을 들이지 않고도 전시관 바닥재나 내외 벽 자재들도 대부분 지역의 자연자원을 이용하여 직접 개발하여 사용한 제품들이다. 이뿐이 아니다. 박물과 옥상에 설치된 잔디밭 1,000 평은 무대이면서 객석도 될 수 있으며, 400평의 거대한 연못(하늘연못) 또한 수상무대로 활용하겠다는 백 원장의 생각에서 나왔다. 이처럼 어처구니(?) 없는 기발한 발상에 담당 기술자도 도저히 기술적으로 불가능하다며 고개를 저었으나 백 원장의 끈질긴 설득으로 결국 세계적인 지붕 위의 연못이 탄생되었다.

이런 구상들이 실현 가능했던 것은 북제주군청의 관련 직원들의 도움이 있었기 때문이다. 그 가운데서도 북군청의 문병혁 계장이 대규모 민관 사업의 어려움을 감내하면서 적극적으로 직영사업시스템을 만드는데 뛰어듦으로써 돌문화공원 조성은 이미 절반의 성공을 본 것이나 다름없다.

식생을 다치게 하지 않겠다는 공원조성의 기본 정신에 따라 돌박물관이 들어설 자리에 있던 나무들은 바농오름 주변에 옮겼다가 공사가 끝난 뒤 제자리로 다시 옮겨 심었고, 지하 굴착 공사에서 나온 돌들은 성곽 쌓는데 활용했다. 길을 정리하면서 없어질 야생초들은 돌담 옆으로 옮겨 심으며 풀 한 포기, 나무 한 그루 훼손되지 않게 하려고 흙을 운반할 때는 일일이 등짐으로 져 나르거나, 발판을 제작하여 제설 작업하듯 가래질을 하면서 주변 환경을 먼저 생각하는 자세를 견지했다. 특히 돌박물관자리는 굳이 경관 좋은 자리를 마다하고 폐쇄된 쓰레기 매립장 자리를 활용하여 앉혀놓은 것은 두고두고 자랑거리가 될 만하다.

기획총괄자의 문화 예술에 대한 깊은 조예와 환경의식에 따른 과감한 발상의 전환이 주변 지형을 더욱 아름답게 지켜낸 좋은 한 사례라 할 것이다.

첫째도 자연, 둘째도 자연, 셋째도 자연을 생각하는 철저한 정신을 바탕으로 하여 탄생된 돌문화공원은 현대생활의 지친 마음과 몸을 정화시켜주는 공간이 될 것이며 나아가서 세계인이 부러워할 만큼의 문화관광 모델로 자리매김 될 것이다.

어부들이 바다에 나갔을 때 나침판 바늘을 이 오름에 기준을 두었다는데서 '바늘오름'이라지만 본토발음으로 '바농오름'이라 한다. 두 개의 분화구를 갖고 있는 바농오름은 사계절 푸른 숲을 이루는 골짜기가 있어 멀리서 보면 오름의 깊은 맛을 준다. 이 오름 한 자락에 펼쳐진 곶자왈은 말 그대로 숲의 바다다.

이 천혜의 자연 숲을 여백으로 두르고 7년의 대공사 끝에 제 모습을 드러낸 제주 돌 문화공원은 친환경적인 구축물이 아니라 본래 그 자리에 있었던 것처럼 그대로 또 하나의 자연으로 앉아 제주의 정체성과 향토성, 예술성의 향기를 뿜어내고 있다.

"바다보다 깊고 산보다 높은 어머니의 사랑은 끝내 펄펄 끓어오르는 죽솥에 거대한 육신을 던져 버린다. 이러한 사실을 나중에 알게 된 자식들은 모두 깜짝 놀라 땅을 치고 대성통곡하며 한없이 어머니를 부르다가 결국 큰 바위가 되어 제주를 지키는 오백장군이 되고 해마다 오월이 오면 그들이 흘린 피눈물은 여기저기에서 철쭉꽃으로 피어나 한라산을 붉게 물들인다."

(한라산영실오백장군 바위 전설)

동서고금을 막론하고 이처럼 슬프고도 아름다운 모자의 애틋한 사랑 이야기가 어디 있을까? 제주 섬을 창조한 설문대할망과 그 아들들인 영실의 오백장군바위의 전설을 핵심 테마로 삼고 돌문화공원 제1단계 30만 평 시설물 배치도까지 설문대할망의 모습을 본 떠놓았다.

1만 8천 신들의 땅이라 해도 좋을 만큼 수많은 신화중에 유독 설문대할망의 이미지에 집착하는 것은 바로 제주의 창조신이기 때문이다. 돌문화공원 조성 기본설계에서부터 설문대할망의 모습과 정신을 담아내려 했으며 제주설화의 문화적, 예술적 자원을 승화시켜 보고자 하는 역사의식에 대한 깊은 애정이 공원 곳곳에서 느낄 수 있었다.

돌문화공원 안팎에서 볼 수 있는 7백 미터에 달하는 높고 널찍한 울담을 겸한 성곽에서부터 매표소와 관람객의 쉼터, 심지어 화장실까지 전통 초가지붕으로 둘렀다는 것만은 아니다. 동선을 따라 돌문화공원 사업을 협약한 날을 기념하는 열아홉 계단에 올라서면 설문대 할망과 오백장군 위령탑이 우뚝 서 있고, 맞은편에 수형석과 관통석의 진귀한 형태의 자연석에서 이미 관람객은 원시사회의 한 일원이 되어버린 느낌을 받을 것이다.

발길을 돌려 오백장군을 의미하는 전설의 통로를 지나 숲길을 벗어나면 본관인 돌박물관 건물이 낮은 모습으로 눈에 들어온다. 그것은 주변 자연경관과 조화를 이루기 위해 가능한 한 지상으로의 돌출을 애써 자제했기 때문이다.

언뜻 보기에는 일반적인 구조물에 지나지 않지만 예사로운 건축물이 아니다. 현무암으로는 불가능하다는 손사래를 뿌리치고 자체적인 기술개발공법을 성공시킨 현무암 골재로서 내 외부 노출 콘크리트로 사용한 최초의 건축물이다. 바닥재 또한 50m 지하에서 끌어온 송이판석을 만들어 깔았다. 이로써 박물관은 제주의 순수 자연자원으로 새롭게 탄생한 제주 돌문화의 새로운 역사를 쓰게 되는 결정적인 건축물이다.

이뿐인가. 우리나라 미술관, 박물관 가운데 가장 많은 동(구리) 재료를 사용하여 제주의 고유한 색깔을 나타내고자 했으며 전시장 가운데 12개의 원형기둥은 자연의 질감을 느낄 수 있도록 직접 나무껍질을 이용하였다.

또한 이춘규 교수와 함께 현무암 돌을 1,300도에 녹여 실을 뽑아내는 데 성공함으로 세계최초의 돌천을 개발하여 상품화에 성공하면서 돌천으로 만든 모자, 베개 등의 제품전시는 물론 판매까지 하고 있다. 실로 놀라운 발상이 아닐 수 없다.

각고의 노력과 정신을 쏟아 붙고 최대한 순수 지역 자연자원을 활용하여 지어진 돌문화박물관은 제주인의 정체성과 향토성 그리고 예술성의 높은 미적 감각이 버무려진 결정체라고 해도 과언이 아닐 것이다. 더더군다나 돌박물관 지붕에 설치된 400평의 하늘 연못은 한라산 백록담이요, 영실의 죽솥이며 물장오리 분화구의 연못을 상징한 것이다. 그러나 단순한 연못이 아니다. 무용이며 연극, 오페라, 연주회 등 수중무대로도 활용한다니 벌어진 입을 다물 수가 없다. 아마도 인간이 만든 수중무대 가운데 가장 그 규모나 놓인 위치로 봐서 세계 최고가 아닐까 싶다.

4단 벽을 타고 흐르는 물은 봄, 여름, 가을, 겨울 세월의 흐름을 상징하는 벽천계류를 따라 들어가면 원형 전시관 가운데 물 위에 떠 있는 제주도 모형과 함께 12개의 돌기둥은 태양계 행성이 제주를 중심으로 돌고 있음을 상징한다.

이들 원형벽면을 따라 제주 섬의 형성과정을 사진과 모니터로 일목요연하게 읽을 수 있도록 배치해 놓은 전시관을 돌아 자연스럽게 '돌 갤러리' 전시관으로 들어서게 설계되었다. 돌 갤러리 회랑에서부터 화산활동에 의해 태어난 갖은 형태의 기기묘묘한 자연석들이 걸음을 떼어놓지 못하게 한다. 용암이 만들어 놓은 기괴하고도 아름다운 자연조형물은 제주가 아니면 볼 수 없는 진귀한 보물로서 시선을 옮길 때마다 그 표정을 달리하는 특이한 경험을 하게 된다. 그리고 또 제주 바다의 파도에 씻겨 빚어진 자연석에서도 사람의 손이 타지 않은 추상적인 자연미를 한껏 느낄 수 있도록 최대한 자연스러움을 살리려는 공간 활용의 의도가 돋보였다. 이곳 또한 예외 없이 설문대할망과 오백장군 전설을 형상화한 이야기가 숨어들어 있다. 회랑 양쪽에 도열하듯 거대한 화산 용암구들을 지날 때 인간은 얼마나 왜소한 존재였던가를 깨달은 이 몇이나 될까?

그러므로 적어도 돌 갤러리에서는 느림을 미덕으로 즐겨야 한다. 인간의 언어로는 도저히 말할 수 없는 땅의 고통이 낳은 결정체를 어찌 바쁜 눈으로 읽어낼 수 있겠는가.

마치 살아 있는 용암 굴속을 빠져나온 듯 뜨거운 돌의 물살에 흠뻑 젖은 몸을 별관 레스토랑에 앉아 차 한 잔으로 말리고 있으면 창밖에서 지그리오름과 한라산 정상이 추억의 영상처럼 푸른 눈으로 들어와 안긴다. 우리도 저 자연환경과 같이 누군가의 고통과 희생 위에 딛고 살고 있었던 것을 가슴 짜르르 체감한다.

숲의 바다에서 출렁거리는 진한 녹색의 야외 전시장으로 나가 몰라서 혹은 알고도 모른 채 묻어버렸던 선사인들의 괴로움의 산물인 생활환경에 속죄하는 마음으로 들어가자. 발가락에 접혀오는 송이 흙은 어쩌면 그분들의 부르튼 손바닥에서 흘린 핏물이 아니던가.

실물 크기로 재현해 놓은 구석기 시대의 "빌레못동굴" 유적이나 북촌리 바위그늘 집 자리 유물을 들여다볼 때 잠시 생각으로나마 저 습하고 좁은 공간에서 동물 가죽을 옷 삼아 오순도순 살고 있는 모습을 그려보면 어떨까? 욕심이 뭔지도 모르는 순진무구한 사람의 심상이 눈을 타고 가슴까지 흘러들어오는 걸 느끼리라

실제의 것과 다름없이 만들어 놓은 것들이긴 하지만 지그시 지층을 누르고 있는 육중한 고인돌과 지석묘, 탐라왕자 묘에서 죽음도 삶의 일부분으로 알고 믿었던 그들의 정신세계를 엿보면서 고견을 들어볼 일이다.

한적한 숲 속에 아늑하게 자리 잡고 있는 마을의 초가집 문을 하나하나 열고 들어가 과거 생업에 사용했던 공구에서 혹은 놀이로서의 등돌에서 선인들의 체취를 들이켜 보는 것도 돌문화공원에서 얻는 의미일 것이다.

현무암의 성격을 가장 잘 알아채는 돌하르방 전문제작자 송종원 장인과 그 아들이 최초로 원형에 가깝게 다듬어 놓은 48기의 문화재 돌하르방의 얼굴에서 오늘 우리의 얼굴을 비춰보는 것도 중요한 부분이리라.

제주에서 흔하지 않은 하르방당과 물할망당 앞에서 조상들이 그랬듯이 우리도 그렇게 고개를 숙여보자. 제주만의 것이 세계적인 것, 선인들이 깨끗하게 물려준 자연유산과 독특하고 고유한 문화유산들을 돌문화공원 안에

서 소중하게 잘 지켜나갈 것이라고 지금도 어디에선가 숨도 못 쉬고 어둠에 갇혀있을 유물들을 다시는 외부로 밀반출되지 않게 지속적으로 거둬들여 빛을 보게 하겠노라고.

곶자왈 숲으로 나 있는 작은 오솔길을 걸을 때 발아래 붉은 흙 송이가 발목을 붙잡으면 뿌리치지 말고 조용히 멈춰도 보고, 행여 돌쩌귀나 쥐오줌풀 같은 야생초가 보이거든 허리 굽혀 고맙다는 귀엣말 살그머니 얹어 주기다. 숲 속 군데군데 모여 있는 동자석들은 우리보다 먼저 바람 쐬러 나온 영혼들을 마중 나앉아 기다리고 있는 것처럼 자연스런 포즈로 무슨 말인가를 중얼거리는 듯하다. 아니 오히려 우리를 구경하고 있는 것 같아 총각 여럿 있는 길을 지나가는 숙녀의 낯 붉은 두근거림 같은 부끄러움이 일었다. 대부분은 원형에 가깝게 새로 만들기도 하고 더러는 도채꾼들에 의해 바다를 건너가려다 겨우 붙잡아 놓은 실제의 유물들도 함께 어우러져 있다 이들 조형물들은 바람과 햇살 나뭇잎 사이에서 조화를 이루고 있는 야외 전시장은 마치 거대한 예술가의 설치미술을 감상하고 나오는 느낌을 준다.

험난한 역사의 수레를 함께 끌어오던 주인은 간데없고 저 혼자 이리저리 쓸모없이 떠밀리다가 신천지를 발견한 듯이 돌문화공원 야외 마당에 겨우 터 잡고 한숨 돌리는 정주석, 맷돌, 말방아 등의 돌 민속품들은 스스로를 위령하는 탑으로 쌓여 까마득히 멀어져간 옛이야기를 말없이 전해주고 있어 애절함 마저 감돌게 한다.

1, 2, 3코스마다 전체 관람 동선과 가장 가까이에 미아보호소가 있고 안내 방송시설이 갖춰져 있어 어린이 보호에 세심한 신경을 쓴 흔적이 돋보였다.

오백장군 이미지로 형상화한 군상을 마지막 코스로 잡은 뜻은 뭘까?

한라산 영실에 오백장군이라는 전설의 바위가 있다. 5백의 형제들은 깊고 높은 어머니의 사랑을 따라 죽음을 택하지만 제주를 지키는 장군바위가 되기를 결심한다. 그리하여 바위에 담쟁이를 올려 멀리서 보면 갑옷을 입고 서 있는 장군처럼 보이게 한 것이다.

전설에 의하면 제주를 침략하기 위해 오랑캐들이 서북쪽 섬 가까이에 수십 척의 배들을 정박시키고 선상에서 한라산을 올려다보니 엄청나게 키가 큰 갑옷을 입고 우뚝우뚝 서 있는 5백 장군들을 목격한 오랑캐들은 질겁하며 도망치듯 되돌아갔다고 한다.

기왕에 죽을 운명이라면 고향 섬을 지키는 수호자가 되겠다고 결의한 오백장군의 이야기를 통해 한 번쯤 고향사랑의 의미를 되새겨보자는 것이다. 공원을 조성하면서 굳이 설문대할망과 오백장군 전설을 핵심 주제로 설정한 이유가 바로 거기에 있었다.

과거와 미래가 조화롭게 어우러지는 역사적인 문화센터로서 돌문화공원은 인간과 자연, 문화와 예술의 중심이고 발신지가 되고자 한다.

제주돌문화공원에는 제주 섬의 생성과정과 선사시대에서부터 탐라시대와 조선시대, 근대에 이르기까지 역사와 문화 전설과 예술 자연환경 등 제주의 모든 것을 펼쳐 보이고 있다. 이 공간 안에서 제주의 독특한 전통 문화를 통해 제주인의 고유한 정체성이 새로운 꽃을 피우고, 현재와 미래가 함께 어우러져 꿈과 희망의 화음을 이루고 있는 돌문화공원을 나서면서 아! 이제는 우리도 세계적인 자랑거리를 갖게 되었구나 싶어 뿌듯한 자부심이 일어났다. 또한 공원 내에 '화산연구소'를 차리고 고고학, 지질학, 식물학 등 관계

전문 학자는 물론 문화인류학까지 다양한 방면의 전문가들을 초빙하여 자체 운영함으로써 역사를 규명하고 새로운 미래를 만들어 가겠다는 야심 찬 의욕을 갖고 있다.

이러한 맥락에서 제주에서의 돌은 얼마나 소중하고 가치 있는 자원인가를 체감하면서 돌 문화에 새겨진 선조들의 정신과 지혜를 계승하여 더욱 아름답고 평화로운 섬으로 가꾸고, 나아가 새로운 돌 문화를 창출해 놓은 제주돌문화공원은 관광 제주의 새로운 희망의 그림을 그려놓았다고 해도 좋을 것이다.

문화예술이 그 나라의 고유한 상품으로 세계관광 산업의 경쟁에서 우위를 선점할 수 있다는 미래를 내다본 북제주군청과 탐라목석원 백운철 원장의 혁신적이고도 기념비적인 제주돌문화생태공원을 만들기 위해 합심한 관민 공동사업의 레일 위에 “삼다, 삼무”의 제주정신을 세계만방에 알리는 문화관광 특별자치도로서의 힘찬 빵빠레를 기대하며 도민들은 모두 지켜볼 것이다.

파도 위에 꽃바람

- 제주에 살며 제주를 생각하다 -

제주에서는 바다만 바다가 아니다. 곶자왈이 푸른 숲바다이고 368개의 오름도 바다를 이루고 있다.

그뿐인가 실바람 산들바람 선들바람 하늬바람, 높새바람 마파람 매운바람 서릿바람, 회오리바람, 갈퀴바람 황소바람, 바람 타는 제주 섬은 바람 바다로 일어선다.

철 따라 유채꽃 철쭉꽃 물매화 꽃향유 복수초가 흐드러지게 꽃 바다로 피어나고, 일만 년 역사가 일궈낸 일만 팔천 신들도 바다요 조냥 하여 수눌움 하는 인심도 바다만 하다.

자연과 사람의 정이 바다를 이루는 진짜배기 바다에서 파도 위에 꽃바람으로 사는 나는 행복하다. 이 행복의 맛을 알고 느끼기까지 꼬박 30 여년을 더 살고서였다.

그러고 보니 내가 이 섬에 발을 들여 놓았던 것이 언제였던가? 1971년 아니면 72년 기억이 가뭇하다.

아직 다 여물지 않은 열아홉 꽃띠 가슴에 팔딱거리며 꿈꾸던 이상과 희망이 나룻배 같은 생활의 멀미에 토악질하며 치기어린 절망에 목숨 구걸하지 않겠다며 수면제를 사 모으기 시작했다. 그때는 죽음에 대한 막연한 환상을 갖고 있던 터라 어찌하면 부패 된 몸을 들키지 않을까 골몰하다가 한라산을 찾아 제주행 비행기에 올랐다. 한라산과 서귀포만 있는 줄 알았을 만큼 제주에 관한 아무런 상식도 갖추지 못한 상태였다.

광양 시외버스 터미널에서 지금의 봉고차 같은 마이크로버스를 타고 가는데 5.16 좁은 산길은 여태까지 한 번도 보지 못했던 우거진 숲으로 둘러싸여 태고의 신비로움 그 자체였다.

서귀포에서 몇 날을 뒤채이다가 아침 일찍 성판악 등산길을 찾아 나섰다. 행장이라곤 서울에서 숨겨 온 두툼한 수면제 봉지와 하모니카, 그리고 20원짜리 빵 한 조각으로 등짐을 차린 게 전부였다. 몇 번이나 헛길을 밟으면서 겨우 정상에 도착했을 때는 이미 태양은 서쪽 바다 수평선에 내 지친 다리만큼이나 노곤하게 기울어져 있었다. 백록담에 엎드려 허겁지겁 물을 들이켜고 일어서니 맞은 편 물가에 젊은 사내 셋이서 텐트를 치고 있었다.

도망치듯 백록담을 빠져나와 북벽 어디쯤 위태로운 바위틈에 숨어들어 엉덩이를 붙이니, 노을 속에 묻어있는 적막이 가없는 쓸쓸함으로 엄습해왔다. 스산한 마음을 모른 척하며 하모니카를 꺼내 '이별의 노래'를 부르니 콧물 눈물이 범벅 졌다.

겁도 없이 신들의 땅에 들어와 세상 하직을 고하는 연주에 혼신을 다 짜 넣었던 게 밤안개를 타고 백록담 텐트 안을 흘러들었던가 보다. 언제 왔는지 한 청년이 등 뒤에 서 있었다. 그들의 행선지인 돈내코 등산로 따라 붙잡히듯 내려온 나는 풀지 못하는 관념 덩어리를 서귀포 거리에 질질 끌고 다니며 서홍동 솜반내나 천지연 다리아래 또는 허물어진 고래공장 바닷가로 쏘다녔다. 그 당시 달빛은 또 왜 그렇게도 청아하고 밝았던지, 달빛이 문섬

바다에 은가루 길을 만들 때는 세상의 모든 약속한 상념을 띄워놓고 첨벙거리며 허우적거릴 때도 잦았다. 그때는 그것이 그만한 나이가 건너야 하는 사춘기의 비릿한 감상이 게워놓은 감정의 넌출인 줄 차마 눈치 챌 능력이나 있었던가.

2,500원짜리 월급에 틀어박혀 저 혼자 이 세상 고민이란 고민은 다 비틀어 쥐고 동동주에 뜬 밥알 같았으며 서귀포 포구가 훤하게 내려다보이는 구린새기 골목 끝에 셋방 하나 얻어 놓고 취한 걸음을 눕히곤 하였다. 그리고 낮이면 잡목 하나 없는 띠밭의 미악산이며 애절한 사랑의 전설이 담긴 각시바위, 투명한 쪽빛 바다 색깔에 현혹되어 풍덩 몸을 던지고 싶은 충동을 일으키는 외돌괴, 소정방 해안까지 눈만 뜨면 쏘다녔다.

그러는 동안에도 월급은 올라 8천 원이나 되고 제법 생활에 마취되어 갔던 듯하다. 당시엔 수도 시설이 설치되어 있었으나 단수가 잦았기 때문에 목욕이나 빨래는 으레 선반내 아니면 자구리 바닷가로 가야 했다. 먹는 물도 거기서 등짐으로 날랐는데 꽤 먼 거리여서 익숙하지 않은 나는 바지는 다 젖어 엉망이고 양동이에 물은 절반도 안 되곤 했다.

무엇보다도 화장실에서 돼지와 씨름하는 게 가장 큰 곤욕이었다. 가만히 누웠다가도 사람 기척만 나면 꿀꿀거리며 주둥이를 들이밀어서 작대기를 휘두르는데도 궁둥이를 슬쩍 건드릴 때는 기겁할 노릇이었다.

그럼에도 5년을 버티고 산 서귀포는 순하고 정겨운 전원도시로 내 기억 속에 한 폭의 수채화처럼 또 하나 그리움의 빛깔로 채색되어 있다.

우연한 기회에 '정방문학' 동인을 만났고 그들은 나에게 시인의 꿈을 심어주었으며 밤이면 선술집에 모여 시를 이야기하고 토론하면서 문학도의 길을 함께 걸었다. 그로 인해 내 인생은 새로운 삶을 살게 되고 존재의 가치관이 변화하면서 현실에 눈을 돌려 공동체로서의 책임감이 생겨나기 시작했다.

그리고 제주시 칠성통에 생활터전을 옮겨 앉았다. 곰팡이가 뿜어내는 저만의 눅눅한 시간의 감옥에서 구사일생으로 빠져나온 나는 전혀 새로운 문학이라는 즐거운 감옥에 빠져들었다.

그리하여 동문 로터리 음반판매점이나 중앙로 문화서점을 뻔질나게 드나들 때 외상은 또 얼마나 잘 주던지, 월급을 홀랑 바치고도 모자라 가불을 일삼기도 하였다. 찻집이나 식당 하물며 시장에서 콩나물 100원어치를 사도 외상이었다. 그만큼 제주인들의 믿음과 인심이 후하여 쥐뿔도 없으면서 가난한 줄 모르고 살았다. 그것은 지금도 여전히 주머니에 땡전 한 푼 없어도 불편한 줄 모르고 살고 있으니 부자 중의 부자라 큰소리친다.

80년 중반까지만 해도 젊은 관광객들이 돌아갈 차비를 구하려 다니는 예가 종종 눈에 띄었으나 그때도 제주시민들은 안타까이 여기며 쉽게 해결해 주었다. 나도 여러 차례 가불까지 해가며 몇 번 도와준 적이 있다. 고맙다며 갖은 미사여구를 남발하며 돌아가면 꼭 갚아 주겠다는 다짐을 하였으나 한 번도 그 약속을 지키는 사람은 없었다. 뿐만 아니라 이런저런 불미한 사례들을 겪으면서 정말 육짓 것들은 믿을 게 못 된다는 걸 생생히 경험한 나는 지금도 육지 사람에 대한 선입관을 버리지 못하고 있다.

그와 동시에 정분 나누는 제주사람은 점점 늘어나 제법 여럿이 어울려 다니면서 제주의 역사와 문화에 대한 의식이 고취되어 갔다.

무엇보다 당시에 관심을 기울였던 건 토박이 언어와 외지인에게 팔려가는 땅 문제였다. 그리하여 자주 만나던 제주대학 학생과 직장인 대여섯 명이 마음의 양식을 쌓고, 자주적인 역사의식을 높이자는데 의견을 모으고 '제주샘터회'라는 모임을 결성하였다. 그리고 우선 덕망 있는 스님과 목사님 그리고 문학인을 만나 생활철학을 공부하면서 자신의 정체성을 찾는 데 주력하였다.

그리고 「샘물」이란 명칭의 회지 인쇄비를 마련하기 위해 일주일씩이나 중 산간 마을 광령3리 오름 자락으로 촐 베러 나가기도하였다. 그렇게 모은 적은 돈으로 책 만들기엔 역부족이어서 하는 수 없이 제주여고 서무담당 선생님께 간청하여 겨우 방과 후에 오라는 허락을 받았다. 그러나 '가르방' 형식의 인쇄를 하자니 추위에 떨어가며 일일이 철 펜으로 쓰고 다시 등사기로 밀다 보면 밤을 지새우기 일쑤였다. 그날의 순수한 열정은 지금도 제주인의 정감어린 이미지로 새겨져 있다.

더러는 제 삶에 부대끼는 날도 있어서 한라산을 들락거렸다. 제주가 나를 외지인 취급하지 않고 따뜻이 품어주었듯이 한라산 또한 오래된 벗이나 연인처럼 언덕이며 풀숲이며 골짜기로 싸돌아다닐 때도 아낌없는 위안의 어깨가 되어 주었다. 정말이지 한라산은 내 인생의 교과서요 참고서로서 내게는 둘도 없는 스승이나 다름없는 존재이다. 그러다 보니 나무 한 그루 풀 한포기 꽃송이 하나에도 남다른 애정이 솟아나고 그 아릿한 애정이 보고 싶어 구석구석 안방처럼 드나들게 되었다. 한라산은 결코 화려한 치장으로 사람을 현혹하지 않는다. 다만 마음을 비우고 겸손히 허리를 굽히는 자에겐 어김없이 꽃향기를 풍기며 꽃 같은 이야기를 들려준다. 이것이 한라산의 진면목이다. 만일 한라산과 오름이 없었다면 제주도는 얼마나 각박하고 황량한 섬이었을까, 그런 의미에서 제주는 축복의 땅이라 아니할 수 없다.

70년대 후반까지 제주시에도 수시로 산지천에서 빨래하고 리어카를 빌려 물을 길어 먹었다. 당치도 않는 생활 형편에도 아랑곳하지 않고 심지다방에서 50원짜리 커피 한잔에 짐 리브스나 에디트 피아프 아니면 밀파의 노래를 듣기 위해 시간 가는 줄 모르고 죽치곤 하였다. 그러면 주인마담이 따갑도록 눈총을 쏘아대도 모른 체 뻐기고 있으면 슬그머니 다가와 엽차 잔을 슬쩍 치워버리곤 했었다.

그러다가 동인 다방이 생기고 「수눌움」 극단이 창단되면서 마당극이란 생경한 극문화와 더불어 황석영, 나기철, 김수열, 정공철 등을 알게 되면서 지역 문화에 대한 관심이 증폭되었다. 동인다방은 문화인들의 안방이 되어 수시로 마당극 공연이 이어졌고 또 어느 날은 낭만주의에 젖어 사는 문무병 선생이 예의 그 바바리코트 차림으로 시를 낭송하고, 어떤 때는 얌전했던 강문칠 선생의 멋들어진 성악을 들을 수도 있었다.

그 틈바구니를 비집고 나는 슬그머니 제주의 문화인으로 끼어들어 갔다. 그림에는 문외한인 채 '관점동인' 전시회나 변시지 개인전 등 미술전람회가 있는 곳이면 놓치지 않고 찾아다녔다.

탑동이 매립되기 전이라 조그마한 초가집 '탑바리 휴게실'이란 막걸리 집도 문학, 미술, 연극, 음악도들의 사랑방으로 톡톡히 한 몫 하였다. 낮이면 지게와 인력거 전시장이다가 밤이면 산지천에 무지개가 뜨고, 짙은 화장으로 분장한 참새들이 지지배배 오가는 남성들의 옷자락을 붙잡는 것도 훔쳐보면서 휴게실 흙바닥에 먼지가 펄펄 나도록 발 동동 구르며 웃었던 젊은 치기도, 바슐라르 문학사상에 대한 논쟁도, 다 앞바다에 매립되어 버리고 추억의 한 귀퉁이에 아스라이 남아있을 뿐이다. 인심 좋은 주인장은 아마도 우리들의 줄기찬 외상 때문에 망하지 않았을까 이제야 짐작하며 미안한 마음을 전해 보려도 일찍이 부산으로 떠나고 없다.

둥근 달이 휘영청 시가지를 밝히는 날엔 구멍가게에 들러 소주 한 병에 따끈한 두부 한모 손바닥에 얹고 탑동바다 돌담 너머에 쪼르르 앉아 병뚜껑을 잔 삼아 감상에 빠지기도 하였다. 소프라노를 멋들어지게 불러주시던 신천지다방 아주머니, 갓 제대하고 와서 교사발령을 기다리던 고영석 화백도 주거니 받거니 하다 보면 드문드문 새하얀 발자국을 새기며 수평선을 달려오던 바다의 포말이 발밑에 와서 좌르르 부서질 때 우리들 가슴은 한없이 촉촉한 낭만 속으로 젖어들곤 하였다.

우리가 탑동을 무대로 휘젓고 다닐 무렵에 바슐라르 문학사상에 대한 논쟁으로 열을 올릴 때였다. 정방동인 강현철과 난생처음으로 신천지 다방에서 2인 시화전을 열었을 때 강통원, 한기팔, 오성찬 선생님 등 문학 선배님들로부터 따뜻한 관심과 격려에 시인의 길로 진입하는 기폭제가 되었음은 물론이다.

남양 문화방송국이 신제주로 이사 가고 그 자리에 남양미술관이 들어섰다. 그곳에서 3인 시화전을 열자고 의기투합하여 거주지별로 전주의 양만열, 서귀포 유영매, 제주시 김순남이 제대로 된 시화를 보여주겠다며 만용을 부렸다. 표구 액자를 기본으로 그림은 광주에서 온 화가에게 맡기고 글씨는 현병찬 선생님께 부탁 드렸다. 키는 작고 가무잡잡한 일면식도 없는 여자가 서른 점이 넘는 작품을 들고 와서 일주일의 여유로 다 써달라고 했으니 선생님 보시기에 얼마나 당돌했을까! 하도 어이없어 거절하지 못하였노라 나중에야 들었다. 한 푼도 쥔 것 없이 불쑥 찾아간 것이 아무리 젊은

객기라지만 생각하면 지금도 낯이 붉어진다. 그러나 그만큼 제주는 인정으로 차고 넘치는 살 맛 나는 세상이었고 많은 혜택을 누리며 성장하였다.

3인 시화전을 계기로 보다 많은 예술가와 교분이 트인 가운데 KBS 제주방송국 고임순 아나운서의 도움은 두고두고 잊을 수 없는 은혜가 되었다. 시인의 길을 가려면 활동이 자유로워야 한다며 선뜻 큰돈을 쥐어주며 자영업을 해보라는 것이었다. 그리하여 소설에서 읽었던 르네상스 시대 파리 몽마르뜨 언덕 카페를 흉내 내어 제주 최초로 카페 "시랑"이 문을 열게 되었으나 감상적인 운영으로 오래가지 못하였다. 몇몇 지인들의 애석해하는 마음에 미안하기도 하고 밥은 먹고 살아야겠다는 생각에 "모던"카페를 다시 시작하였다. 10여 년이 넘도록 버티다 보니 제주 프레스센터라는 별칭이 붙을 만큼 각별한 사랑을 받았지만, 정보부의 감시대상 장소로 어려움도 따랐다. "시랑"에서 의식화 운동이 시작되고 "모던"에서 문화운동과 민중운동이 활발하게 모의 되었다. 또한, 절대 금기인 4·3 진상규명도 논의하는 자리가 잦아지기도 하였다. 가게를 운영하면서 낮에는「월간제주」에 나가 언론의 손길이 미치지 않는 산간 마을주민들의 소리를 담아내기 위하여 쫓아다니며 섬의 구석구석의 속살을 들여다보게 되었다. 그것이 계기가 되어「한라산 돌담」을 쓰게 되었다.

놀라지 마라. / 더러는 움푹 패인 자국을 보더라도 / 한라산 아흔아홉 골을 돌아온 흔적 이니라. /웃지 마라 웃지 마라. / 얼굴 가득 숭숭한 수두자국을 보더라도 / 우영팟 지키며 살아온 세월이니라. / 누가 그러더냐? / 시름만 검게 타고 있다고 / 더 있음과 없음도 모르고 살던 우리이니라. / 속지 마라 속지 마라 속지 말아라. / 모진 바람 꺾어들고 / 우리 사는 이 골목에 삼촌, 괸당 이니라.

이 시를 본 어느 원로 시인은 한라산과 네가 무슨 상관이냐고 면박을 줄 때 내 마음은 참담했다. 기실 외지에서 온 것이 뭘 아느냐는 뜻이었기 때문이다. 그러나 화려한 관광지 이면에 지역민들의 고단한 삶의 애환을 취재해 간 중앙일보에 나도 모르게 이 시가 게재되었을 때는 제주인임을 확인해준 것 같아 무척 기뻤다.

오고 가는 세월 동안 조용하고 오붓한 섬에 관광객이 몰려들면서 급격한 변화가 일어났다. 좁다란 중앙로터리가 넓혀지고 용담동에 있던 제주대학, 제주전문대학, 제주상고는 아라동으로, 오현고는 화북, 신성여고는 도남동, 농업고등학교는 노형동에 자리를 옮겼다. 후리아 치맛자락이 곱게 나풀거리던 제주여고 자리에는 높고 높은 칼 호텔이 차지하는 등 변천사를 목도하면서 차라리 슬픔이 고였다. 그뿐인가 제주시 앞바다가 매립되면서 밀물과 썰물은 사라지고, 세계적인 가치로 보호하고 살펴도 모자랄 판에 해안가의 까만 용암 바위들을 모조리 흙더미로 덮고 잘라서 관광도로가 되어갈 때는 펑펑 쏟아지는 눈물을 감출 수가 없었다.

제주 땅 어디엔들 내 발길이 닫지 않은 곳이 있었던가? 내 목숨을 건져내어 품어 안고 시인으로 성상시켜준 이 땅을 위해 아무것도 해놓은 게 없었다. 그리하여 딴에는 문화의 대국인 러시아 극예술을 섬에서 직접 보여주겠다며 만용을 부린 것이 60년 전통의 러시아 국립극장 어린이뮤지컬 "카시당카와 스론"을 93년 문예회관 대극장 무대에 올렸다. 이는 순전히 러시아에서 연출 공부를 하고 있던 이익주 친구와의 의기투합이었으며. 서귀포 푸른 학생의 집 좁은 무대에까지 러시아 배우들을 세웠던 것이 큰 보람이었다. 몇 해 뒤에 또다시 제민일보 이름을 빌려 "볼쇼이 발레단"을 불러들였다. 도 전역을 누비며 포스터를 붙이고 가가호호 리플릿 뿌리고 다니기는 버거웠던지 공연 1시간을 앞두고 응급실에 실려 가기도 하였다. 무엇보다도 그때 강요된 자원봉사 동생들에게 점심 한 끼 못 사준 게 미안하고 또 미안할 따름이다. 이런 사정을 알지 못한 친구는 또 '닥터 지바고' 연극을 들여왔다. 그때는 다행히 제주문화방송국에서 전격적으로 맡아서 쉽사리 공연이 이루어졌다.

하여튼 사회주의 국가의 예술과 예술인들을 제주 역사상 처음으로 불러들여 도민들에게 보여주었다는 자부심 하나는 작으나마 위안으로 삼는다.

더구나 책임 있는 민족문학 제주작가의 일원으로써 늘 깨어있는 시대정신으로 제주의 사회와 자연을 누구보다 깊이 사랑하며 지켜나갈 생각이다. 그런 의미에서 제주에 살고 제주의 문학인으로 사는 게 얼마나 다행인지 모른다. 왜냐하면, 제주에는 어느 지역에서도 따를 수 없는 격동의 오랜 역사가 있고, 수많은 신화가 현존하고 있으며 넉넉한 인심과 더불어 풍류를 향유할 자연자원이 풍부하기 때문이다.

제주도는 정말이지 전통은 물론 인간과 자연, 역사와 문화, 그리고 공동체 의식까지도 대한민국 최후의 보루로 남아 있어야 한다.

부록 1

- 제주의 들꽃 -

가는범꼬리 각시붓꽃 갈매기난초

개감수 개구리갓 개불알풀

개회향 갯금불초 갯까치수영

갯완두 갯장구체 갯장대

갯취 고깔제비 고마리

고추나무꽃

골무

광대나물

괭이밥

구름떡쑥

구름미나리아재비

구름체

구상란

구슬봉이

구와말

구름패랭이

금강애기나리

금난초

금방망이

금불초

금새우난 금창초 긴잎제비

길가마지 꽃마리 꽃창포

꿩의바람 나도송이풀 나도수정초

나리난초 남산제비 네귀쓴풀

노랑개자리 노랑제비 노루오줌

누린내풀 눈꽃 다람쥐꼬리

닭의난초 당잔대 돌양지

돌창포 동백 두루미꽃

두루미천남성 들별꽃 등심붓꽃

땅나리 뚜껑별꽃 뚝갈

말나리

매발톱

며느리밥풀

모래지치

모싯대

문주란

물까치수영

물달개비

물매화

물봉선

바위떡풀

바위채송화

박주가리

박쥐나무

방울꽃

백록담

백리향

백리향흰꽃

백서향

벌노랑이

변산바람

보라제비

봄구슬봉이

분단나무

분홍새끼노루귀

붉은병꽃

뽀리뱅이

산골무

산딸나무꽃

산솜방망이

산자고 산작약 삿갓나물

새끼노루귀 새삼 설앵초

섬매발톱나무 섬잔대 세바람

소황금 솜나물 솜방망이

수리취 수선화 수정난풀

순비기
순비기흰꽃
순채
술패랭이
실거리나무
실꽃풀
애기나리
애기도라지
애기풀
어리연
어수리
얼음새
얼음새주황꽃
엉겅퀴흰꽃
옥잠난초

용담 우산나물 으름덩굴

은난초 은방울 은분취

은얼음새 이끼폭포 자주꿩의다리

자주땅귀이개 자주쓴풀 잠자리난초

장대나물 절굿대 정금나무

제비옥잠

제주달구지

제주두메대극

제주상사화

제주참꽃

제주황기

좀고추나물

좀향유

좀현호색

좀현호색

중의무릇

쥐오줌풀

진범

채진목

천마

청미래 큰구슬봉이 타래난초

탐라산수국 탐라산수국 탐라황기

털괭이눈 털진달래 톱풀

통발 피뿌리풀 한라개승마

한라구절초 한라꿩의다리 한라돌쩌귀

한라부추

한라부추흰꽃

한라솜다리

한라장구채

할미꽃

홍노도라지

황근

흰꽃향유

흰그늘용담

흰대극

흰동백

흰등심붓꽃

흰땃딸기

흰며느리밥풀꽃

흰진범

부록 2

- 꽃말 모음 -

가막살나무 : 사랑은 죽음보다 강하다.
가는잎범꼬리 : 키다리
각시붓꽃 : 신비한 사람, 기쁜 소식
각시원추리 : 기다리는 마음
갈대 : 애절한 사랑, 깊은 애정
갈매기난초 : 고결한 마음, 꿈속에서도 당신 생각
감국 : 가을의 향기
감꽃 : 경의, 자애, 소박
감자난초 : 숲 속의 요정
강아지풀 : 동심
개감수 : 애교
개구리갓 : 말의 발자국, 위안
개나리 : 깨끗한 마음, 희망
개망초 : 화해.
개머루 : 희망
개미자리 : 나는 당신의 것
개민들레 : 기쁨
개별꽃 : 숲 속의 은하수, 아름다워요.
개불알풀꽃 : 나를 이겨 가지세요.
개승마 : 여인의 독설
개족도리 : 모녀의 정, 원망
갯기름나물 : 고백
갯까치수영 : 친근한 정, 떠도는 자의 꿈
갯메 : 수줍음, 충성
갯씀바귀 : 그대가 좋아
갯완두 : 미래의 기쁨, 영원한 즐거움
갯장구채 : 동자의 웃음, 사랑의 상처
갯장대 : 천진함
갯패랭이 : 정절, 대담
겨우살이 : 강인한 인내심
겨울딸기 : 존중과 애정
계요등 : 친숙한 자연
고깔제비 : 즐거운 사랑, 청명
고비 : 몽상
고사리 : 요술, 유혹
고추나무 : 한, 의혹과 미신
고추나물 : 친절, 미신
골고사리 : 진실의 위안,
골담초 : 겸손, 청초
골등골 : 기다림, 망설임
골무꽃 : 기쁨을 가지세요, 의협심
곰취 : 여인의 슬기
과꽃 : 믿는 마음, 모정
광대나물 : 솔직, 믿는 자의 기쁨
광대수영 : 친근한 정
괭이밥 : 빛나는 마음
구름국화 : 진실, 청순
구름떡쑥 : 잊지 못할 사랑, 순수
구름미나리아재비 : 천진난만함, 상냥함
구름체 : 슬픔의 미망인, 탄식의 신부
구름패랭이 : 순수한 사랑, 정절
구상나무 : 고상함, 비애, 명예
구슬봉이 : 기쁜 소식
구절초 : 순수, 어머니의 사랑
국수나무 : 모정, 자기성찰
국화 : 고결
굴거리나무 : 내 사랑 품에
귤꽃 : 욕심 없는 마음, 친애
그늘사초 : 슬픔
금강애기나리 : 청순, 깨끗한 마음
금난초 : 날 위해 울지 말아요, 기다림, 주의
금낭화 : 당신을 따르겠습니다.
금방망이: 빛나는 마음, 영화
금불초 : 항상 그대를 생각함, 상존함
금새우난 : 겸허, 충족
금잔옥대 : 고결, 자애, 호의
금창초 : 참사랑, 겸양, 초동
기린초 : 소녀의 사랑, 기별
길가마지 : 소박함
까치수영 : 잠든 별, 어린이마음
꼬리풀 : 달성
꽃담배 : 그대 있어 외롭지 않네.
꽃마리 : 나의 행복, 나를 잊지 마세요.
꽃창포 : 우아한 마음, (노랑색-슬픈 소식, 흰색-사랑)
꽈리 : 조용한 아름다움
구지뽕 : 장수
꿀풀 : 추억, 미덕, 너를 위한 사랑
꿩의바람 : 사랑의 괴로움, 금지된 사랑,
꿩의밥 : 무심함
꿩의비름 : 평안
나도샤프란 : 지나간 행복, 즐거움
나도송이풀 : 욕심
나도수정초 : 숲의 요정
나도옥잠화 : 침착, 조용한 사랑
나리난초 : 위안, 무한한 슬픔
나무딸기 : 애정

나비나물 : 말 너울
나팔꽃 : 결속,
남산제비 : 순진무구한 사랑
남오미자 : 재회, 약속
낭아초 : 신의
너도바람꽃 : 소녀의 꿈, 진심, 정의
네귀쓴풀 : 고상함
노란붓꽃 : 소식 잘 전해주세요.
노랑개자리 : 고독
노랑제비 : 수줍은 사랑
노루귀 : 인내, 당신을 믿어요.
노루발 : 소녀의 기도
노루오줌 : 기약 없는 사랑, 연정
노린재 : 동의
노박덩굴 : 명랑, 대기만성,
는쟁이 : 불타는 애정
누리장 : 깨끗한 사랑
누린내풀 : 내 이름을 기억하세요.
눈괘불주머니 : 보물 주머니
눈개쑥부쟁이 : 기다림, 그리움
느릅나무 : 고귀함, 위엄
능소화 : 기쁨, 명예, 영광
다래덩굴 : 깊은사랑
다정큼 : 친밀
단풍나무 : 말 없는 사랑, 사양
달맞이 : 소원, 기다림
닭의장풀 : 소야곡, 순간의 즐거움
담쟁이덩굴 : 우정
당근 : 죽어도 아깝지 않으리.
더덕 : 성실, 감사
덜꿩 : 주저
덧나무 : 동정, 열심
덩굴용담 : 애수, 정의
도꼬마리 : 고집, 애교
도라지 : 소망, 따뜻한 애정
독말풀 : 경애
돈나무 : 편애
돌나물 : 근면
돌매화 : 고결한 사랑
돌배 : 참고 견딤
동백 : 겸손한 마음, 허세부리지 않음. 자랑
동백나무 : 굳은 약속
두루미천남성 : 비밀, 현혹
두루미 : 화려함, 변덕
두메대극 : 조화
둥글레 : 고귀한 봉사
들장미: 주의 깊다, 고독
들쭉나무 : 기쁨, 결실
등나무 : (흰)가련, (보라)사랑에 취했어요.
등대풀 : 냉정함, 내 마음을 태워보세요.
등심붓꽃 : 풍부, 기쁜 소식
딱지꽃 : 달콤한 꿈, 행복
땅나리 : 변하지 않는 귀여움
땅채송화 : 가련함, 순진
때죽나무 : 겸손
떡갈나무 : 사랑은 영원히, 강건
떡쑥 : 절실한 생각
뚜껑별꽃 : 추상, 추억
뚝갈 : 야성미
뚱딴지 : 미덕, 음덕
라일락 : 순진, 아름다운 맹세
마가목 : 신중, 부지런함
마삭 : 매혹, 속삭임
마타리 : 잴 수 없는 사랑, 미인
말나리 : 순진함
말오줌떼 : 열심, 열정,
매발톱 : 미덕, 결백,
매발톱나무 : 인고의 사랑
매화 : 고결한 마음. 인내
머루 : 박애
머위 : 공평
먼나무 : 행복, 평화
멀꿀 : 즐거운 나날
메꽃 : 속박, 충성
메밀 : 연인
며느리밑씻개 : 유혹, 비애
며느리밥풀 : 질투
며느리배꼽 : 이루어질 수 없는 사랑
모과 : 평범
모데미풀 : 아쉬움, 슬픈 추억
모란 : 부귀영화
모래지치 : 희생
모싯대 : 영원한 사랑, 진솔한 마음
목련 : 고결, 숭고한 정신, 사모
무궁화 : 섬세한 아름다움, 일편단심
무늬천남성 : 전화위복
무릇 : 숨겨진 가치, 강한 자제력
문주란 : 정직, 순박

물레나물 : 일편단심, 추억
물매화 : 영원한 우정, 고결
물봉선 : 날 울리지 말아요.
물푸레 : 겸손
미국미역취 : 경계
미나리아재비 : 말의 발자국
미모사 : 예민한 마음
미역취 : 섬 색시
민들레 : 겸손, 사랑의 신탁
민백미 : 그대 곁에 머물고 싶어요.
바위떡풀 : 절실한 사랑
바위솔 : 가사에 근면
바위수국 : 냉담, 비정
바위채송화 : 가련함, 순진함
바위취: 절실한 사랑
박새 : 진실
박주가리 : 먼 여행
박쥐나무 : 부귀, 유일한 사랑
밤꽃 : 정의, 진심
방아풀 : 인내
방울꽃 : 만족
방풍 : 고백
배롱나무 : 당신을 영원히 기억하겠습니다. 꿈
배초향 : 향수
배풍등 : 참을 수 없어
백당나무 : 마음
백량금 : 덕 있는 사람, 재산
백리향 : 용기
맥문동 : 흑진주
백서향 : 꿈속의 사랑, 불멸
뱀딸기 : 애정, 우애, 허영심
뱀무 : 만족된 사랑
번앵초 : 망부석
벌깨덩굴 : 메기
벌노랑이 : 다시 만날 때까지
범부채 : 정성 어린 사랑
범의귀 : 비밀
분단나무 : 기품
변산바람꽃 : 소녀의 기도, 덧없는 사랑, 기다림
보라제비 : 영원한 우정, 사랑
모람 : 수줍은 사랑
보리수 : 해탈, 결혼, 부부애
보리 : 일치단결, 번영
복숭아꽃 : 사랑의 행복, 노예
부들 : 순종
부용 : 정숙한 아름다움, 우아한 연인
부처꽃 : 님을 위하여, 비련
부추 : 무한한 슬픔
분홍나도샤프란 : 후회 없는 청춘
분홍새끼노루귀 : 귀여움, 인내
붉나무 : 신앙
붉은병꽃 : 전설
붓꽃 : 기별, 존경
붓순나무 : 일편단심
붉은사철난 : 귀여움
비목 : 당신을 사랑합니다.
비비추 : 하늘이 내린 인연.
비수리 : 우아한 사생활
빙카 : 즐거운 생각
뽀리뱅이 : 사랑의 슬픔
뽕나무 : 지혜, 못 이룬 사랑
사두초 : 번민하는 마음,
사람주나무 : 신비
사마귀풀 : 짧은 사랑
사상자 : 외로움
사초 : 자중
산골무 : 의협심, 신뢰
산국 : 무조건 사랑, 상쾌
산당화 : 조숙, 겸손
산딸나무 : 견고, 제 마음 받아주세요
산머루 : 자선, 박애
산박하 : 미덕, 다시 한 번 사랑을
산부추 : 신선
산비장이 : 추억, 청춘의 환희
산자고 : 봄 처녀, 자혜
산작약 : 수줍음, 고결한 마음
살갈퀴 : 한숨, 사랑의 아름다움
삼나무 : 그대를 위해 살다
삼지닥 : 당신께 부를 드림
새우란 : 가련한 사랑, 성실
생강나무 : 수줍음
석곡 : 겸양, 성실
석류 : 원숙한 아름다움
석창포 : 할 말 있어요.
선이질풀 : 귀감, 새색시
설앵초 : 돌보지 않는 아름다움, 행복의 열쇠
섬개야광 : 극찬

섬매발톱 : 고결한 마음, 까다로움
섬잔대 : 기나긴 슬픔, 사랑의 힘
섬쥐손이 : 끊임 없는 사랑, 경애
세모고랭이 : 기쁨의 전달자
세바람꽃 : 진실, 그대를 사랑합니다.
소나무 : 불로장생, 불멸
소리쟁이 : 친근한 정
소엽맥문동 : 애란 : 겸손
소철 : 뜨거운 정
소황금 : 침묵
솔채 : 나는 모든 것을 잃었음,
솜나물 : 순정
솜방망이 : 그리움, 안전함
솜양지 : 전령사
송장풀 : 열정
쇠뜨기 : 순정, 조화, 애정
수련 : 담백, 결백, 신비(흰색 순결,
노란색 애교 없음. 발간색 사랑)
수리취 : 장승
수박풀 : 나는 몰라요, 애모
수선화 : 자아도취, 이루어 질 수 없는 사랑
수수꽃다리 : 회상, 기쁨
수영 : 애정
수정초 : 사랑의 그림자
순비기 : 그리움
순채 : 청순한 마음,
술패랭이 : 순애, 무욕, 대담
실거리꽃 : 그대를 나의 품에, 연인
실꽃풀 : 청순한 마음, 언약
실망초 : 동정
싸리꽃 : 사색
쑥부쟁이 : 기다림, 그리움, 인내
쑥 : 평안
씀바귀 : 헌신, 그대에게 바친다.
아그배 : 온화, 잠자는 미녀
아카시아꽃 : 우정, 숨겨진 사랑
애기나리 : 요정들의 소풍, 변하지 않는 사랑
애기달맞이 : 말없는 사랑
애기도라지 : 기품
애기똥풀 : 몰래 주는 사랑
애기수영 : 친근한 정
애기풀 : 은둔자
애기현호색 : 비밀
앵두 : 오로지 한사람
야고 : 비밀, 더부살이
양지꽃 : 전령사, 사랑스러움
양하 : 건망증
어리연 : 청순, 순결
어수리 : 구세주
어저귀 : 억측
억새 : 은퇴, 친절
얼음새꽃 : 영원한 행복, 슬픈 추억
엉겅퀴 : 엄격, 독립
여뀌 : 학업의 마침
여로 : 기다림
오동나무 : 고상
오리나무 : 위로
오미자 : 재회, 약속
오이풀 : 존경, 사모
옥수수 : 재력
옥잠난초 : 변하지 않는 귀여움, 애교
왕벚꽃 : 정신의 아름다움, 뛰어난 미인
용담 : 정의, 애수, 당신의 슬픔마저 사랑함
우산나물 : 초원의 풍차
우엉 : 괴롭히지 마세요, 인격자,
원추리 : 지성
유채 : 쾌활
유홍초 : 사랑스러움
윤노리 : 신뢰
윤판나물아재비 : 당신을 따르겠어요.
으름 : 재능
으아리 : 고결, 아름다운 마음
은난초 : 총명
은대난초 : 탄생
은목서 : 당신은 고결합니다.
은방울 : 다시 찾은 행복, 행복의 계딘
이끼 : 모성
이삭여뀌 : 숙원, 마음씀
이질풀 : 새색시
이팝나무 : 영원한 사랑
인동초 : 헌신, 부성애
자귀나무 : 환희, 부부화합
자금우 : 정열. 내일의 행복
자란 : 명예, 서로 잊지 말자.
자목련 : 번영, 장려
자주괴불주머니 : 과도한 정열
자주꿩의다리 : 순간의 행복
자주쓴풀 : 덧없는 사랑

작살나무 : 총명
잔대 : 은혜
잠자리난초 : 석양, 숲속의 요정
적작약 : 부끄러움
절굿대 : 경계, 미친 사랑
점나도나물 : 순진
접시꽃 : 열열한 사랑
정금나무 : 추상, 현명
제주상사화 : 이루어질 수 없는 사랑
제주수선화 : 고결, 자애
제주참꽃 : 다정
제주황기 : 평온
조개나물 : 순결, 존엄
조록나무 : 변하기 쉬운 사랑
조릿대 : 외유내강
조팝나무: 단정한 사랑, 노련함
좀고추나물 : 친절
좀비비추 : 추억, 하늘이 내린 인연
좀씀바귀 : 평화
좀현호색 : 애교, 슬픔은 내게
주목 : 명예, 비애
죽절초 : 부귀, 가치
줄딸기 : 존중, 애정
중의무릇 : 일편단심
쥐깨풀 : 가련함
쥐꼬리망초 : 가련미의 극치
쥐똥나무 : 신앙
쥐손이풀 : 끊임없는 사랑, 결심
쥐오줌풀 : 허풍쟁이
진달래 : 절제, 신념,
진득찰 : 신비, 요술
진범 : 용사의 모자
질경이 : 발자취
짚신나물 : 임 따라 천리 길
쪽동백 : 자랑, 겸손
쪽 : 추억
찔레 : 자매의 사랑
차풀 : 연인
참꽃마리 : 가련, 날 잊지 마세요.
참꽃 : 사랑의 기쁨.
참나리 : 순결, 깨끗한 마음
참취 : 이별
창포 : 경의, 신비한 사람
채진목 : 잊지 못할 사랑
처녀치마 : 절제
천남성 : 그냥 내버려 두세요, 보호, 비밀
천마 : 순애, 운명
철쭉 : 사랑의 기쁨
청미래덩굴 : 장난, 떠나간 벗을 그리워함
측백 : 건강
층꽃나무 : 견고한 우정, 가을의 여신
층꽃 : 승리의 계단
층층꽃 : 제비 둥지
층층잔대 : 감상, 은혜
치자 : 순결, 한없는 즐거움
칡 : 사랑의 한숨
칸나 : 빨강 존경, 노랑 영속, 행복한 종말
콩꽃 : 반드시 오고야말 행복
도둑놈의갈고리 : 흥분
큰뱀무 : 만족한 사랑
큰앵초 : 돌보지 않은 아름다움
토끼풀 : 행운, 약속, 평화
타래난초 : 추억, 소녀
타래붓꽃 : 나를 인정해주세요.
탐라산수국 : 처녀의 꿈, 숨겨진 사랑,
변하기 쉬운 마음
탐라황기 : 평온, 평화
털괭이눈 : 꼴짜기의 황금
탑풀 : 신의
톱풀 : 청빈, 숨은 공적
통발 : 덧없는 사랑
파리풀 : 친절
파초일엽 : 진보, 비범
팔손이 : 분별
팥배나무 : 매혹
패랭이 : 순결한 사랑, 순애,
편백 : 변하지 않는 사랑
풀솜대 : 나는 당신을 믿어요.
풍란 : 참다운 매력, 신념
피뿌리풀 : 슬픈 정열
하늘말라리 : 순결, 존엄
하늘매발톱 : 승리의 맹세
하늘타리 : 한결같은 귀여움
한라개승마 : 존경, 산양의 수염
한라구절초 : 평화
한라돌저귀 : 희생, 그리움, 비애
한라돌창포 : 소심, 수줍음
한라부추 : 기대, 영원한 사랑

한라솜다리 : 소중한 추억
한란 : 귀부인, 미인
할미꽃 : 슬픈 추억, 사랑의 굴레
함박꽃 : 수줍음
해국 : 기다림
해녀콩 : 전설
해당화 : 원망, 미인의 잠결
해오라기난초 : 꿈속에서도 당신을 생각합니다.
향쑥 : 평화
현호색 : 보물 주머니
협죽도 : 주의, 너를 좋아함
호랑가시 : 가정의 행복, 영원히 빛나다
호자덩굴 : 절제
호접란 : 당신을 사랑함. 행복이 날아온다.
호제비 : 겸양
홀아비꽃대 : 외로운 사람
홍노도라지 : 영원한 사랑
화살나무 : 위험한 장난, 냉정
환삼덩굴 : 엄마의 손
황근 : 섬세한 아름다움
황새냉이 : 사무치는 그리움
회양목 : 참고 견딤, 금욕,
후박나무 : 모정
흑난초 : 사랑의 슬픔
흰그늘용담 : 정의, 긴 추억
흰동백꽃 : 고결한 이성, 당신은 누구보다 아름답다.
흰제비 : 수줍은 사랑
흰털제비 : 꿈속의 사랑, 환희